# SÃO MARCOS
## DE PALESTRA ITÁLIA

CELSO DE CAMPOS JR.

# SÃO MARCOS
## DE PALESTRA ITÁLIA

REALEJO
LIVROS

© 2011 – Celso de Campos Jr.

Editor: José Luiz Tahan
Assistente editorial: Dayane Rodrigues

Capa: Tatiana Rizzo/ Estúdio Canarinho
Projeto gráfico: Alberto Mateus
Diagramação: Crayon Editorial
Revisão: Soraia Bini Cury
Impressão: Atrativa Gráfica e Editora

---

**Dados Internacionais de Catalogação na Publicação (CIP)**
**(Câmara Brasileira do Livro, SP, Brasil)**

Campos Junior, Celso de
    São Marcos / Celso de Campos Jr. – Santos, SP : Realejo
Edições, 2011.

1. Jogadores de futebol - Biografia 2. Jogadores de futebol - Brasil 3. Marcos (São Marcos) I. Título.

11-13432                                           CDD-927.963340981

Índices para catálogo sistemático:
1. Brasil : Jogadores de futebol : Biografia
927.963340981

---

Todos os direitos reservados em nome de: Realejo Editora

**REALEJO EDITORA**
Av. Marechal Deodoro, 2 - Gonzaga - Santos/ SP
CEP: 11060-400
Fone: 13 3289 4935
e-mail: editora@realejolivros.com.br
Visite nosso site: www.realejolivros.com.br

# Sumário

Prefácio .................................................................. 7

1. A noite de São Marcos ................................................. 11
2. No império das cornetas ............................................... 15
3. Leite para engordar o porco ........................................... 27
4. Um espectador privilegiado ............................................ 41
5. Agora é pra valer ..................................................... 57
6. Na cola do sargentão .................................................. 73
7. Caipirão América ...................................................... 87
8. A cruz de Marcos-san .................................................. 109
9. "Toma distância Marcelinho..." ........................................ 121
10. No topo do mundo ..................................................... 143

11. Desce ................................................................. 169
12. Sobe .................................................................. 183
13. O longo calvário ................................................ 207
14. A ressurreição do santo .................................. 245
15. Ciao! .................................................................. 277

Nota do autor ......................................................... 299
Créditos das imagens ........................................... 303

# O GOLEIRO DAS ASAS INVISÍVEIS

Por Alberto Helena Jr.

Celso de Campos Jr., logo ao invadir essa área escorregadia das letras tão traiçoeiras, marcou um gol histórico: a biografia de Adoniran Barbosa, um exemplo bem-acabado da combinação de meticulosa pesquisa e apuro jornalístico e seu desdobramento num texto cativante e bem elaborado.

Agora, volta a campo trazendo nas mãos e na imaginação a figura ímpar de Marcos, o São Marcos, cujos milagres defendendo as metas do Palmeiras e da Seleção Brasileira foram além da realidade – o goleiro transfigurou-se numa lenda viva, ainda em atividade.

E o que têm em comum Adoniran, o genial cronista musical de São Paulo, e o arqueiro de defesas impossíveis?

Bem, ambos vêm do interiorzão paulista, onde se impregnaram daquela falsa ingenuidade na qual se esconde uma sábia malícia destinada muito mais a divertir do que a espicaçar – atributo que ganha um certo ar cosmopolita com a vinda para a cidade grande.

Seu Barbosa e Marcão têm algo mais em comum, além daquela capacidade rara de ver a vida com um humor saudável: talvez sejam as personagens da cena paulista mais amadas e menos rejeitadas.

Num tempo em que a disputa regional entre cariocas e paulistas era acirrada, Adoniran foi aplaudido em pé, durante uma eternidade, pela plateia carioca presente no auditório do antigo Cine Astória, ao cabo de sua interpretação de *Trem das Onze*, uma de suas antológicas composições.

E que falar de Marcos, esse eterno meninão de fala frouxa, que diz o que o coração lhe dita a cada vitória, a cada derrota? Não há um corintiano, um tricolor, um peixeiro, um lusitano que não lhe renda a homenagem sincera do respeito e da admiração.

Quanto aos alviverdes, nem é preciso dizer. Marcos será para sempre lembrado e reverenciado como o goleiro das asas invisíveis, que lhes abriu as portas do céu ao fechar a meta na histórica conquista da Libertadores de 1999.

E olhe que alcançar essa posição de destaque no olimpo palmeirense é uma verdadeira façanha, pois o clube, desde os tempos de Palestra, foi sempre uma escola de arqueiros inesquecíveis.

Uma história que começa por Primo, nos anos 1920, de feitio um tanto similar a Marcos, segundo as poucas fotos que nos restaram.

A sucedê-lo, há um rol de goleiros lendários, como Aymoré Moreira, que se transformou num dos mais inventivos técnicos do nosso futebol, campeão mundial em 1962; Nascimento, pai de Angelita, a mais esbelta e desejada de nossas vedetes nos anos 1950 e 60; Jurandyr, execrado por ter levado, certa vez, seis gols do São Paulo, mas craque de Seleção; até chegarmos a Oberdan Cattani.

E aqui vale uma pausa, pois, se Marcos merece uma comparação com algum dos antigos ídolos da meta palmeirense, esse é Oberdan.

Massudo, não tão alto quanto Marcos, mãos que pareciam duas pás, chegou ao Parque Antarctica no início da década de 1940, vindo também do interior paulista, mais precisamente de Sorocaba. E foi logo fechando o gol.

# Prefácio

Produziu, por mais de uma década, jogo após jogo, milagres dignos de um São Marcos. Lá pela metade dos anos 1950, foi vítima de uma dessas perversidades típicas dos dirigentes, e transferiu-se, já veterano, para o Juventus. Pois, num Palmeiras e Juventus, pegou tanto, até pênalti, que o remorso dos cartolas levou-o de volta ao seu clube de coração, onde dignamente encerrou sua carreira.

O Verdão, então, viveu um período de incertezas. Chegou a ter onze goleiros – Inocêncio, Fábio, Doly, Herrera, Furlan, Cavani e... Rugilo, um argentino de fama internacional.

Era chamado de o Leão de Wembley, não apenas por suas feições leoninas – cabelos e bigodão fartos –, mas principalmente porque pegou tudo num célebre e raro, na época, confronto entre argentinos e ingleses no mitológico estádio de Wembley.

Pois o Leão de Wembley não poderia ter sido um fracasso maior no Palestra Itália. Somou tantos frangos em tão poucos jogos que logo foi despachado de volta para a Argentina.

A honra e a tradição da meta verde foram repostas por Valdir de Moraes, um gaúcho vindo do Renner em 1958. Apesar da altura mediana, era um mestre em colocação e nos segredos da sua posição – tanto que, depois da aposentadoria, tornou-se o pioneiro na preparação específica de goleiros, criando um método até hoje adotado por seus seguidores.

Para substituí-lo, veio também do interior paulista, no finzinho dos anos 1960, Emerson Leão, que, com 19 anos de idade, já foi para a Seleção e sagrou-se campeão do mundo no México, em 1970, na reserva de Félix. Leão disputou quatro Copas do Mundo, duas como titular, e deixou seu nome marcado na história da Seleção e do Palmeiras.

Em seguida, surgiram, da escolinha de Valdir de Moraes, Zetti e Velloso, na década de 1980, e, finalmente, nos anos 1990, Marcos.

Mas essa história quem conta, tintim por tintim, é Celso de Campos Jr., nas páginas seguintes deste relato adorável. Se o senhor não está lembrado...

# 1

# A noite de São Marcos

Derby do Século. Duelo Histórico. Jogo da Vida. Não faltavam nomes fantasia para aquele Palmeiras e Corinthians de 5 de maio de 1999, o mais importante confronto em oito décadas de intensa rivalidade entre os dois maiores clubes de São Paulo. Alviverdes e alvinegros, claro, já haviam protagonizado batalhas eletrizantes, como a final do Campeonato Paulista de 1954, que deu ao time da Fazendinha a faixa de Campeão dos Centenários, ou a decisão do Paulista de 1993, triunfo que redimiu o Verdão de uma fila de 17 anos sem conquistas. Pela primeira vez, porém, o Derby deixava os redutos do Brás, Bixiga e Barra Funda para ganhar ares e dimensões internacionais: Palmeiras e Corinthians digladiavam-se em uma

◂ *Não passarás: Marcos se arma para bloquear a cabeçada de Fernando Baiano*

fase eliminatória da Copa Libertadores da América, e apenas o vencedor poderia saciar a obsessão latina que tomava conta de ambas as torcidas.

Em jogo, estava uma vaga na semifinal do mais prestigiado torneio do continente. Mas diante do alto poder de fogo das duas equipes, o clima era de final antecipada: quem sobrevivesse ao combate estaria com uma mão na taça. A conquista da América era o objetivo traçado pelo Palmeiras desde o momento em que o técnico Luiz Felipe Scolari desembarcara no clube, um ano e dez meses antes. Igualmente hipnotizado pela competição, depois de vencer o Brasileiro de 1998, o Corinthians confiava no entrosamento do elenco campeão nacional para superar o rival.

Além da tradicional atmosfera de guerra, contudo, um curioso aspecto místico pairava sobre a peleja daquela quarta-feira à noite, no Morumbi, o primeiro capítulo da série de duas partidas entre os inimigos mortais. Enquanto os alvinegros caprichavam nas promessas a São Jorge, padroeiro do clube, e o meia Marcelinho Carioca, vulgo Pé de Anjo, revelava na véspera uma conversa com Deus para vencer o jogo, os palestrinos direcionavam suas orações à Nossa Senhora de Caravaggio, de quem Felipão era devoto fervoroso, e ao recém-contratado Santo Expedito – o patrono das causas impossíveis virou o mais novo reforço do time depois que o sargentão creditou uma parcela da vitória contra o Vasco, pelas oitavas de final da Libertadores, à intercessão de uma estatueta do mártir, levada à Academia de Futebol por uma torcedora na véspera do duelo.

Depois que a bola rolou, no entanto, não sobrou espaço para suposições sobrenaturais. Houve milagres, sim. Mas eles foram operados por um só homem, diante do olhar incrédulo de 30 mil testemunhas.

Em uma das atuações mais espetaculares de um goleiro na história da cristandade, Marcos, do Palmeiras, fez coisas de que até

Deus duvidou. Segurou, de todas as formas, o ataque do Corinthians que bombardeou a meta alviverde sem clemência durante os 90 minutos. Ricardinho, Marcelinho, Edílson e Fernando Baiano se revezavam nas investidas – neutralizadas pelas mãos, pelos pés, pelo peito e até pelas costas do arqueiro do Palestra. Multiplicando-se na pequena área, o camisa 12 se manteve intransponível, para desespero dos alvinegros. Ao final da partida, as estatísticas eram inacreditáveis. O Corinthians finalizou 32 vezes contra o gol de Marcos, sem conseguir marcar. Já o Verdão chutou apenas dez bolas em direção às traves de Nei – e anotou dois tentos.

O atacante Oséas e o volante Rogério foram os autores dos gols da vitória, mas, já nos vestiários, poucos se lembravam disso. A noite era de Marcos. Sorriso aberto e corpo fechado, o rapaz de 25 anos atendia pacientemente aos repórteres ávidos por ouvir suas palavras, transferindo para terceiros, com humildade franciscana, os louros da vitória. "Senti a mão de Deus em cada defesa que fiz. Ele é o grande responsável por esse momento, junto com meus companheiros."

Não era essa a opinião da torcida. Ao apito final do árbitro, dispensando o longo e burocrático processo do Vaticano, palmeirenses de pouca e de muita fé já haviam canonizado o goleiro.

Nascia, naquela noite, a lenda de São Marcos – parábola celestial iniciada sete anos antes, no inferno das alamedas do Palestra Itália.

# 2

# No império das cornetas

"Não é mole, não... Dezesseis anos sem gritar 'é campeão'!" Os pulmões dos torcedores adversários enchiam-se para soltar, sorridentes, o grito que doía mais do que uma saraivada de palavrões na alma do palmeirense. Até mesmo injúrias, calúnias e difamações sobre a mãe eram mais aceitáveis do que a dura lembrança de que, naquele 1992 que se iniciava, a gloriosa Sociedade Esportiva Palmeiras entrava em seu 16º ano de um aparentemente interminável jejum de títulos.

O último caneco levantado pelo clube havia sido no longínquo Paulista de 1976, em uma década de ouro na qual o Verdão foi soberano no futebol brasileiro. Treinada pelo lendário Osvaldo Brandão,

◂ Na Academia de Futebol, o jovem Marcos sua a camisa, a calça, o calção e o meião

a irresistível Segunda Academia palestrina, com Leão, Luís Pereira, Dudu, Leivinha, César Maluco, Nei e, claro, o divino Ademir da Guia, entre outras feras, conquistou o bicampeonato brasileiro em 1972 e 73 e os estaduais de 1972 e 74. Entretanto, desde então, o alviverde antes imponente engatara uma sucessão de tropeços, trapalhadas e desilusões, dentro e fora de campo. Brigas políticas, má administração, rodízio de treinadores, contratações equivocadas e regulamentos esdrúxulos azedavam a macarronada dos palestrinos e ofereciam um delicioso banquete de gozações aos rivais.

Na década perdida de 1980, o torcedor testemunhara fracassos impossíveis, extraordinários, transcendentais até. Em 1986, diante de um Morumbi abarrotado de palmeirenses, a equipe dirigida por Carbone conseguiu perder a final do Paulista para a Internacional de Limeira, na primeira vez em que um clube do interior se sagrava campeão do torneio. Três temporadas depois, o invicto time de Emerson Leão sobrava no estadual e dava mostras de que rumaria ao título quando uma única derrota, para o pequeno Bragantino, o tirou da briga pelo campeonato. Já em 1990, sob a batuta de Telê Santana, bastava vencer a Ferroviária no Pacaembu para avançar à final do Paulista. Empatou, claro.

Longe dos gramados, os vexames não eram menores. O frustrante resultado contra a locomotiva de Araraquara desencadeou uma das páginas mais negras da história do Palmeiras: depois do jogo, um bando de cem vândalos dirigiu-se para a sede social, no Parque Antarctica, e depredou a sala de troféus do clube, reduzindo a escombros os símbolos das vitórias e vitimando o próprio orgulho palestrino.

No desespero de acabar com a fila, a diretoria mudava de treinador como se trocasse de ceroulas. Apenas nos quatro anos anteriores, dez homens comandaram o Palmeiras do banco de reservas: Rubens Minelli, Ênio Andrade, Tata, Leão, Jair Pereira, Telê, Dudu,

João Paulo Medina, Paulo Cesar Carpegiani e, finalmente, Nelsinho Batista. Este último foi contratado em junho de 1991 como a salvação da lavoura alviverde – e não era para menos, diante da façanha que alcançara no ano anterior: conduzira o Corinthians à conquista do primeiro campeonato nacional de sua história. Só podia se tratar, portanto, de um verdadeiro mago da prancheta.

Mas seu feitiço não funcionaria no torneio em que o técnico estreou no Palestra, o Paulistão de 1991, disputado de agosto a dezembro – a vaga na decisão foi perdida para o São Paulo no quadrangular semifinal.

Surpreendentemente prestigiado pelos cartolas, Nelsinho começou seu planejamento para 1992 recebendo da diretoria um reforço para a meta. O goleirão Carlos Roberto Gallo, veterano de 36 anos e três Copas do Mundo, chegava ao Parque Antarctica com status de titular absoluto, empurrando para o banco o antigo dono da camisa 1, Ivan. As qualidades técnicas de Carlos sob a trave eram inquestionáveis, mas os palmeirenses, tão abandonados pela sorte, assustavam-se com a fama de pé-frio do arqueiro. Em 16 anos de carreira, Carlos conquistara apenas um título – o Paulista de 1988, com o Corinthians, e ainda assim o craque nem apareceu no pôster, pois se machucou na semifinal contra o Palmeiras e ficou de fora das finais contra o Guarani.

O primeiro desafio da temporada era o Campeonato Brasileiro, e tudo indicava que ainda não seria daquela vez que Carlos e o Verdão sairiam da seca. No fim de março, depois de dez jogos no nacional, o clube amargava a antepenúltima colocação, com duas vitórias, dois empates e seis derrotas. As cornetas já começavam a soar pedindo a demissão de Nelsinho quando o treinador, sem aviso prévio, tomou uma medida drástica: às vésperas do duelo contra o Corinthians, afastou em definitivo os titulares Evair, Andrei e Jorginho, além do goleiro reserva Ivan, por deficiência técnica.

A notícia caiu como uma bomba. Jorginho foi chamado à sala do treinador e não teve tempo nem de trocar de roupa antes de sair. O capitão Toninho, líder da equipe e presidente do Sindicato dos Atletas Profissionais de São Paulo, foi tirar satisfações com o chefe, mas voltou com o rabo entre as pernas. O presidente Carlos Bernardo Facchina Nunes e o diretor de futebol Adriano Beneducce garantiam que o exílio dos "Quatro Cavaleiros do Apocalipse" – como os apoiadores de Nelsinho batizaram os atletas barrados – era a primeira providência para melhorar o futuro do Palmeiras.

Enquanto as labaredas da crise espalhavam-se nervosamente pelo Palestra Itália, um goleiro de 18 anos recém-contratado pelos juniores era convocado para ocupar o lugar de Ivan no banco de reservas da equipe profissional no maior clássico da cidade de São Paulo.

Marcos Roberto Silveira Reis, bem-vindo ao Palmeiras.

♕

**Ironicamente,** o campo que forjara o mais novo arqueiro alviverde não tinha sequer traves. O contorno da meta a ser defendida pelo filho de Antônia e Ladislau era pintado com tinta na divisória do terrão vizinho à casa da família, em Oriente, a cerca de 450 quilômetros da capital paulista. Nesse sugestivo paredão, os irmãos bombardeavam o caçula Marcos Roberto, nascido em 4 de agosto de 1973, a quem sobrava, pela menor idade e intimidade com a bola, a posição de goleiro.

Só que o garoto tomou gosto pela coisa. Espichou e passou a se destacar nas peladas de Oriente, assumindo a camisa 1 do Primavera, time amador patrocinado pelo mercadinho homônimo que disputava campeonatos locais e regionais. Alguns desses embates foram testemunhados pelo goleiro do time adulto da usina açucareira da cidade natal de Marcos – acreditem, chamada Usina Paredão. Pois

O rapaz de Oriente e seu
estilão sertanejo anos 1990

Flávio, guarda-metas da Paredão, ficou impressionado com o jovem do Primavera. Tanto que, na virada de 1989 para 1990, decidiu avisar um amigo treinador de futebol, Antônio Novais, mais conhecido como Neno, do potencial daquele garoto. Formado pelo mestre Pupo Gimenez, Neno já trabalhara na base do Marília Atlético Clube e do Esporte Clube Noroeste e estava assumindo as categorias inferiores do Clube Atlético Lençoense, de Lençóis Paulista. Envolvido com o novo trabalho, o técnico demorou para responder ao pedido de Flávio, que, contudo, não parava de insistir. "Você precisa vir a Oriente para olhar esse moleque, Neno. O quanto antes."

Algumas semanas depois, diante da teimosia do colega, finalmente o treinador resolveu ver de uma vez por todas o que o tal goleiro tinha de tão especial. Ao lado do preparador físico João Sérgio de Moraes, dirigiu-se à cidade de Vera Cruz, onde o Primavera disputaria um campeonato de tiro curto. Ali, os olhares da dupla do Lençoense se arregalaram: estavam diante de um atleta talentoso, rápido, de excelente porte físico, com falhas comuns a qualquer iniciante, mas que jogava com o coração, falando o tempo todo, orientando os defensores, incentivando a equipe. A decisão estava tomada: o clube investiria no rapaz. Ao final do dia, Neno apresentou-se a Marcos e convidou-o a ingressar nas categorias de base do clube de Lençóis Paulista.

Compor as fileiras do Demolidor da Sorocabana não era pouca coisa para um aspirante. O clube, que fizera sua fama nos anos 1940 fora do circuito oficial da bola – amistosos nada amistosos pelo interior de São Paulo e do Paraná, seguindo os trilhos da Estrada de Ferro Sorocabana –, vinha de uma excelente campanha na segunda divisão em 1988. Só perdeu o acesso inédito à elite na fase semifinal para o esquadrão caipira do Bragantino de Wanderley Luxemburgo, que, naqueles idos de 1990, já estava fazendo estragos na elite do futebol, em especial na alma do palmeirense.

Além disso, todo moleque que chegava ao Lençoense pensando em vencer no futebol – e na vida – tinha um exemplo e tanto em que se espelhar. Em meados da década de 1940, de forma tão anônima quanto qualquer novato, desembarcava no clube um armador de finos trato e silhueta chamado Valdir Pereira, vindo do Americano de Campos, do Rio de Janeiro. Em sua temporada em Lençóis Paulista, o atleta destacou-se e atraiu a atenção do Madureira, então na primeira divisão do futebol carioca. Não demorou para que o Fluminense o contratasse – e aí se iniciava a saga de Didi, o Príncipe Etíope, cérebro da Seleção Brasileira na conquista dos mundiais de 1958 e 1962 e referência para um menino chamado Pelé.

De quarta opção para a meta do Lençoense, Marcos logo pulou para a titularidade, disputando o equivalente ao Campeonato Paulista da segunda divisão de juniores, além da Copa Londrina e de torneios regionais. Destaque da equipe, chamou a atenção de um dos integrantes da diretoria, que tinha contatos no departamento de futebol de um clube tradicional de São Paulo. E assim Marcos foi fazer um teste no... Corinthians.

De acordo com a versão contada em público pelo goleiro, o time da Fazendinha o aprovou – mas, com saudades de casa e sem a perspectiva de ser efetivamente escalado, já que seria apenas o terceiro arqueiro dos juniores, atrás de Felício e Edílson, decidiu largar a capital e retornar ao Lençoense. Ao mestre Neno, porém, o aspirante relatou outra história à época do acontecido. Afirmou ter sido dispensado pelo Corinthians, e que, inconformado, juntara coragem e respondera aos cartolas alvinegros: "Um dia vou jogar em um time profissional e ganhar de vocês em uma decisão".

Por uma dessas coincidências do destino, nessa mesma época, o técnico dos juniores do Palmeiras, Raul Pratali, buscava atletas para renovar seu elenco. Pratali entrou em contato com Neno, com quem havia trabalhado no Marília, e perguntou se o colega conhecia algum jovem guarda-metas de talento. O treinador da Lençoense, então, levou Marcos e mais uma leva de promessas – entre elas, o volante André Luiz, o atacante Itamar e o lateral esquerdo Beto – para a Academia de Futebol. Sem tempo de testar os jogadores, já que precisava completar o grupo com urgência, Raul Pratali, confiando apenas na palavra de Neno, arrematou o lote. Marcos chegava ao Parque certo – de onde não escaparia mais.

(Independentemente de o goleiro ter sido aprovado ou não na Fazendinha, fato é que, pela segunda vez, o Corinthians deixava escapar um fora de série que alcançaria status de ídolo no maior rival. O primeiro? Um tal de Ademir da Guia. "A primeira vez que eu coloquei chuteiras foi para fazer um teste no Corinthians, em 1955. Tinha 13 anos e meu pai me levou do Rio, onde a gente morava, para o Parque São Jorge", afirmou o divino filho de Domingos da Guia à revista *FourFourTwo* de outubro de 2003. "O técnico das categorias de base era o Rato, que havia jogado com meu pai no Corinthians. Foi minha primeira vez num clube profissional, num campo de verdade, e foi demais. Mas o Rato disse ao meu pai que, apesar de eu jogar bem, ele não podia me contratar porque eu ainda era muito jovem – a idade mínima para entrar lá era de 15 anos. Então a gente voltou para o Rio e eu fui para o Bangu, onde fiquei por um bom tempo. Daí veio o Palmeiras.")

Na hora de oficializar a transferência de Marcos e companhia limitada, dentro da sala do departamento amador do Verdão, os representantes do Lençoense sugeriram um acordo aos palestrinos. Com o nome sujo na Federação Paulista de Futebol por conta de uma dívida de 40 mil dólares com o Ituano, o Demolidor da Sorocabana não podia renovar seu registro para a disputa dos campeonatos oficiais daquela temporada; a proposta, assim, era que o Palmeiras assumisse o débito em troca da liberação dos atletas. De quebra, a agremiação de Lençóis Paulista também pedia que o clube da capital cedesse uma remessa de material esportivo, principalmente calções, meias e chuteiras, já que a rouparia do alvinegro estava zerada. Negócio fechado.

A curiosa história permaneceu escondida no Parque Antarctica até 1995, quando o volante Amaral, também integrante do time de juniores do Palmeiras na ocasião, revelou aos colegas a transação – não sem antes modificar sensivelmente os termos do acerto. De acordo com o dedo-duro, o Lençoense cobrou, pelo passe do goleiro de 18 anos, um pagamento tão modesto quanto inusitado: apenas doze pares de chuteiras. Marcos, previsivelmente, virou alvo de gozações dos colegas, mas levou na brincadeira e até posou

*Publique-se a lenda: Marcos e as chuteiras, o mesmo valor na balança*

para fotos com seu suposto pagamento – uma fileira de chuteiras. Para se vingar do colega linguarudo, espalhou que também Amaral fora contratado em uma permuta pouco usual: o ex-preparador de cadáveres teria sido liberado por seu clube de Capivari em troca de três calças de agasalho.

O pessoal de Capivari jura de pés juntos que o escambo jamais existiu, mas, para ambas as histórias, vale a célebre frase do clássico filme de faroeste *Os brutos também amam*: quando a lenda se torna fato, publique-se a lenda.

♛

"**Sempre fui palmeirense,** e ficar no banco logo contra o Corinthians vai ser demais", vibrava Marcos, em uma de suas primeiras aparições na imprensa esportiva paulista, no *Diário Popular* de 27 de março de 1992. Com o afastamento de Ivan, o goleiro de Oriente, ainda em fase de ambientação nos juniores, se viu convocado para a reserva de Carlos, medalhão do Palmeiras e da Seleção Brasileira. "Aconteceu tudo muito de repente. Mas tenho de estar preparado para agarrar a oportunidade." Sobre o titular, que tinha exatamente o dobro de sua idade, Marcos era só elogios. "O Carlos é meu ídolo, um goleiro que sabe usar toda sua experiência e tranquilidade."

O Derby de 29 de março de 1992 seria a primeira partida em que Marcos assinaria a súmula como jogador de futebol profissional – e nele o jovem guarda-metas já foi apresentado à acirrada rivalidade entre os clubes. No boletim de ocorrência do "Clássico do Medo", como o jogo foi apelidado devido ao mau momento dos dois times, registraram-se quatro vermelhos, sete amarelos e um tumulto generalizado depois de uma briga fora de campo entre Márcio e Luiz Henrique. Na bola, o volante César Sampaio marcou para o Palmeiras, mas o Corinthians saiu vitorioso, empurrando o alviverde para

*Batismo de fogo: com Nelsinho, no banco do Derby de março de 1992*

a penúltima colocação: 2 a 1, gols de Fabinho e Viola em falhas da sempre emocionante dupla de zaga Alexandre Rosa e Tonhão.

(Como prêmio de consolação, Marcos pôde ao menos ver o titular Carlos defender a cobrança de pênalti do meia Neto, que retornava ao clássico depois da suspensão pela cusparada no árbitro José Aparecido de Oliveira, seis meses antes.)

Onze jogos, sete derrotas, vice-lanterna do Brasileiro depois de levar uma piaba do maior rival. Em se tratando de Palmeiras, o cenário era apocalíptico. Mas, graças a uma notícia confirmada na véspera do clássico, a crise foi milagrosamente substituída por uma centelha de esperança. A vida do goleiro novato e de toda a torcida alviverde ficaria mais fácil depois que, em um acordo inédito no futebol brasileiro, uma leiteria italiana pediu passagem para pôr fim ao período de vacas magras no Palestra.

# 3

# Leite para engordar o porco

Boca Juniors, na Argentina; Peñarol, no Uruguai; Audax Italiano, no Chile; Benfica, em Portugal – sem contar o Parma, da Itália, que sob suas asas foi transformado progressivamente de clube de província a uma das forças do futebol europeu nos anos 1990. Para a multinacional italiana Parmalat, o investimento em patrocínio esportivo, em especial no futebol, era parte da estratégia e do processo de conquista de mercados. Buscando ampliar sua presença no Brasil, onde operava desde 1977, a gigante do ramo alimentício propôs ao Palmeiras um ousado sistema de cogestão: investiria uma montanha de dinheiro para montar um supertime e participaria ativamente da administração do departamento de futebol do Verdão – obten-

◂ *Cabeleira ao vento: clássico contra o Tricolor, pela Copa São Paulo de 1993*

do visibilidade no mercado nacional e, claro, embolsando os lucros da venda dos atletas trazidos por ela, porque ninguém é de ferro.

Apresentado no final de março e com duração de três anos, prevendo cifras que poderiam chegar à ordem de US$ 2,5 milhões por temporada, o acordo era uma dádiva. Tanto que, apesar de alguns terem esperneado contra a suposta perda de autonomia do clube, o contrato foi aprovado pela maioria esmagadora do conselho – 220 votos a favor e 6 contra.

A caneta do presidente Facchina assinou o documento em abril de 1992 e deu início a uma nova era no Palmeiras, marcada acima de tudo pela profissionalização do departamento de futebol. O amadorismo, marca registrada dos cartolas e verdadeiro câncer no Palestra, foi chutado para escanteio com a chegada de José Carlos Brunoro, novo diretor de esportes da Parmalat. Dono de uma carreira de sucesso no voleibol profissional, como jogador, treinador e dirigente da Pirelli/Santo André, Brunoro, na teoria, faria o meio de campo entre o clube e a empresa – na prática, entretanto, seria ele o mandachuva que definiria os rumos do futebol do alviverde, com inspiração nos modelos europeus de gestão.

Para modernizar o produto Palmeiras, a primeira medida da Parmalat seria alterar a embalagem – no caso, o uniforme. Assim, a camisa ganhou inéditas listras verticais brancas, o tradicional verde escuro foi desbotado até virar um verde claro e abriu-se um espacinho para o azul do logotipo da multinacional. Desenhado pela própria Parmalat e produzido pela Adidas, fornecedora de material esportivo do clube desde o final dos anos 1970, o manto chocou os conservadores e provocou uma chiadeira generalizada. O maior dos crimes, contudo, foi cometido contra os indefesos goleiros palestrinos, obrigados a envergar uma camisa fúcsia (rosa, em bom português) com ombros amarelos e detalhes azuis na gola e nos braços. Foi com essa psicodélica indumentária que Carlos, Marcos,

Sérgio – prata da casa que retornava de um empréstimo ao Ceilândia, do Distrito Federal – e Ivan, o único dos encostados chamado para o clique, saíram na primeira foto oficial do elenco.

Feio ou bonito, o uniforme estrearia com o pé direito: vitória contra o Cruzeiro por 1 a 0 no Parque Antarctica, em 26 de abril de 1992, gol do atacante Paulo Sérgio. Entretanto, apesar de haver deixado as últimas colocações e subido para o 13º posto, o Verdão já não tinha aspirações no Brasileiro, que classificava apenas os oito primeiros para a fase seguinte. O negócio era já pensar no Campeonato Paulista, cujo pontapé inicial se daria em julho.

Nelsinho Batista estava garantido no comando, prova concreta da mudança de mentalidade no Palestra Itália. Ouriçada, a torcida já começava a especular quais seriam as primeiras contratações para o timaço que a Parmalat prometia montar no Palmeiras. Fernando Gamboa, quarto-zagueiro do Newell's Old Boys da Argentina, Careca, centroavante do Napoli, e Roberto Carlos, lateral esquerdo revelação do União São João, eram nomes comentados no Jardim Suspenso.

Antes de qualquer um desses astros, porém, seria a vez de o reserva Marcos estrear pelo clube – em um jogo que, embora escondido no rodapé da história palestrina, marcou a conquista do primeiríssimo troféu da era Palmeiras-Parmalat. Alguém lembra?

☙

**Oficialmente eliminado** do Brasileiro depois da derrota para o Náutico no estádio dos Aflitos, no dia 11 de maio de 1992, o Palmeiras ainda teria dois compromissos pela competição nacional – mas o primeiro deles, contra o Atlético Paranaense, só aconteceria no dia 24. No fim de semana de folga, o clube resolveu marcar um amistoso contra a Esportiva de Guaratinguetá, visando começar a preparação para o Paulista e, claro, dar aquela reforçadinha no cai-

*Em nova embalagem: primeira foto do elenco palmeirense na era Parmalat*

xa. Nelsinho Batista não poupou ninguém e escalou força máxima para o duelo contra a Esportiva, que, sob o comando do técnico Benê Ramos, ex-preparador físico do lendário Osvaldo Brandão, fazia excelente campanha na segunda divisão, ponteando seu grupo.

Apenas no gol havia um desfalque: Carlos estava na Seleção, novamente convocado por Carlos Alberto Parreira para o amistoso contra a Inglaterra, em Wembley. Marcos e Sérgio disputavam a posição, e Nelsinho, durante a semana, fez um breve suspense antes de anunciar a escalação do menino de Oriente. O amistoso no estádio Dario Rodrigues Leite, então, ganhou ares de final de Copa do Mundo para o novato. "Preciso mostrar serviço neste amistoso para ganhar de vez a confiança do Nelsinho. Confio no meu futebol e sei que meu dia vai chegar", declarou, na véspera da partida, ao *Diário Popular*.

No dia 16 de maio, um sábado, Marcos foi titular dos profissionais do Palmeiras pela primeira vez – e nem teve muito trabalho. Diante de 5.123 espectadores, o alviverde conseguiu impor seu jogo e marcou três gols ainda no primeiro tempo, com Toninho, Marcinho e Edu Marangon. Na etapa final, depois de Nelsinho fazer qua-

*O veterano Carlos Roberto Gallo observa o recém-chegado Marcos*

tro alterações, o Palmeiras diminuiu o ritmo e marcou só mais um, com Biro. O placar de 4 a 0 rendeu ao Verdão o Troféu Guaratinguetá, oferecido pelos organizadores e recebido com orgulho pelo capitão Toninho. Pouco mais de um mês depois da efetivação da parceria com a Parmalat, uma tacinha já chegava ao Palestra – não valia grande coisa, mas era, no mínimo, um bom prenúncio.

Com a sensação de dever cumprido, Marcos devolveu respeitosamente a vaga de titular a Carlos, que voltou festejado da terra da Rainha. No empate em 1 a 1 com a Inglaterra, o goleirão defendeu um pênalti de Gary Lineker e impediu o artilheiro da Copa de 1986 de igualar o recorde de Bobby Charlton, que anotou 49 gols pelo *English Team* – Lineker não conseguiria marcar mais nenhum tento pela seleção e encerraria a carreira com 48. Quem era mesmo o pé-frio?

♛

**O Brasileiro acabou,** o Paulista começou e os reforços arrasa-quarteirão ainda não haviam aparecido. O mais famoso era o centroavante Sorato, herói do Vasco no título nacional de 1989, que entrou na vaga de Evair. De resto, nomes incógnitos como Edinho Baiano, adquirido do Joinville de Santa Catarina, e Jean Carlo, vindo do Matsubara do Paraná, desembarcaram no Parque Antarctica. José Carlos Brunoro, quase profético, pedia tranquilidade à torcida na *Gazeta Esportiva* de 27 de maio de 1992: "Meu trabalho será a médio prazo, dois anos, mas a curto prazo as coisas serão melhoradas. A torcida pode esperar".

Naquele momento, a prioridade era a renovação do contrato do goleiro Carlos, que venceria no meio do ano. Uma proposta do futebol japonês fez a negociação se tornar uma novela mexicana, cujos capítulos eram acompanhados de perto pelos reservas Marcos e

Sérgio, de olho na vaga. O final, porém, não foi dos mais felizes para os suplentes – Carlos ficou no alviverde. Para piorar, o Palmeiras anunciava a chegada de mais um goleiro, César, pirulão de 23 anos que já havia passado pelo Palestra em 1990. Manter quatro guarda-metas no elenco profissional era um tanto quanto desnecessário. E a corda arrebentou do lado mais jovem. Marcos, com seus 18 anos, voltou a compor o elenco dos juniores.

Sorte da molecada: enquanto os profissionais ainda bateriam na trave naquele ano, o goleiro seria o porto seguro da equipe que comemoraria a conquista de um Campeonato Paulista – pondo fim a um jejum ainda mais longo no clube.

♕

**Sem vencer** o Campeonato Paulista de Juniores há duas décadas, o Palmeiras contratara Raul Pratali no início de 1993 para colocar ordem nas categorias de base. O ex-goleiro do Comercial de Ribeirão Preto teve de fazer uma legítima faxina no elenco dos juniores, dispensando atletas no limite da idade que não seriam aproveitados no profissional (muitos) e promovendo os destaques dos juvenis (poucos). Para completar o grupo, acionou sua rede de olheiros no interior e levou algumas promessas anônimas ao Palestra Itália. Também bateu de frente com o departamento amador para exigir a contratação de um preparador de goleiros, até então um luxo do time principal, atendido pelos serviços de Zé Mário. E conseguiu trazer para a função nos juniores um chapa de nome Carlos Pracidelli, recém-aposentado guarda-metas que fizera relativa fama defendendo o XV de Jaú e o Juventus nos anos 1980.

Assim, no peito e na raça, Raul Pratali montou um bom elenco, e principalmente armou um excelente time. Na defesa, William, Moraes, Marcos Vicente e Ferreira; no meio-campo, Amaral, André, André Luiz e Fred; no ataque, Juari e Magrão, assíduo frequentador da Seleção Brasileira de novos. De volta ao Verdinho, Marcos – conhecido nos juniores como Marcos Roberto – ganhou a posição do goleiro Marcelo, ajudando na boa campanha que levou o Palmeiras, em julho, à final do torneio, contra o Botafogo de Ribeirão Preto do treinador Antoninho. Aliás, se não fosse por um pênalti defendido por Marcos no crepúsculo da última semifinal contra a Portuguesa, quando o placar já apontava 2 a 2, o alviverde teria, de novo, ficado pelo caminho.

A finalíssima foi disputada em 22 de julho de 1992, no Estádio Santa Cruz, em Ribeirão. Embora precisasse apenas de um empate para ficar com a taça, já que vencera o jogo de ida no Parque Antarctica por 2 a 1, o Palmeiras, honrando a tradição, foi para a frente e abriu 3 a 2 já na primeira etapa, com dois de Magrão e um de Juari – Maurinho fez os dois do time da casa. No segundo tempo, Raul Pratali segurou a equipe, que neutralizou o Fogão e ainda esteve perto de anotar o quarto gol. Quando o juiz Paulo Roberto Garbi apitou o final do duelo, o Palmeiras derrubou sua primeira fila. Na volta a São Paulo, o elenco de juniores perfilou-se, orgulhoso, no gramado do estádio Palestra Itália para a foto oficial de campeão – com Marcos já envergando a nova camisa de goleiro, azul com detalhes em branco, criada pela Adidas depois que alguma alma sã finalmente percebeu que o rosa e o amarelo não combinavam muito com o clube.

O título trouxe uma responsabilidade extra para os juniores: vencer pela primeira vez o mais tradicional torneio nacional da categoria, a Copa São Paulo, em janeiro do ano seguinte. E a pressão era dobrada porque a equipe faria praticamente toda sua campanha em casa – sede do grupo D, o Parque Antarctica abrigaria os jogos do Palmeiras até as semifinais, caso a equipe lá chegasse. Como mandava a tradição, a finalíssima seria disputada no Pacaembu no dia do aniversário de São Paulo, 25 de janeiro.

*Na faixa: Palmeiras campeão paulista de juniores de 1992*

Justificando a fama, os garotos de Raul Pratali fizeram bonito na primeira fase, batendo o Vitória da Bahia (2 a 0), o Atlético Mineiro (2 a 1) e o Paraná Clube (3 a 0). Na etapa seguinte, os adversários seriam Comercial de Ribeirão Preto, Matsubara e São Paulo, que perdera do Bahia e terminara em segundo no seu grupo. Os times se enfrentariam em turno único, com o campeão classificado para a semifinal da Copinha. Logo de cara, o Verdinho pegou o Comercial, elo mais fraco da chave – e seguiu a sina do Verdão de tropeçar em equipes do interior. O empate em 1 a 1 colocou o Palmeiras atrás do São Paulo, que vencera o Matsubara. Assim, o alviverde era obrigado a triunfar no clássico do dia 17 de janeiro para seguir dependendo apenas de suas forças.

Entretanto, diante de um Palestra Itália lotado, o Tricolor do técnico Márcio Araújo, que tinha no elenco promessas como Pavão, André Luiz, Catê, Jamelli e o goleiro Rogério Ceni, de 17 anos, conseguiu segurar o campeão paulista. O empate em 1 a 1, gols de Sérgio Baresi e Fred, forçava o Verdinho a ganhar do Matsubara na última rodada e torcer por uma escorregada do rival contra o Comercial. "É duro depender de outro resultado como é o nosso caso, mas temos que fazer nossa parte e ver o que acontece", declarou Marcos ao *Diário Popular* de 19 de janeiro. Realmente, de nada adiantou a vitória por 2 a 1 contra os paranaenses: o expressinho do São Paulo encaçapou 2 a 0 no Comercial e derrubou o invicto time de Raul Pratali do torneio, para desconsolo da nação palestrina.

O campeão? Estava escrito nas estrelas. A edição de número 24 do torneio pertenceria ao Tricolor do Morumbi, que bateu o Corinthians por 4 a 3 na decisão e levantou sua primeira Copa São Paulo.

*Mesmo sem perder nenhuma partida, Verdão cai na Copinha*

**A boa campanha** de Marcos nos juniores do Palmeiras não passou despercebida pela comissão técnica da Confederação Brasileira de Futebol. Em 1992, o goleiro já havia sido convocado para os treinamentos com vista ao Sul-Americano de Juniores, classificatório para o Mundial da Austrália do ano seguinte, mas acabou cortado do grupo que embarcou para a Colômbia – um balde de água fria recebido justamente no dia de seu 19º aniversário, em 4 de agosto. Em 1993, porém, Marcos recebia novo chamado, agora para compor a Seleção Brasileira da categoria que excursionaria pela Europa. O palmeirense vestiu pela primeira vez a amarelinha no II Festival Internacional de Futebol Val'Action, na França, competição que o Brasil faturou passeando sobre os adversários: 6 a 1 na República Tcheca, 3 a 2 na Eslováquia e 2 a 1 na Rússia.

A parada mais importante do giro europeu aconteceria de 6 a 15 de junho, em Toulon, sede do Festival Internacional de Futebol "Espoirs", um dos mais prestigiados certames entre seleções de base do planeta. Daniel Passarella, Stoichkov e Zinedine Zidane, entre outros, brilharam pela primeira vez ao mundo na vitrine do torneio, disputado desde 1967. O Brasil triunfara em 1980, 1981 e 1983, e registrara sua última participação em 1987, com uma equipe que, mesmo contando com Taffarel, André Cruz e César Sampaio, ficou apenas na terceira colocação.

A expectativa em Toulon com o escrete canarinho era grande – afinal, a Seleção vencera, no primeiro semestre, o Mundial de Futebol Júnior, na Austrália, e vinha da boa impressão deixada em Val'Action. Mas vexame é pouco para descrever o desempenho dos garotos. Treinada por Carlos Alberto da Luz, a equipe, que tinha como destaques Sávio, Yan, Bruno Carvalho e Argel, além de Wagner e Magrão, do Palmeiras, terminou em um horrível sétimo posto, à frente somente da Bulgária. Marcos ficou de fora da estreia – em que a República Tcheca venceu por 3 a 2 e vingou-se da goleada sofrida no último encontro – e voltou contra Portugal, na vitória dos lusos por 1 a 0. O máximo que o arqueiro palmeirense conseguiu fazer foi garantir o empate sem gols contra a Inglaterra, que se sagraria campeã da competição. Para completar a tortura, a Seleção, ainda com Marcos na meta, se despediu da turnê com uma derrota para Itália, 2 a 1.

Mas a tristeza do goleiro não duraria muito tempo. Em seu retorno ao Brasil, Marcos se juntaria a um elenco que, desde 12 de junho de 1993, já não tinha mais fantasmas para exorcizar.

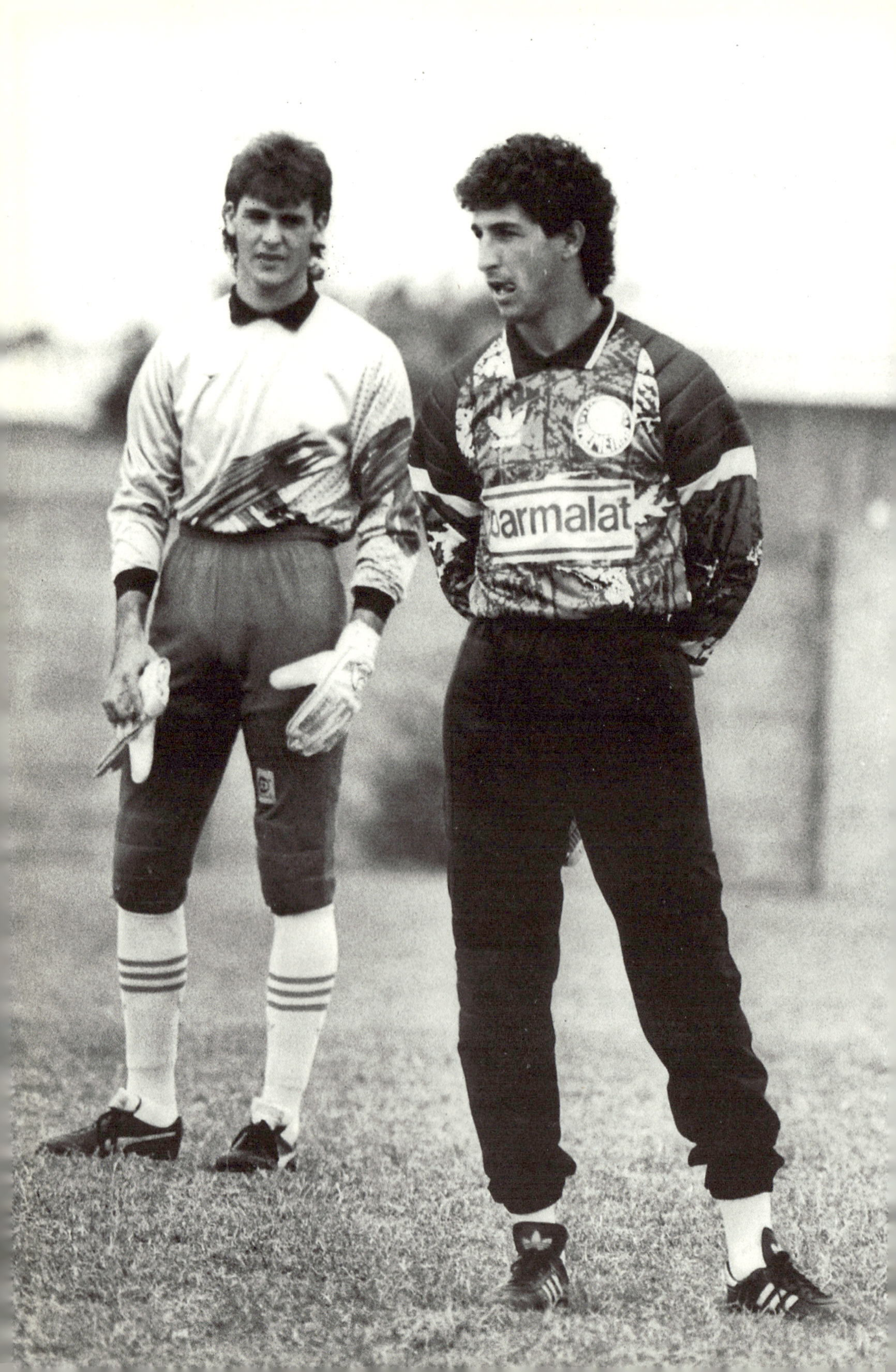
parmalat

# 4

# Um espectador privilegiado

Muita água havia passado por baixo da ponte do time principal do Palmeiras desde o retorno de Marcos aos juniores, em junho de 1992. Apesar do apoio dos cartolas e da Parmalat, Nelsinho Batista se demitira nos vestiários depois de um empate sem gols em casa contra o Noroeste, em 19 de agosto – três derrotas consecutivas no Campeonato Paulista haviam feito as torcidas organizadas transformarem o Parque Antarctica, naquele dia, em uma panela de pressão que apitava pedindo a cabeça do treinador. Depois de receber recusas de Candinho e Valdir Espinosa, o clube acertou com Otacílio Gonçalves, campeão da segunda divisão do Brasileiro com o Paraná Clube.

◂ *À sombra do amigo e titular Sérgio, em 1993, na Academia de Futebol*

Apelidado Chapinha pela excelente relação mantida com seus comandados, o bonachão gaúcho soube preparar, de imediato, um bom minestrone com os ingredientes que estavam à mão. Com o decorrer da temporada, novos reforços chegaram e deram mais substância à receita: os meias Zinho, ex-Flamengo, e Cuca, ex--Grêmio e Internacional; o lateral Mazinho, ex-Vasco e Fiorentina; e o ponta Maurílio, ex-Paraná. Mais importante, o treinador teve o bom senso de reintegrar o centroavante Evair, demonizado por Nelsinho – e foi o camisa 9 quem liderou a surpreendente recuperação da equipe no segundo semestre de 1992. O Palmeiras chegou às semifinais da Copa do Brasil, caindo apenas diante do futuro campeão, o Internacional de Porto Alegre, e à decisão do estadual, perdendo para o São Paulo de Telê Santana, Zetti, Cafu, Raí, Müller e Palhinha.

De qualquer forma, o triunfo na primeira partida do quadrangular semifinal do Paulista, contra o Corinthians novamente treinado por Nelsinho Batista, já havia valido como um título para a torcida. Domingo chuvoso no Morumbi, 8 de novembro de 1992: Evair, em uma cobrança milimétrica de falta no ângulo de Ronaldo, marcou o gol que derrubou o arquirrival e impulsionou o Palestra rumo à primeira disputa de título desde 1986. Seria apenas o primeiro capítulo da doce vingança do centroavante contra o técnico que o encostara.

Para o Paulista de 1993, finalmente a Parmalat cumpria a promessa e abria de vez o cofre para entregar à torcida um esquadrão. Roberto Carlos (ex-União São João), Edmundo (ex-Vasco da Gama), Edílson (ex-Guarani) e Antônio Carlos (ex-São Paulo e Albacete) chegavam para compor a via láctea palestrina e tirar de vez o Verdão da fila. No gol, Carlos, que perdera a posição no final do semestre anterior para César, se despedia em definitivo. Mas não seria César o guarda-metas para o Paulista. O novo titular era um velho conhecido da torcida palmeirense: Wagner Fernando Velloso. Dono da posição de 1989 a 1991, o talentoso prata da casa fora cedido em 1992 para o União São João de Araras, por conta da chegada de Carlos, mas voltava ao Parque Antarctica em alta, para ser o homem de confiança de Chapinha sob as traves.

Apesar da boa campanha, porém, o time dos sonhos não encantava. Problemas de relacionamento entre os medalhões afetavam a performance técnica da equipe, e Otacílio não conseguia encontrar uma solução para os pesadelos. Em 15 de abril, depois de uma derrota em casa para o carrossel caipira do Mogi Mirim – com o gol da vitória marcado por um pernambucano magricela chamado Rivaldo –, Chapinha desceu aos vestiários xingado pela torcida e se demitiu dois dias depois.

A diretoria, agora liderada pelo presidente Mustafá Contursi, eleito no início do ano, tentou primeiro Nelsinho Rosa, campeão brasileiro em 1989 com o Vasco. Entretanto, ainda que tentado a assumir o cargo, o treinador teve de recusar o convite – contabilizando três pontes de safena, foi obrigado pela família a dizer não à montanha-russa de emoções chamada Palmeiras. Assim, em 19 de abril de 1993, o alviverde partiu para o plano B e contatou Wanderley Luxemburgo, famoso por levar o Bragantino ao título paulista de 1989, mas desempregado depois de passagens improdutivas pelo Guarani e pela Ponte Preta. O acerto foi imediato: no dia seguinte, Luxemburgo desembarcava em São Paulo para ser apresentado na sala de troféus do Palestra Itália, tornando-se o 33º treinador a assumir oficialmente o Verdão desde 1976.

Lateral esquerdo coadjuvante nas grandes equipes do Flamengo e do Internacional da década de 1970, técnico desde 1983, quando estreou no banco do Campo Grande do Rio de Janeiro, Luxemburgo recebia, aos 40 anos, sua segunda oportunidade de ser protagonista em um grande clube brasileiro depois do período de glória em Bragança Paulista. Em 1991, o treinador deixara a terra da linguiça para comandar o Flamengo, seu time de coração, mas não conseguiu corresponder às expectativas rubro-negras e durou apenas oito meses na Gávea.

Adepto do futebol ofensivo e grande estudioso da parte tática do esporte, Luxemburgo não gostava de limitar seu trabalho às quatro linhas. À moda de alguns colegas europeus, acreditava que o treinador deveria meter o bedelho no próprio planejamento do clube, com a fixação de metas e objetivos. Respaldado pelo profissionalismo da Parmalat, o estrategista encontraria no Palmeiras um campo fértil para semear suas ideias. "Em equipes sem condição financeira você é obrigado a planejar o seu trabalho a médio ou longo prazo. Mas aqui no Palmeiras é diferente. Com essa estrutura financeira, podemos ter resultados imediatos. Tenho certeza de que o Otacílio deixou uma boa base e tentarei explorar isso da melhor maneira possível", declarou à *Folha de S.Paulo* de 21 de abril.

Dito e feito. Com fama de disciplinador, Luxemburgo chegou, enquadrou as estrelas e colocou o supertime nos eixos, mantendo a ponta da primeira fase do Paulistão e terminando o quadrangular semifinal com 100% de aproveitamento – ganhou os jogos de ida e volta contra Guarani, Ferroviária e Rio Branco. Nas finais, o adversário seria o Corinthians, que superara São Paulo, Santos e Novorizontino em um verdadeiro grupo da morte.

Mas os primeiros 90 minutos da decisão ressuscitaram o temor de velhos fantasmas: derrota por 1 a 0 para o arquirrival, gol de Viola, que ficou de quatro na comemoração e imitou um porco. O gesto que provocou a ira dos palestrinos, contudo, virou arma de Luxemburgo: para mexer com o orgulho dos atletas, o professor repetiu a imagem à exaustão em suas palestras motivacionais na semana que antecedeu a finalíssima. Mordidos, os palmeirenses, no dia da graça de 12 de junho de 1993, fizeram o Corinthians chafurdar no verde do

*Redentores: titulares do Palmeiras no histórico dia 12 de junho de 1993*

estádio do Morumbi, emplacando uma sonora e humilhante goleada de 4 a 0, 3 a 0 no tempo normal e 1 a 0 na prorrogação. A carnificina foi liderada pelo matador Evair, que completava sua *vendetta* contra Nelsinho – ele, de novo, técnico do Corinthians.

A partir daí, fila, agora, só de troféus.

♛

**Depois de 17 anos** segurando o grito de campeão, a torcida não demorou nem dois meses para voltar a comemorar um título – desta vez, a conquista do renascido Rio-São Paulo, em agosto de 1993. Com quase meio time servindo à Seleção nas eliminatórias, o Verdão mostrou que seu misto era quente e bateu nas finais, novamente, o Corinthians. Endiabrado, Edmundo só não fez chover no primeiro jogo: marcou na etapa inicial os dois gols que garantiram a vitória palmeirense, cansou de provocar os rivais e foi expulso logo na volta do intervalo, depois de dar uma bica em Marcelinho Paulista. Na decisão, disputada no Pacaembu em 7 de agosto, o Palestra segurou o empate e fez o Corinthians colocar a viola no saco mais uma vez.

Durante o Rio-São Paulo, a equipe já não contava mais com Velloso. O goleirão, na verdade, deu um azar tremendo: logo na segunda partida da temporada, contundiu-se na mão esquerda e abriu espaço para o jovem Sérgio, que ganhou a confiança de Wanderley Luxemburgo e não saiu mais do time. Insatisfeito com a condição de suplente, Velloso foi emprestado ao Santos após o Paulistão – e assim Marcos foi elevado oficialmente ao posto de segundo goleiro do Palmeiras para a disputa do Brasileiro de 1993, já que César também não estava mais no grupo.

Para fazer sua estreia em campeonatos oficiais pelo alviverde, Marcos só precisaria de um escorregão do novo camisa 1, justamente seu melhor amigo no clube. E não estamos falando de frangos, perus ou outras penosas: bastava um terceiro cartão amarelo aqui ou uma contusãozinha ali para que o reserva imediato da posição fosse escalado.

Mas o boa-praça Sérgio Luiz Araújo, então com 23 anos, não largou o osso de jeito nenhum – mesmo diante das dúvidas e cobranças de boa parte da torcida, que colocava sobre ele uma pressão anormal (e absolutamente injusta) até mesmo para os padrões do Palmeiras. Para incredulidade de Marcos, o titular jogou cada um dos 1.980 minutos que o Verdão fez na campanha irrepreensível do título brasileiro: 16 vitórias, 4 empates e 2 derrotas. A final contra o

Um espectador privilegiado

*Um grande garoto: Marcos, primeiro reserva da meta palestrina no Brasileiro de 1993*

*Alviverdes celebram depois do massacre contra o Corinthians no Paulistão*

*Na final do Brasileiro, Evair atravessa o campo para comemorar seu gol com Sérgio*

Vitória da Bahia foi um passeio, com triunfos de 1 a 0 na Fonte Nova e 2 a 0 no Morumbi. Neste jogo, por sinal, Sérgio recebeu uma homenagem pública do matador Evair, que atravessou o campo para comemorar seu gol com o tão questionado arqueiro – mea-culpa que cada um dos quase 90 mil palmeirenses presentes ao Morumbi dividiu com o Matador. "O Sérgio teve seu valor contestado por muita gente, foi bastante criticado. Mas sempre que nós precisamos ele deu conta do recado com grandes defesas", declarou o camisa 9 ao *Diário Popular* de 20 de dezembro.

O alviverde exterminava assim mais um jejum. O último Brasileiro fora conquistado havia exatos 20 anos, em 1973. Era chegada a hora de partir para desafios internacionais – só que aí a batata assou para o caipira de Oriente.

♛

**Depois que o São Paulo** venceu os Mundiais Interclubes de 1992 e 93 no Japão, o chamado "Projeto Tóquio" tornou-se uma fixação dos grandes clubes do Brasil. Rivalizando com o Tricolor pelo posto de melhor time do país, o Palmeiras pretendia repetir na temporada de 1994 o sucesso do time de Telê – e, respaldado pela Parmalat, certamente tinha cacife. Para a Copa Libertadores da América, primeira parada rumo à terra do sol nascente, o Verdão decidiu ir atrás de reforços de sangue latino. O primeiro deles era um legítimo trem-bala: o meia colombiano Freddy Rincón, astro da seleção que havia enfiado 5 a 0 na Argentina nas eliminatórias para a Copa do Mundo dos Estados Unidos, em 1993. Com sua rara mistura de vigor físico e técnica refinada, Rincón virou titular absoluto.

O segundo veio para completar o grupo e dar experiência ao goleiro Sérgio – e realmente experiência talvez fosse a única coisa que o paraguaio Roberto Eladio Fernández Roa, popularmente conhecido como Gato, poderia oferecer ao Palmeiras do alto de seus quase 38 anos de idade. Do apelido felino, só restava ao arqueiro o finório bigode. Mas com nada menos do que 12 participações na Libertadores, o veterano poderia passar aos companheiros os macetes da competição continental – e Gato Fernández ainda ganharia a posição de titular dois meses mais tarde, durante uma fase infeliz de Sérgio. Com a chegada do *hermano*, Marcos foi reconduzido à função de terceiro goleiro, posto que manteria nos dois anos seguintes. Vez ou outra, ajudava a compor o banco de reservas, mas jogos mesmo só com o time de aspirantes, em uma assiduidade que lhe rendeu a braçadeira de capitão.

Apresentando um futebol vistoso e eficiente, o Palmeiras de Wanderley Luxemburgo conquistou o bicampeonato no Paulista – fechando o torneio com nova vitória sobre o Corinthians, em 15 de maio. Limitada ao tobogã do Pacaembu, a torcida alvinegra assistiu, silenciosa, ao Verdão meter 2 a 1, com um golaço do capetinha Edílson, que fuzilou Ronaldo depois de sapecar um drible da vaca em Ezequiel. Entretanto, naquele primeiro semestre, o sonho maior do clube ficaria pelo caminho. Uma inexplicável excursão caça-níqueis para o Japão às vésperas do confronto decisivo contra o São Paulo pelas oitavas de final da Libertadores deixou o time sem pernas e provocou a eliminação precoce da competição continental.

O baque, porém, não alteraria o planejamento da nau palmeirense para o Campeonato Brasileiro de 1994. O alviverde manteve a base e ainda trouxe um reforço de peso: o meia Rivaldo, que havia deixado o Mogi Mirim no ano anterior e estava desfilando sua desengonçada classe pelo Corinthians. Com um talento do tamanho do mundo, o pernambucano driblou a desconfiança e ganhou a torcida. Com os pelos ainda arrepiados pelas atuações de Gato Fernández, a diretoria dispensou o paraguaio e promoveu a volta de Velloso, que assumiu de vez a meta palestrina e rumou para sua primeira

*Quatro ases e uma vaga: Marcelo, Marcos, Sérgio e Gato Fernández*

conquista como titular no clube que o revelara cinco anos antes. Para os outros goleiros do elenco, nada mudou: Sérgio manteve a reserva e Marcos sua posição de segundo suplente.

Mais uma vez, o Verdão ofereceu à torcida uma campanha sem sustos, mantendo a liderança de ponta a ponta nas fases iniciais e despachando Bahia e Guarani, nas quartas e semifinais, respectivamente, com duas vitórias indiscutíveis.

Na decisão, só para não perder o costume, outra chinelada no Corinthians. Com dois gols de Rivaldo e um de Edmundo, o Verdão enfiou 3 a 1 no primeiro duelo, em 15 de dezembro no Pacaembu, e

*Defesa que ninguém passa: os talentosos pratas da casa Sérgio, Marcos e Velloso*

segurou o 1 a 1 na volta, três dias depois, em um jogo tenso, com quatro expulsões – Zinho, do Palmeiras, Branco, Luizinho e o técnico Jair Pereira, do Corinthians – e uma boa dose de provocação do lado palestrino. Na etapa final, a torcida delirou quando Edmundo driblou Viola, colocou o pé na bola, olhou para trás e chamou o rival para dançar novamente. Antes que o Animal fosse abatido pelo revide dos revoltados corintianos, Luxemburgo o tirou do time, permitindo que a massa palmeirense, senhora do Pacaembu, ovacionasse o ídolo. No lugar de Edmundo, o treinador colocou o zagueiro Tonhão. Só de sacanagem.

♛

**Depois de dois anos** segurando os craques no Palestra Itália, Palmeiras e Parmalat finalmente cederam aos encantos das verdinhas no início de 1995. A defesa não sofreu baixas significativas, mas o meio-campo e o ataque foram literalmente desmontados. De uma tacada só, o clube perdeu Zinho, Evair e o capitão César Sampaio, que acertaram com o Yokohama Flügels, do Japão. Edmundo e o técnico Wanderley Luxemburgo embarcaram na canoa furada chamada centenário do Flamengo – o clube da Gávea, que prometia o "ataque dos sonhos", só ganhou uma mísera Taça Guanabara e virou motivo de piada dos rivais nos clássicos do Maracanã, com uma sensacional paródia do premiado comercial da Varig da época: "Pior ataque do mundo, pior ataque do mundo... Joga um pouquinho, descansa um pouquinho, Romário, Sávio e Edmundo!"

Para substituir os antigos ídolos alviverdes, chegaram nomes como o volante argentino Mancuso, o meia colombiano Lozano e o veterano centroavante Nilson. O treinador era Valdir Espinosa, que não durou quatro meses e foi trocado por Carlos Alberto Silva. O resultado não poderia ser outro: derrotas na Copa do Brasil e na Libertadores – ambas para o Grêmio – e no Paulista, para o Corinthians, que, aleluia, vencia o Palmeiras em uma final.

O único setor que passou incólume às críticas da torcida foi justamente o gol: ali, Velloso voava. Sérgio esquentava o banco e não comprometia nas vezes em que substituía o titular. Só restava a Marcos, portanto, aprimorar a forma na Academia de Futebol – período de internato que, apesar de um tanto frustrante, renderia no futuro muitos frutos ao jovem goleiro. Afinal, o Palmeiras havia trazido de volta o mestre Valdir Joaquim de Morais, um dos pioneiros na função de treinador de goleiros, tendo participado da formação de Leão, Zetti e Velloso. Seu Valdir, aliás, era ele mesmo um

*Ensinamentos diários do mestre Valdir Joaquim de Morais, um privilégio*

histórico guarda-metas do clube: entre os anos de 1958 e 1968, deu continuidade à fortíssima dinastia de goleiros da escola palestrina, assumindo o bastão que antes fora do mítico Oberdan Cattani. Sem a preocupação de concentrações e viagens, Marcos pôde ser lapidado à exaustão por Valdir, que alardeava internamente o potencial do pupilo.

Para a torcida, porém, Marcos nem aparecia – a bem da verdade, o reserva do reserva foi notícia, sim, em 29 de agosto. Em um treinamento no Parque Antarctica, bateu a cabeça no pé direito do meia Edílson e desmaiou. Assustados, os atletas acompanhavam o massagista Ceará socorrer o arqueiro, estirado de braços abertos no gramado. Marcos recebeu massagem cardíaca e respiração boca a boca e recuperou os sentidos – só que, grogue, não conseguia se lembrar de nada do ocorrido. Depois do treino, o médico Fernando Leopoldino explicava à imprensa que aquela crise de ausência era comum em traumas do gênero. O goleiro, já inteiro, interrompeu o doutor para fazer piada com o episódio. "Eu lavei bem a boca no vestiário. Se eu acordasse com o Ceará em cima de mim, daria um soco na cara dele", brincou.

Marcos teria de esperar quase um ano para voltar às manchetes – mas, a partir de 1996, não sairia mais delas.

*Susto no Palestra: choque com Edílson e desmaio no treinamento, em 1995*

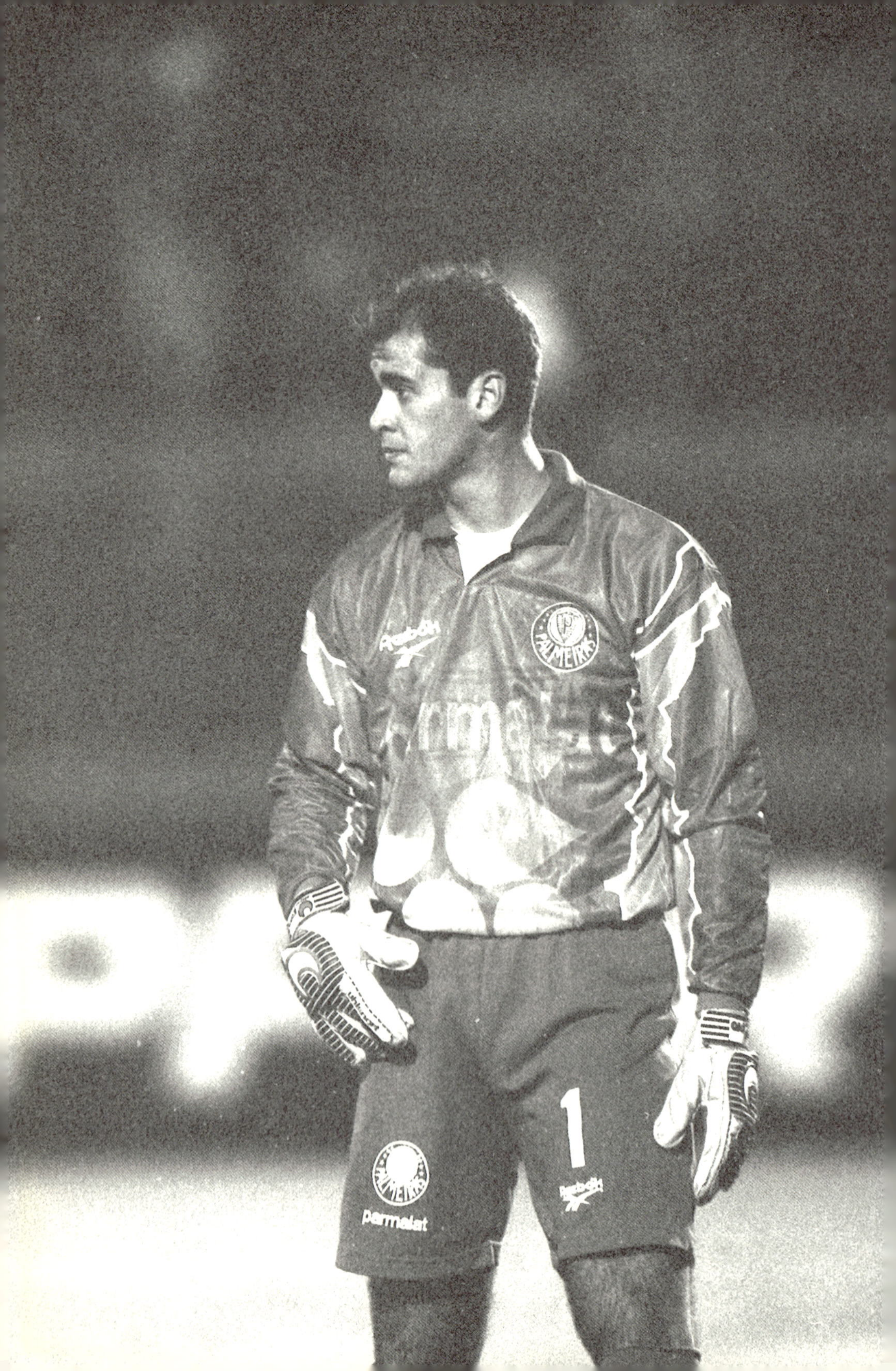
Reebok
PALMEIRAS
1
Reebok
PALMEIRAS
parmalat

# Agora é pra valer

No final de 1995, depois de um hiato desastroso para ambas as partes, Palmeiras e Wanderley Luxemburgo decidiram reatar a parceria que levara o clube aos bicampeonatos paulista e brasileiro. Sem olhar para o passado, projetaram um novo e imponente alviverde para 1996, cercando-se de todo o talento que o cofre da Parmalat pudesse conseguir. Do Guarani, vieram o meia Djalminha – filho do zagueiro Djalma Dias, imortal da primeira Academia do Palestra, nos anos 1960 – e o centroavante Luizão, jovens sensações do futebol brasileiro; do Vitória, chegou o lateral Júnior; do arquirrival Corinthians, Elivélton. Os pratas da casa Galeano e Magrão, emprestados ao Juventude e ao Goiás, foram reintegrados ao elenco e juntaram-se aos

◄ *Camisa 1: no Brasileirão de 1996, Marcos engata primeira sequência como titular*

pentacampeões Müller e Cafu, contratados em meados da temporada anterior, e a Velloso, Cléber, Rivaldo, Flávio Conceição e Amaral, remanescentes do título nacional de 1994.

O resultado? Uma máquina de jogar futebol – e de fazer gols. Ainda na pré-temporada, o time de Luxemburgo mostrou suas credenciais ao meter 6 a 1 no Borussia Dortmund, campeão alemão, em jogo válido pela Taça Euro-América – triangular disputado em Fortaleza e conquistado pelo Palestra depois de um empate com o Flamengo. No Paulista, os placares elásticos começaram logo na estreia e foram sendo enfileirados nas rodadas seguintes: 6 a 1 na Ferroviária, 7 a 1 no Novorizontino, 3 a 0 no Mogi Mirim, 4 a 1 no Juventus, 3 a 1 na Portuguesa, 3 a 1 no Corinthians, 3 a 1 no Guarani, 8 a 0 no Botafogo, 4 a 1 no Rio Branco, 6 a 0 no América de São José do Rio Preto...

Na *Folha de S.Paulo* de 24 de março de 1996, dia da antepenúltima partida do primeiro turno – pedreira na Vila Belmiro contra o Santos vice-campeão brasileiro –, o jornalista Alberto Helena Jr. já prenunciava uma das campanhas mais espetaculares da história do Campeonato Paulista: "É goleada sobre goleada e, a cada jogo, uma exibição irretocável de volúpia combinada com refinada técnica. Sem firulas desnecessárias, porém, esse Palmeiras arrasador joga de primeira, numa velocidade incomparável e sempre em direção ao gol inimigo. O toque de classe, o lance inventivo, a assinatura ao pé de uma pequena obra-prima elaborada em um átimo, tudo isso é intrínseco e só nasce da compulsão pela busca do gol".

Naquela mesma tarde, o Porco enlataria o Peixe em um massacre a céu aberto na vila famosa: 6 a 0, dois de Rivaldo, um de Cafu, um de Djalminha e, quem diria, dois do zagueirão Cléber. Com mais essa goleada, o Palestra chegou ao título do primeiro turno – e à vaga na decisão do campeonato – com uma rodada de antecipação e números avassaladores: 14 jogos, 13 vitórias, um empate, 57 gols marcados, média de 4,07 por partida, e apenas 8 sofridos.

O último encontro da primeira fase, portanto, serviria apenas para cumprir tabela, mas Luxemburgo não quis dar folga aos titulares e colocou toda a turma para enfrentar o XV de Jaú, em 30 de março, no Parque Antarctica. Só que os craques jogaram com o freio de mão puxado, como confessou Müller ao *Jornal da Tarde* do dia seguinte. "Nós estávamos acomodados. Senti pouco interesse dos meus companheiros durante vários momentos do jogo. O fato de a partida não valer nada em termos de classificação nos tirou a motivação." Detalhe: o Palmeiras venceu por 4 a 0.

Nesse confronto, o técnico alviverde promoveu as quatro alterações permitidas pelo regulamento do torneio: Rivaldo saiu para a entrada do meia Paulo Isidoro, Müller foi substituído pelo atacante Cris, Gustavo cedeu seu lugar ao figuraça italiano Marco Osio e Velloso, sob os aplausos da torcida, entregou com carinho e com afeto a meta palestrina ao seu novo reserva imediato, Marcos, que assumira a camisa 12 com o empréstimo de Sérgio ao Flamengo. O goleiro entrou aos 35 minutos do segundo tempo e fez seu primeiro jogo oficial com o time profissional do Palmeiras, exatamente quatro anos e um dia depois de ter sido relacionado por Nelsinho Batista para o banco de Carlos no Derby do Brasileiro de 1992. Nos dez minutos em que ficou em campo contra o XV de Jaú, cujo astro-rei era o veterano curinga Wilson Mano, Marcos mal tocou na bola.

Naquela tarde, os holofotes voltaram-se mesmo para Cris, de 17 anos, que também debutava no profissional do Palmeiras e marcou o tento que fechou o placar. O dia de glória do outro estreante ficaria para o segundo turno.

♛

**Sem deixar a peteca cair,** o Super Verdão seguiu arrancando suspiros da torcida na segunda metade do Paulista. Em meio às

*À espreita: reserva imediato de Velloso, Marcos aguarda sua chance*

vitórias e às goleadas, apenas dois tropeços: um empate com o Corinthians e uma derrota para o Guarani, em Campinas. O time seguia em velocidade de cruzeiro para conquistar o returno e assim garantir o título do campeonato sem a necessidade da realização de uma final. Faltando cinco rodadas para o término do certame, o Palmeiras virou para cima do Rio Branco, 2 a 1, e manteve em três pontos sua vantagem sobre o Santos, segundo colocado.

Sofrida, a vitória causou uma baixa para o jogo seguinte: buscando segurar o ímpeto do bravo alvinegro de Americana, Velloso fez cera na reposição de bola e recebeu cartão amarelo do juiz carioca Léo Feldman – o terceiro no campeonato, que significou suspensão automática e fim de uma sequência de 34 jogos seguidos do camisa 1. Marcos, finalmente, entraria em cena como titular, contra a sólida equipe do Botafogo de Ribeirão Preto, que ocupava a terceira posição no campeonato, à frente de São Paulo, Araçatuba e Guarani.

Na véspera da partida, porém, o ambiente no Palestra virou de cabeça para baixo: os jornais revelavam que a manicure Cláudia Laudineide Machado Cavalcante, de 33 anos, registrara um boletim de ocorrência contra Wanderley Luxemburgo, acusando o treinador de assediá-la sexualmente em um quarto de hotel em Campinas, onde a delegação alviverde estava concentrada para o confronto com o Rio Branco.

O caso – que terminaria mais tarde com a absolvição do treinador por falta de provas – dominou as resenhas esportivas e desviou sensivelmente o foco do duelo contra o Botafogo. Exceto para Marcos, claro, que esfregava as luvas com a iminência de seu primeiro prélio como arqueiro titular do Verdão. "Não é fácil substituir o Velloso em um jogo tão importante. Mas quero ter uma boa atuação. Não por cobranças do Palmeiras, da torcida ou do treinador. A cobrança vai ser minha mesmo", explicou, no *Diário Popular* de 18 de maio. Marcos revelou aos leitores seu ponto forte – a saída do gol – e não quis entrar em detalhes sobre o ponto fraco. "O goleiro tem de estar sempre aprimorando os fundamentos, pois experiência ele só vai adquirir jogando", desconversou.

E assim, no dia 19 de maio de 1996, com a camisa 12 nas costas, Marcos subiu a escadaria do vestiário do estádio Palestra Itália direto para o campo de jogo pela primeira vez como profissional. No gramado, a luta que o aguardava não se provou tão difícil assim. Djalminha, que celebrava o nascimento de sua filha, marcou logo três e garantiu a vitória contra o tricolor de Ribeirão Preto ainda na etapa inicial – Müller, aos 13 minutos do segundo tempo, fechou a goleada. Só que a festa da torcida ainda não estava completa.

Aos 22 minutos, Flávio Conceição derruba Jajá na área palmeirense: pênalti para o Botafogo. Oportunidade para o golzinho de honra do Pantera. De um lado, o experiente Paulo César; de outro, o novato Marcos, defendendo o gol das piscinas do Parque Antarctica. O juiz paraguaio Epifanio González trila o seu apito. O meia corre para a bola. Chute seco, rasteiro. O goleiro de 1,93m de altura voa para o lado direito. A mão direita, rente à grama, espalma a bola para escanteio. E de repente uma revoada de camisas verdes invade a pequena área para abraçar Marcos, que, ajoelhado, apontava os dedos indicadores para o céu.

Alucinada, a torcida comemora a defesa mais do que os quatro gols da partida – e não há exagero nenhum nessa afirmação. O jornalista Márcio Bernardes, que narrava a partida para a TV Gazeta, deixa transparecer, no ar, sua surpresa: "Parece final de Copa do Mundo! O gol não ia fazer nenhuma falta para o Palmeiras... A defesa de Marcos é comemorada como se fosse a conquista de um título!"

Festejado pelos companheiros, homenageado pelas arquibancadas, Marcos foi mais requisitado pelos repórteres ao fim do jogo do que os próprios medalhões. "O Velloso havia me alertado que o Ranielli e o Paulo César cobram pênaltis muito bem. Ele me disse que se eles não dessem mostra para onde iriam chutar, era para eu ir para o canto direito. Naquele momento, pensei no Velloso e deu tudo certo", explicava o goleiro, que dedicou a atuação aos pais, em Oriente. "Meu problema era mostrar que estava à altura do Velloso. Por isso pedi força a Deus antes do jogo. Ao defender o pênalti, vi que Ele tinha me ajudado."

Com o triunfo contra o Botafogo e a derrota do Peixe para o XV de Jaú, o Palmeiras ficou a quatro pontos do título, e ninguém acreditava que a máquina de jogar futebol pudesse tropeçar duas vezes seguidas – tanto que o *Notícias Populares* de 20 de maio de 1996 já anunciava para São Paulo inteira ouvir: "Toma a taça, Verdão".

*O já campeão Super Verdão posa para o pôster antes do jogo contra o XV de Jaú*

A conquista oficializou-se de fato dois jogos depois, novamente com uma rodada de antecipação, novamente contra o Santos. Apenas o placar, desta vez, foi menos gordo: 2 a 0 no Palestra Itália, clássico em que Luizão marcaria o 100º gol do Super Verdão no torneio. Com ele, veio o 21º título estadual do clube, encerrado com uma derradeira vitória contra o XV de Jaú, no dia 9 de junho no Pacaembu, tento solitário de Galeano. A tabela de classificação final do Paulistão de 1996 era um verdadeiro desacato: 30 jogos, 27 vitórias, 2 empates, 1 derrota, 102 gols marcados, 19 sofridos, 83 pontos de 90 possíveis, aproveitamento de 92,2% – o melhor da era profissional do

Campeonato Paulista, acima dos 90% registrados pelo São Paulo de Rui, Bauer, Noronha, Luizinho e Leônidas da Silva em 1946.

Marcos, que jogou o segundo tempo inteiro contra o XV de Jaú – Luxemburgo resolveu sacar Velloso no intervalo a fim de poupá-lo para as finais da Copa do Brasil, contra o Cruzeiro –, terminou a temporada com três partidas disputadas. Invicto nos 145 minutos em que esteve em campo, o reserva fez por merecer as citações nos cadernos de esportes do dia seguinte à conquista, que lembravam de seu dia de estrela no Palestra Itália. Ao *Diário Popular*, o goleiro explicou que a amizade foi a principal arma da equipe no campeonato. "É fácil perceber quando o astral é bom. Não pensei que poderia receber tanta confiança em uma única partida. As feras acreditaram em mim. Ganhei confiança e fiz um jogo sem erros, o que é importante para um goleiro que está começando."

♕

**Dez dias depois** de vencer o Paulistão, em uma dessas coisas que só acontecem no esporte, o poderoso Palmeiras perdeu a final da Copa do Brasil, em casa, de virada, para o Cruzeiro dos plebeus Roberto Gaúcho e Marcelo Ramos. Foi-se embora a vaga para a Libertadores – e com ela também o Super Verdão, submetido a um pequeno porém fatal desmanche para o segundo semestre de 1996. Müller, Rivaldo e Amaral deixaram o clube, que trouxe, no papel, bons nomes de reposição: o volante Leandro, destaque do Botafogo campeão brasileiro, o meia Rincón, repatriado depois de passagens infrutíferas por Napoli e Real Madrid, e o atacante Viola, ele mesmo, ídolo do Corinthians que desembarcou no Palestra Itália jurando que era palmeirense desde criancinha. A base podia ser a mesma, os reforços de alto nível, mas o encanto já estava quebrado. O esquadrão dos 100 gols saiu de cena para entrar na história.

## Agora é pra valer

♛

**Sexta-feira,** 16 de agosto de 1996, manhã fria de inverno na Academia de Futebol. Ao final dos trabalhos de preparação para a partida contra o Coritiba, pela terceira rodada do Campeonato Brasileiro, no Parque Antarctica, o elenco se divide para a disputa do tradicional rachão. Velloso se escala como centroavante e invade a área adversária. Marcos, no gol, sai aos pés do falso atacante, que, descalibrado, erra a bola e acerta em cheio a canela do arqueiro. Os dois grandalhões caem no gramado e, apesar das dores, divertem-se com o episódio pastelão. À tarde, porém, Velloso não tinha mais motivos para sorrir: uma radiografia revelava fratura no segundo metatarso de seu pé direito – prazo de 30 a 45 dias para recuperação.

Disparado o melhor da posição no país e só não convocado para a Seleção até então por pura teimosia do técnico Zagallo, Velloso fora informado nos bastidores de que o Velho Lobo finalmente se dobraria a seu talento na relação que seria divulgada no meio da semana seguinte, para os amistosos no Velho Continente contra a Rússia e a Holanda. Com a contusão, o goleiro perderia a chance de voltar ao quadro nacional depois de seis anos. Sua única aparição na Seleção acontecera em 12 de setembro de 1990, na estreia de Falcão como treinador, derrota para a Espanha por 3 a 0, em Gijón – o camisa 1 pagou o pato pelas experiências do ingênuo comandante e acabou riscado das listas seguintes. "Velloso está muito abatido. Ele estava esperando a convocação. Não poderá mais ser chamado", afirmou o médico palmeirense Marcos Ambrósio ao *Jornal da Tarde* de 17 de agosto.

Mesmo com a canela inchada, Marcos foi confirmado na equipe titular e teve atuação segura na fácil vitória por 5 a 0 contra o Coritiba, no Parque Antarctica, a primeira do torneio. Três dias depois, o time voltou a campo e bateu o Vasco da Gama por 3 a 1 – o arqueiro palestrino repetiu o bom papel, sofrendo apenas um gol de pênalti do craque Juninho Pernambucano. Nessa mesma toada, os bons resultados foram se enfileirando, e o Palmeiras engatou uma sequência de invencibilidade de dez jogos no Campeonato Brasileiro, entre meados de agosto e final de setembro. Com o goleiro de 23 anos à frente da meta, o alviverde registrou 7 vitórias e 3 empates, 26 gols marcados e apenas 7 sofridos, notável campanha que fez o Palestra assumir a liderança isolada no final de setembro, para surpresa de muitos.

Agora, surpresa, surpresa mesmo, essa viria na semana seguinte.

♛

"É sério ou vocês estão brincando?", perguntou Marcos aos repórteres assim que chegou à Academia para o treino da tarde de 8 de outubro. "É brincadeira, né? Eu fui convocado? De verdade?"

Sim, senhor. Algumas horas antes, no Rio de Janeiro, o técnico Mário Jorge Lobo Zagallo anunciara a lista de convocados para o

*Os trapalhões: dividida com Marcos no rachão vira drama para Velloso*

*Marcos assume a meta contra o Coritiba, em agosto de 1996*

amistoso da Seleção contra a Lituânia, em Teresina. Sem poder contar com Dida, do Cruzeiro, e Carlos Germano, do Vasco da Gama, que jogavam competições internacionais com seus clubes, o Velho Lobo não teve dúvidas: chamou de volta o veterano Zetti, do São Paulo, e cravou Marcos na cabeça. "O time do Palmeiras tem a defesa menos vazada do campeonato e esse garoto é um dos responsáveis por isso. Quero vê-lo de perto", declarou ao *Jornal da Tarde* de 9 de outubro.

Ninguém no clube acreditava, nem mesmo o preparador de goleiros Valdir Joaquim de Morais, defensor de primeira hora do pupilo. "O Velloso está há três anos trabalhando comigo e nunca foi chamado. O Marcos fez dez partidas e foi lembrado. Fico orgulhoso do Marcos, ele tem talento e merece, mas estou surpreso", admitiu. O contundido Velloso, que estava no clube tratando sua lesão e caminhava rumo aos dois meses de ausência dos campos, reclamou com o novato. "Você me machucou, me tirou do gol do Palmeiras e pegou meu lugar lá na Seleção também!", esbravejou de brincadeira para a *Gazeta Esportiva*.

A realidade, porém, era mais ou menos essa, e o jovem arqueiro sabia disso. Sempre sincero, Marcos confidenciou aos jornalistas que ainda nem sonhava com Seleção. "Mas se o professor Zagallo me convocou é porque vê qualidades em mim. Ele tem visão futura."

De volta para o presente, o goleiro comemorou sua convocação com um belo e rechonchudo peru. Na partida contra o Bragantino, exatamente um dia depois de ter sido lembrado pelo Velho Lobo, Marcos se complicou todo com um chute fraco de Rubens e deixou a bola passar por entre as pernas. O meia Alex chegou correndo e só empurrou a penosa para o fundo das redes. Para alívio do recém-convocado, o Palmeiras virou, com Viola e Leonardo – depois de anotar o gol de empate, o artilheiro da alegria atravessou o campo para dar um abraço no goleiro. "Eu estava me sentindo do tamanho da grama. O Viola me deu uma força incrível naquele momento", confessou ao *Diário Popular*.

Marcos também recebeu o apoio de Valdir Joaquim de Morais, que minimizou a falha. "Não me preocupo com os erros, pois eles acontecem mesmo. O importante é como o goleiro reage depois da falha. E o Marcos soube se recuperar muito bem." Isso é que é ter moral com o chefe.

**Em sua primeira** passagem pela Seleção, o palmeirense fez apenas turismo em Teresina, local do jogo contra a Lituânia, realizado em 16 de outubro. Zetti foi o titular, como Zagallo anunciara. Mas isso era o menos importante para a torcida: no amistoso contra o time bola-murcha do Leste Europeu, qualquer goleiro canarinho seria peça decorativa. A atração da festa era o jovem atacante Ronaldo, do Barcelona, que no fim de semana anterior assombrara o mundo com seu gol contra o Compostela, arrancada de 56 metros em 14 segundos que entraria no rol dos mais bonitos da carreira do futuro Fenômeno. "Ronaldo é como Pelé", exagerou o técnico do Barcelona, Bobby Robson. Mas o dentuço realmente forneceria aos piauienses uma exibição digna do Rei, marcando todos os gols da vitória por 3 a 1 contra a Lituânia – sim, eles ainda fizeram um.

Feliz com a experiência, Marcos voltou aos treinos no Palmeiras e percebeu que sua alegria duraria pouco: completamente recuperado da lesão, Velloso estava tinindo e louco para voltar ao time. E a vaga, justiça seja feita, deveria ser do veterano, como o próprio Marcos entregou, antes mesmo que a comissão técnica anunciasse oficialmente quem receberia o colete titular. "O importante é que, enquanto joguei, aprendi bastante. O Velloso conquistou muitos títulos pelo Palmeiras e deve acabar retornando ao gol. Infelizmente, só um goleiro pode jogar", resignou-se, em entrevista ao *Diário Popular* de 18 de outubro. No dia seguinte, suas previsões se confirmaram: Velloso retornaria contra o Vitória, e Marcos voltaria da Seleção direto para o banco de reservas.

"Essas coisas doem no coração, principalmente no meu", confidenciou Valdir Joaquim de Morais ao *Jornal da Tarde*. "O Marcos substituiu um dos melhores do Brasil com muita propriedade. Fiquei até envaidecido. Por isso, falei ao Velloso para ter cuidado. O Palmeiras tem agora dois grandes goleiros." Para sorte da comissão técnica, companheirismo, cordialidade e respeito marcavam a relação entre os dois profissionais. Assim que recebeu a camisa 1 de volta, Velloso elogiou a lealdade do novo velho suplente e garantiu que não se sentia dono da posição – a disputa continuaria e seria benéfica para ambos. Marcos ganhou novo ânimo com as declarações do titular e declarou: "Estou saindo por cima. E vou lutar para voltar".

Mas no meio do caminho tinha um buraco.

♕

**Na manhã de 5** de novembro de 1996, Marcos estava ligado na convocação da Seleção Brasileira para o amistoso contra Camarões. Ligado e animado: confiante nos bons treinamentos que fizera diante dos olhos de Zagallo, no Piauí, esperava uma nova chance, mesmo esquentando o banco no Palmeiras. Só que o treinador jogou um balde de água fria nas esperanças do goleiro. Os escolhidos do sempre imprevisível Velho Lobo foram Zetti e Zé Carlos, do Flamengo – ele mesmo, o veteraníssimo segundo arqueiro de Sebastião Lazaroni na Copa de 1990, que voltava ao Brasil depois de um malfadado giro por times pequenos do futebol português. Quando lhe perguntaram o motivo da ausência de Marcos, Zagallo foi taxativo: não convocou o jovem palmeirense porque ele estava na reserva em seu clube.

Por incrível que pareça, essa ainda seria a mais leve das dores do dia. Enquanto tentava afogar as mágoas em um rachão, o goleiro prendeu o pé direito em um buraco do campo do centro de treinamento e caiu com o peso todo em cima do tornozelo. Barulho de ossos quebrando, corpo estendido no chão, choro imediato – a coisa só podia ser séria. Com a ajuda de Carlos Pracidelli e do médico Paulo Zogaib, Marcos deixou o gramado e seguiu direto para o Hospital Metropolitano. De lá, o médico Fernando Leopoldino trouxe as más notícias. Fratura no perônio. Prazo de 60 dias para recuperação. "E o pior é que vou ter de operá-lo. Irei colocar uma placa de

*Buraco negro: Marcos fratura o perônio em treinamento na Academia*

platina e pino para consolidar o osso", explicou o doutor ao *Jornal da Tarde* de 6 de novembro.

Os 60 dias previstos para a recuperação se transformariam em quase sete meses de ausência. Marcos só voltaria a atuar pelo Palmeiras em junho de 1997 – já sob o comando do bigode mais polêmico do futebol brasileiro.

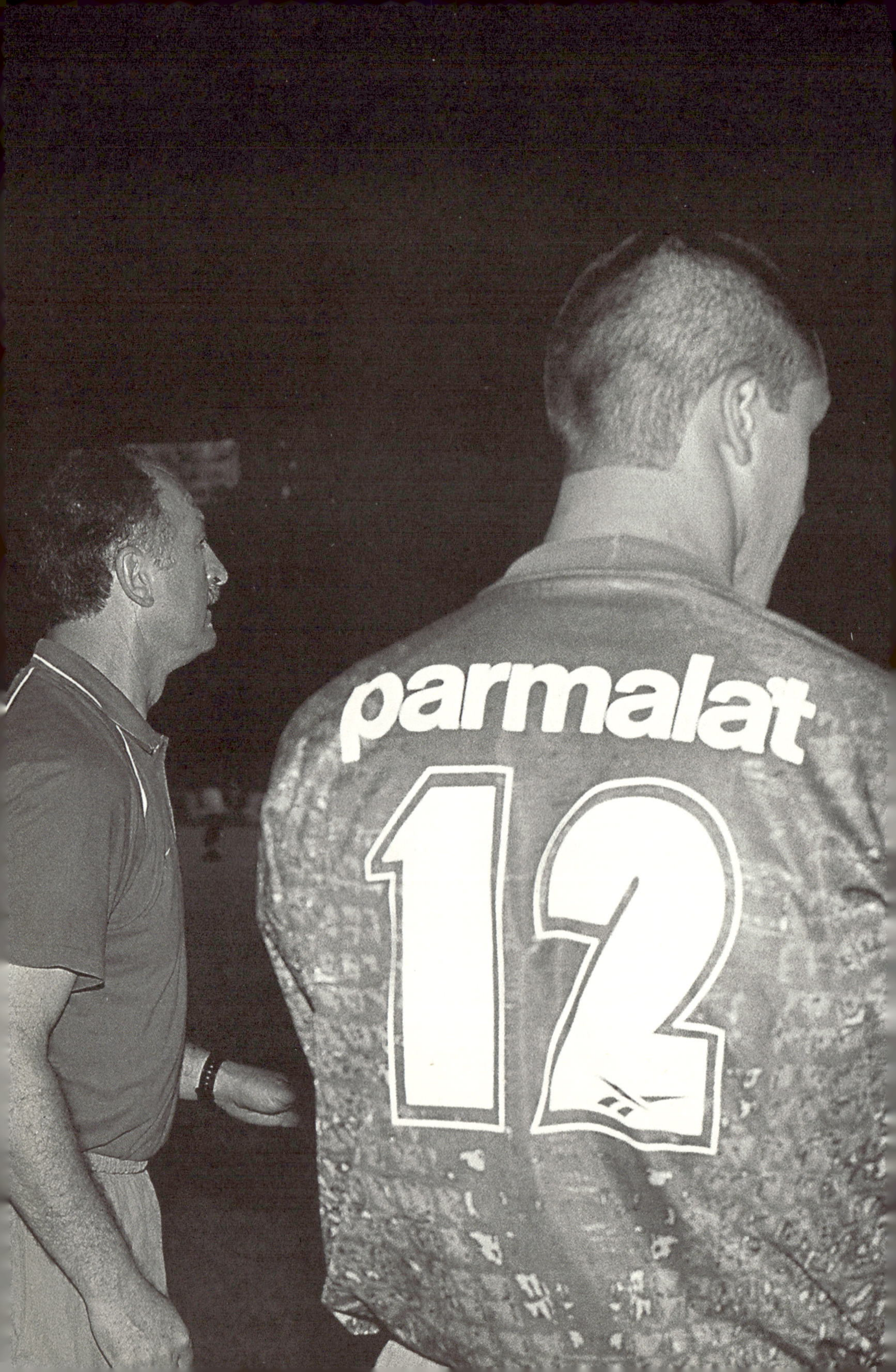
parmalat
12

# 6

# Na cola do sargentão

**Mais odiado que vilão da novela das oito. Mais temido que o leão do imposto de renda. Mais cruel que dentista sem anestesia.** Senhoras e senhores, eis Luiz Felipe Scolari. Seu crime? Assassinato do futebol-arte.

Era assim que, entre os anos de 1994 e 1996, boa parte da imprensa e da torcida brasileira via o treinador do Grêmio de Porto Alegre – à exceção, claro, dos tricolores dos pampas, para quem Felipão, por motivos óbvios, era um legítimo herói. Campeão do Estadual, da Copa do Brasil, do Brasileiro e da Libertadores, o gaúcho de Passo Fundo, ex-becão do Caxias e do Juventude, ganhou o rótulo de inimigo público número 1 do futebol brasileiro por montar equi-

◄ *Aperitivo: Marcos e Felipão preparam-se para comemorar a Mercosul de 1998*

pes que privilegiavam a tática à técnica, a raça ao talento, e, se fosse preciso, a botinada ao drible.

Os palmeirenses, em especial, tinham verdadeira urticária do treinador. E não era para menos. As equipes de Scolari haviam se acostumado a bater no Verdão, em todos os sentidos do termo. Em quatro anos, foram quatro eliminações para o Grêmio em mata-matas, sempre em partidas acirradíssimas e não raro violentas: duas na Copa do Brasil (1993 e 1995), uma na Libertadores (1995) e uma no Brasileiro (1996). Este último duelo, por sinal, decretou o fim da segunda passagem de Wanderley Luxemburgo pelo Palestra Itália – o treinador não renovou seu contrato, que vencia em 31 de dezembro, e acabou acertando com o Santos.

O Palmeiras agiu rápido e anunciou, no comecinho de 1997, a volta de Telê Santana ao comando do time. Celebradíssimo, o mestre, que ficara um ano afastado do futebol devido a uma isquemia cerebral, se apresentou em 7 de janeiro ao clube, cumprimentou os jogadores e anunciou seus planos para a temporada. Contudo, Telê só assumiria efetivamente o alviverde quando os médicos o liberassem para a função – aval que foi adiado por diversas vezes até que, devido à pressão da família, em abril, o veterano anunciou sua desistência do cargo que nem chegou a ocupar.

Assim, Márcio Araújo, interino que segurou o rojão no banco de reservas por quatro meses, foi efetivado pela diretoria. Apesar de ter feito a melhor campanha da primeira fase do Paulista, com um respeitável cartel de 14 jogos, 6 empates e 3 derrotas, o treinador não resistiu à eliminação na semifinal da Copa do Brasil, para o Flamengo, e à goleada contra o São Paulo na primeira partida do quadrangular do estadual, na segunda quinzena de maio. Em pandarecos, o Palestra ainda seria varrido pelo Corinthians (2 a 0) e pelo Santos (4 a 0), sob o desesperado comando tampão do diretor de futebol do clube, Sebastião Lapola, que jurou nunca mais querer ver uma prancheta pela frente.

Não tinha jeito. Para voltar a fazer o Verdão meter medo nos adversários, era preciso trazer um técnico de respeito, com cara feia e casca grossa, nem que fosse para buscá-lo no Japão. Por coincidência, era lá que o antigo carrasco estava.

♕

**Depois de um bem** encenado teatrinho para a imprensa, com os tradicionais desmentidos e negativas, o Palmeiras confirmou os boatos e anunciou no início de junho a repatriação de Luiz Felipe Scolari, que havia partido para o Jubilo Iwata depois de vencer o Brasileiro de 1996 com o Grêmio. Descontente com a estrutura e com a falta de ambição do clube japonês, do pelotão apenas mediano da J-League, o treinador de 49 anos optou por encerrar seu compromisso com os orientais seis meses antes do término do contrato, deixando devidamente quitada a multa de rescisão. Apresentado no Palestra Itália em 2 de junho de 1997, Felipão, como não poderia ser diferente, chegou falando grosso e anunciando aos quatro ventos sua filosofia linha-dura. "Quem matar o pai quatro vezes para faltar aos treinos está se arriscando", disparou o sargentão para os atletas, no relato da *Folha de S.Paulo*. "Quero uma equipe briosa e vencedora. Vamos dosar qualidade com força. Jogando feio e ganhando, tudo fica lindo."

Alguns dias depois, o bigodudo e seu fiel escudeiro, o ainda mais bigodudo auxiliar técnico Flávio Teixeira, o popular Murtosa, partiram com o elenco para uma temporada em Caldas Novas, estado de Goiás, onde Scolari começaria efetivamente a implantação de sua doutrina. Desde a confirmação do novo chefe, uma onda de especulações sobre reforços inundara o noticiário palmeirense – mas o primeiro jogador indicado pelo treinador a efetivamente desembarcar no clube deixou claro para a torcida que os tempos de

*Mão na massa: Murtosa e Scolari colocam ordem na Academia*

futebol bonito seriam mesmo coisa do passado. Vindo do Vitória da Bahia, chegava o zagueirão Júnior Tuchê, de 19 anos, com físico – e futebol – de lutador de boxe.

Cheio de moral, o dublê de Mike Tyson ganhou a posição de Agnaldo em poucos treinos e formou a dupla de zaga titular para o primeiro torneio em que Felipão comandaria o Palmeiras: a Taça Maria Quitéria, em Salvador, quadrangular clássico com os vencedores dos dois primeiros confrontos fazendo a final. E a disputa seria uma prévia do tipo de emoções a que os palestrinos seriam submetidos dali em diante. Dois jogos, dois empates, duas disputas de pênalti, duas vitórias – e um goleiro herói na decisão. Soa familiar?

Marcos, que já estivera em campo no final de junho nos dois amistosos que o Palmeiras fez em Goiás – vitórias contra o Caldas e o Goiatuba –, foi escalado novamente para o certame baiano, na ausência do titular Velloso, com entorse no tornozelo direito. A estreia de Scolari em torneios nacionais, assim, marcaria também a volta oficial do goleiro, ausente dos gramados desde novembro de 1996 por conta da fratura na fíbula.

O primeiro jogo opôs o alviverde ao Bahia, na Fonte Nova, em 1º de julho. No tempo normal, empate no sufoco em 2 a 2; nos pênaltis, vitória por 5 a 3. A final seria contra o Flamengo, que garantira seu lugar com um sonoro 5 a 0 diante do Vitória. Na mesma Fonte Nova, no dia 3, confronto travado e igualdade por 0 a 0 nos 90 minutos. A decisão foi para os pênaltis. Debaixo das traves, duas jovens apostas dos clubes. O Flamengo tinha Júlio César; o Palmeiras, Marcos. E a muralha verde voltou a mostrar sua força nas penalidades: defendeu as cobranças de Jamir e Maurinho, selando a vitória do Verdão por 4 a 2 e o primeiro caneco da Era Felipão.

Bom sinal, bom sinal – em todos os sentidos.

♛

"O time já está ficando com sua cara, mais aguerrido, mais raçudo?", perguntava a *Folha de S.Paulo* a Luiz Felipe Scolari, em 5 de julho de 1997, data da estreia do Palestra no Campeonato Brasileiro. "Se está a minha cara, então está mal", brincou o técnico, mostrando que sua carranca era removível. Depois, sério, completou: "Na verdade, o time só vai adquirir padrão no meio da competição".

E isso, por incrível que pareça, não era exatamente um problema. O planejamento do Palmeiras e de Felipão tinha como meta inicial a conquista não do Brasileiro de 1997, e sim da Copa do Brasil de 1998, para garantir a vaga na Libertadores do ano seguinte. Assim, o Brasileirão que começava naquele mês de julho seria apenas uma espécie de laboratório para o clube, que ainda encontrava dificuldade para trazer os reforços indicados pelo treinador em sua chegada – o zagueiro Adílson, o meia Arílson e o atacante Paulo Nunes, homens de confiança do sargentão no Grêmio. Em compensação, a diretoria acertara com o atacante Euller, ex-São Paulo e Atlético Mineiro, e laçara uma jovem promessa de 19 anos do Coritiba, o franzino meia Alex. Eram essas as principais novidades na equipe que estreou goleando o Fluminense por 4 a 1 no Parque Antarctica, com Marcos no gol e a camisa verde na linha – as listras brancas que haviam chegado com a Parmalat foram aposentadas depois de cinco anos de serviços prestados.

Recuperado da contusão no tornozelo, Velloso estava relacionado para a segunda partida do campeonato, contra o Atlético Mineiro, mas uma virose o deixou trancado no banheiro e abriu espaço para nova atuação de Marcos. Depois da vitória por 1 a 0 contra o Galo, em 10 de julho, porém, o goleiro reserva só voltaria a campo no final de setembro, entrando no segundo tempo do empate em 2 a 2 contra o Corinthians – Velloso foi expulso depois de uma discussão com o atacante Donizete.

Entretanto, apesar de estar escalado para cobrir a suspensão automática do titular, Marcos, com 24 anos e quase seis de Palmeiras, já começava a dar sinais de estar cansado da suplência. "Está chegando a hora de jogar. Depois que você joga, fica difícil sentar no banco de reservas. Dependendo do que ocorrer até o final do ano vou conversar com a diretoria e pedir uma chance real", declarou ao *Diário Popular* de 1º de outubro. "No banco, ninguém aparece nem dá entrevistas. Se o objetivo é chegar à Seleção Brasileira novamente, não posso ficar na reserva."

Só que o arqueiro nem chegaria a fazer tal reivindicação, diante do súbito azedamento de sua relação com o comandante. Naquele mês de outubro, dois atrasos em treinamentos queimaram o filme de Marcos com Felipão, que não teve dúvidas e subiu Marcelo para a reserva imediata de Velloso. Na desconfortável posição de terceiro goleiro, o atleta achou por bem afinar o discurso. "Não tenho do que reclamar até reconquistar a confiança do Luiz Felipe. É duro ficar fora da equipe justamente na reta final do Campeonato Brasileiro", lamentava no *Diário Popular* de 9 de novembro. "O jeito é ter paciência e buscar a confiança do treinador durante os treinos."

Enquanto isso, Scolari já conseguia imprimir a tão desejada face aguerrida e eficiente à equipe, que garantiu um lugar na segunda fase da competição e disputaria uma das vagas na final em um quadrangular com Internacional, Santos e Atlético Mineiro. Para surpresa de muitos, o Palmeiras carimbou sua passagem à decisão por antecipação: com quatro vitórias e um empate, já não podia ser alcançado na última rodada. Assim, para o confronto contra o Internacional, Felipão escalou um time reserva – e Marcos, perdoado, foi a campo na vitória contra o Internacional, em pleno Beira-Rio, por 1 a 0, em 6 de dezembro.

Na finalíssima, a batalha seria contra o Vasco da Gama, que contava com uma dupla de ataque muito conhecida do torcedor palmeirense: Evair e Edmundo, este em ponto de bala novamente depois de passagens decepcionantes por Flamengo e Corinthians. Os dois duelos foram parelhos, com as defesas predominando sobre os ataques – não por coincidência, ambos terminaram em 0 a 0, somatório de placares que deu o título ao time carioca pela melhor campanha ao longo do torneio. De cabeça erguida, a torcida alviverde que invadiu o Maracanã para acompanhar a segunda final, no dia 21 de dezembro, aplaudiu o honroso vice-campeonato com a certeza de que o time estava no caminho certo. Os dirigentes retribuíram o apoio, anunciando, já no dia seguinte ao fim do Brasileirão, o acerto com o cobiçado atacante Paulo Nunes.

Felipão ficou animado, mas, bem a seu feitio, não tirou o pé do chão. Na *Folha de S.Paulo* de 23 de dezembro, o comandante previa: "O Palmeiras promete disputar várias finais em 1998 e ganhar algumas. Todas nós não vamos conseguir". Estava enganado.

♛

**Além do Diabo Loiro,** aportavam no Palestra Itália no início de 1998 mais dois velhos conhecidos de Luiz Felipe Scolari: o lateral direito paraguaio Francisco Arce e o meia Arílson, todos titulares do Grêmio campeão da Libertadores de 1995. Com o trio do chimarrão, mais Oséas e Zinho, contratados em meados da temporada anterior, Felipão fechava seu time-base ideal para a Copa do Brasil, desafio que começava no dia 27 de janeiro, contra o CSA. Na véspera dessa partida, o goleiro Velloso acertou a renovação de seu contrato; logo, Marcos, titular da equipe nas duas primeiras partidas do ano – duas vitórias pelo Rio-São Paulo, diante de Vasco e Corinthians –, voltava mais uma vez ao banco.

E foi do banco que o goleiro assistiu ao Palmeiras, fase a fase, derrubar seus adversários na única competição que realmente importava para o clube. Depois do alagoano CSA, que caiu com duas derrotas (1 a 0 fora e 3 a 0 em casa), foi a vez do Ceará (1 a 1 no Castelão e 6 a 0 no Palestra). As pedreiras mesmo viriam a partir das oitavas de final, a primeira delas o Botafogo de Túlio Maravilha. O revés por 2 a 1 no Maracanã obrigava o Palmeiras a vencer em casa para não ver o sonho do título do torneio naufragar nas águas de março. No Parque Antarctica, o gol não saía de jeito nenhum – até que, aos 14 minutos do segundo tempo, surgiu o primeiro dos heróis improváveis dessa caminhada: o zagueiro Agnaldo, autor do tento da vitória e da passagem para as quartas de final. Lá, o adversário seria o Sport, e o Verdão, depois de fazer 2 a 0 na Ilha do Retiro, em Recife, só administrou o empate em 1 a 1 em casa, no dia 12 de maio, para selar a classificação.

Àquela altura da temporada, o Palmeiras havia sido eliminado nas duas semifinais que disputou, no Rio-São Paulo e no Paulistão, ambas contra o São Paulo. Mas, como os olhos estavam todos voltados para a Copa do Brasil, não houve traumas na ocasião – o que certamente não se repetiria se o Palestra tombasse no atalho para a Libertadores. O confronto de ida da semifinal, contra o Santos, em 19 de maio no Parque Antarctica, acabou em 1 a 1 – placar muito comemorado pelo Peixe, que só precisaria de um empate sem gols para chegar à decisão. E a situação piorou quando o centroavante Viola, que acabara de se juntar à equipe alvinegra, marcou de cabeça logo no começo do segundo jogo. Para sorte palmeirense, Oséas empatou em seguida, fazendo a equipe respirar – e o respiro definitivo veio quando Darci, outro inesperado salvador, acertou um pombo sem asas de fora da área no ângulo de Zetti para virar o jogo. O Santos ainda empataria nos acréscimos, 2 a 2, mas a vaga na final era alviverde, pelo critério de gols marcados fora de casa.

Quis o destino que o adversário na decisão da Copa do Brasil de 1998 fosse o carrasco do Super Verdão dois anos antes: o Cruzeiro. Mas, sempre traiçoeira, a Raposa foi logo mordendo o Porco em Belo Horizonte, levando a primeira partida por 1 a 0, gol de Fábio Júnior. Para ficar com a taça sem precisar passar pelas penalidades, o time de Felipão teria de vencer por dois gols de diferença. Disputada no Morumbi na tarde de sábado, 30 de maio, a finalíssima foi um suplício para a torcida palmeirense. Paulo Nunes abriu o placar aos 12 minutos, mas depois disso a bola parecia não querer mais entrar no gol mineiro – e tudo indicava que a decisão iria para os *maledettos* pênaltis.

Porém, no crepúsculo do espetáculo, quando as unhas da torcida já marchavam para o desaparecimento, o atacante Almir, que entrara no lugar de Paulo Nunes, sofre falta na intermediária. Zinho ajeita com carinho. Minutos antes, o camisa 11 havia cobrado uma infração quase certeira, acertando o travessão. Desta vez, o chute vai para o canto esquerdo baixo de Paulo César. O goleiro cai para encaixar, mas a bola não quer ser abraçada. Molhada e marota, consegue se desvencilhar do colo do veterano, que, desesperado, engatinha para recolhê-la de volta. É quando Oséas, vindo não se sabe de onde, acerta, não se sabe como, um chute impossível, completamente sem ângulo, e aninha a bola nas redes. Palmeiras campeão da Copa do Brasil 1998, vaga na Copa Libertadores da América de 1999 garantida.

Missão cumprida.

♛

"**Não temos obrigação** de ganhar o Brasileiro, e isso tranquiliza", explicava Luiz Felipe Scolari na *Folha de S.Paulo* de 1º de junho. Na segunda metade de 1998, o Palmeiras daria mais importância à Copa Mercosul, recém-criada competição sul-americana que reunia a nata dos clubes latinos e era considerada pelo treinador uma excelente preparação para a Libertadores.

E, a julgar pelo desempenho do clube na fase de grupos, a torcida já podia ir esfregando as mãos: contra Independiente da Argentina, Nacional do Uruguai e Universidad do Chile, seis vitórias em seis jogos – incluindo um retumbante 5 a 0 contra o Nacional no histórico Estádio Centenário, em Montevidéu. Nas quartas de final, duelo contra o Boca Juniors e avanço alviverde, 3 a 1 em casa e 1 a 1 na Bombonera. A próxima vítima do Verdão seria o Olímpia, do Paraguai: duas vitórias, 2 a 0 em São Paulo e 1 a 0 em Assunção, classificaram o time de Felipão para mais uma final, de novo contra o Cruzeiro – adversário do clube também nas quartas de final do

Na cola do sargentão

*Missão cumprida: Palmeiras campeão da Copa do Brasil de 1998*

*Rumo à Libertadores: Oséas balança as trancinhas e comemora o gol do título*

*Mercosul de 1998, a primeira conquista internacional do Palestra de Felipão*

Campeonato Brasileiro, torneio em que o Palestra cumpria outra excelente campanha, terminando na vice-liderança geral.

Tanto o mata-mata do nacional quanto a final da Mercosul apresentavam um sistema pouco ortodoxo no mundo do futebol – o vencedor sairia de uma série de melhor de três jogos. No primeiro confronto, pelo Brasileirão, o Cruzeiro saiu vencedor: 2 a 1, 1 a 2 e 3 a 2, com o gol da vitória e da classificação marcado aos 43 minutos do segundo tempo por Fábio Júnior. O Palmeiras, porém, foi à forra na competição internacional. Depois de sair perdendo a série, 2 a 1 no Mineirão, triunfou nas duas partidas seguintes, 3 a 1 e 1 a 0 no

Parque Antarctica, e levantou a primeira Copa Mercosul da história, em 29 de dezembro, garantindo as boas-festas da nação alviverde. Os palestrinos já sentiam o gostinho da Libertadores.

Marcos teve sua parcela de crédito na conquista da Mercosul, participando de três confrontos da primeira fase, os três disputados em São Paulo. Mas, no geral, o ano não foi tão bom para o goleiro, que entrou em campo apenas dez vezes, três delas em amistosos, e ainda travou um pequeno duelo com a balança. No segundo semestre, Felipão exigiu que Marcos, com 91 quilos, fechasse a boca para voltar ao peso considerado ideal para sua altura, 89 quilos. O soldado admitiu o excesso, mas tentou se justificar para o sargentão. "Sou um bom garfo. Só paro quando dão uma prensa em mim. Já cheguei a jogar com 94 quilos. Mas isso nunca prejudicou as minhas atuações", explicou ao *Diário Popular* de 1º de outubro. Carlos Pracidelli, agora preparador de goleiros do profissional, deu respaldo ao pupilo. "O que pode prejudicar o Marcos é a falta de ritmo. Mesmo um goleiro de bom nível como ele sente os efeitos da falta de jogos."

E esse, definitivamente, não seria um problema no ano sagrado de 1999.

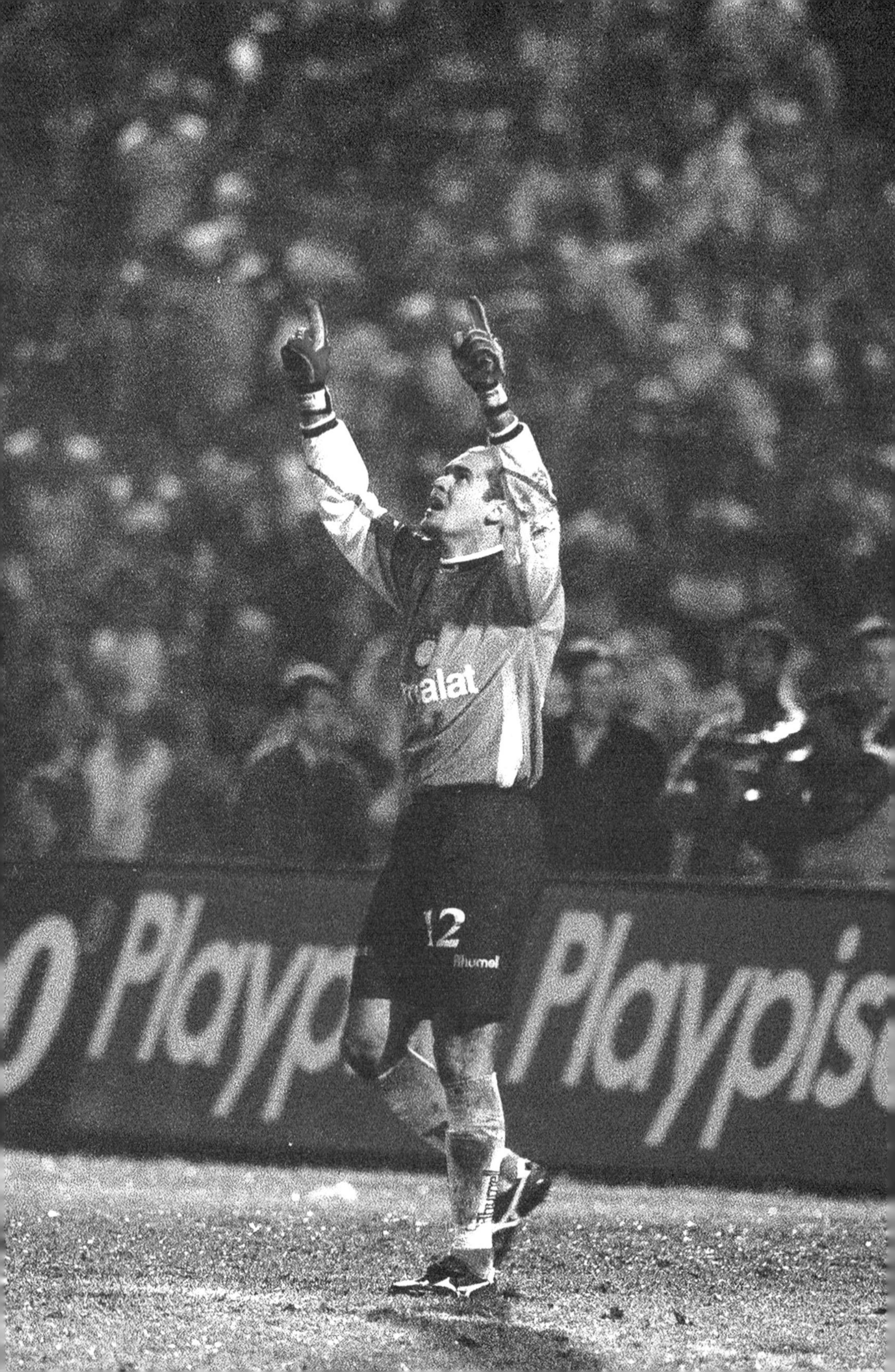
12

# Caipirão América

No início de 1999, com o impasse na renovação do contrato de Velloso, Marcos largou a vara de pescar e antecipou em dez dias o retorno das férias para assumir a meta palmeirense no torneio Rio-São Paulo. "É mais uma oportunidade e farei de tudo para segurá-la", afirmou, todo entusiasmado, ao *Diário Popular* de 20 de janeiro.

Mas a alegria do reserva durou pouco. Sem boa parte dos titulares, ainda de folga ou com pendências contratuais, Felipão acabou escalando uma equipe mista nas três primeiras partidas da competição interestadual, contra Vasco, Santos e Fluminense. Resultado: três derrotas incontestáveis, com um total de doze gols para a caderneta do goleiro – 1 a 5, 1 a 3 e 0 a 4. "O time todo perdeu, mas

◂ *Divina providência: o colombiano Bedoya chuta na trave e Marcos agradece aos céus*

quem levou os gols fui eu. Fui eu quem mais saiu prejudicado em toda essa história", lamentou, em 3 de fevereiro. Arrependido por ter entrado nessa gelada, Marcos garantiu que, da próxima vez, volta ao batente apenas na data marcada. "Meus pais não podem mais andar nas ruas que sempre vem algum engraçadinho comentar sobre os doze gols que eu tomei. Eu mesmo não posso andar por aí sem me aborrecer. As pessoas ficam me perguntando quantos gols eu vou tomar no próximo jogo."

Coincidência ou não, em 31 de janeiro, um dia depois do terceiro fiasco da série, a diretoria do Palmeiras finalmente anunciava o acerto com Velloso – e solicitava, encarecidamente, sua volta aos treinos. Satisfeito com o salário reajustado, o dono da camisa 1 integrou-se ao elenco que já se preparava para a Copa Libertadores da América, objetivo máximo alviverde naquele primeiro semestre.

Sete reforços haviam chegado para a temporada, e dois deles trouxeram especial emoção aos palestrinos. No dia 13 de janeiro, César Sampaio voltava do Japão diretamente ao Parque Antarctica para reassumir a braçadeira de capitão do clube que defendera entre 1991 e 1994. Valorizado pela excelente performance como titular absoluto da Seleção na Copa da França, o volante recusou propostas de Borussia Dortmund, Olympiakos, Manchester United, Arsenal e Vasco – ainda que o salário oferecido pelo clube carioca fosse 66% maior que o acertado com o Verdão. "Ele está aqui por causa do coração. Isso não tem preço", derreteu-se Paulo Angione, diretor da Parmalat para o Palmeiras.

Uma semana depois, retornava, de forma completamente inesperada, outro ícone dos bicampeonatos paulista e brasileiro do início da década. O matador Evair, que se desligara da Portuguesa de Desportos e interessava a Grêmio e Corinthians, surgiu de surpresa na sala de troféus do Palestra Itália ao final da apresentação do zagueiro Rivarola – a negociação entre o empresário do centroavante e o clube havia sido conduzida e mantida em total segredo. "É uma alegria muito grande voltar para minha casa", declarou o herói do título paulista de 1993 à *Folha de S.Paulo* de 21 de janeiro.

Assim, Luiz Felipe Scolari fechava o elenco para a disputa da Libertadores, cuja fase de grupos começaria no dia 27 de fevereiro justamente contra o Corinthians – o alvinegro da Fazendinha garantira sua vaga no torneio continental com a conquista do título brasileiro de 1998. Mas, só para variar, uma encrenca das boas se instaurou no Jardim Suspenso a três dias do clássico: cansado dos desentendimentos com os cartolas, Felipão afirmou que, acontecesse o que acontecesse, deixaria o clube ao final de seu contrato, na metade do ano. A declaração provocou a cólera de boa parte da diretoria, que exigiu a demissão imediata do falastrão. A Parmalat, sempre ela, tratou de esfriar os ânimos e intercedeu pela manutenção do treinador; apoiado pela torcida, o gaúcho também já admitia rever sua decisão.

Crises à parte, Palmeiras e Corinthians foram ao Morumbi para fazer o primeiro Derby paulista da história da Libertadores e não fugiram do roteiro imaginado para uma estreia sul-americana: jogo travado, violento, polêmico e decidido em uma bola parada. Aos 12 minutos do segundo tempo, Arce marcou em uma cobrança de tiro livre indireto, depois de o juiz cearense Dacildo Mourão anotar infração no recuo de bola do zagueiro Gamarra para o goleiro Nei. O Palestra teve um pênalti não marcado, toque de mão claríssimo do zagueiro Batata, e o Corinthians um gol mal anulado de Marcelinho, que na sequência levou o vermelho por reclamação acintosa. Como o lateral alvinegro Kléber já havia sido expulso no primeiro tempo, depois de derrubar o centroavante Evair na entrada da área em clara e manifesta oportunidade de gol, o time da Fazendinha terminou a partida com dois homens a menos – e chorou barbaridade.

Não foi a primeira vez, nem seria a última.

♛

**Com a Copa do Brasil** e o Paulistão também em andamento, o Palmeiras começava a se submeter a uma maratona de jogos na primeira metade da temporada: caso o time chegasse à final de todos os torneios, disputaria 52 partidas em pouco mais de três meses, ou seja, praticamente uma peleja a cada dois dias. "Gosto de jogar muito, porque fico bem condicionado, mas não desse jeito. Tem dias que você não rende fisicamente", reclamou Júnior Baiano à *Folha de S.Paulo*, em 17 de março.

Até então, apesar do desgaste, o Palmeiras andava bem das pernas nos três campeonatos. Mas, num piscar de olhos, a situação na Libertadores, aparentemente resolvida com duas vitórias em dois jogos – depois da estreia, o Verdão havia batido também o Cerro Porteño, em Assunção, por 5 a 2 –, começou a engripar. No terceiro compromisso da primeira fase, contra o Olímpia, no dia 5 de março, queda por 4 a 2 fora de casa. O revés não teria grandes consequências desde que, uma semana depois, no Palestra Itália, o alviverde desse o troco nos paraguaios. Só que o triunfo escapou aos 42 minutos da etapa final: uma falha de Velloso resultou no empate em 1 a 1 e deu ares de decisão ao jogo seguinte, contra o Corinthians. Caso vencesse o rival, o Palmeiras estaria classificado por antecipação. Uma derrota, porém, deixaria o alviverde em situação periclitante. Com apenas 7 pontos em 5 jogos, precisaria torcer por uma combinação de resultados para se classificar dependendo apenas de uma vitória no duelo final, contra o Cerro.

E, como tragédia pouca é bobagem, a maratona de jogos resolveu fazer sua primeira vítima justamente a um dia do clássico. Em um lance isolado no início do treinamento, Velloso se contundiu sozinho e deixou o gramado arrastando a perna. "Não sei o que me aconteceu. Fui dar um chute e ouvi um estalo, não sei se na coluna ou na coxa", tentou explicar ao *Diário Popular*, antes de ser levado ao Hospital Santa Catarina. Submetido a uma bateria de exames, o camisa 1 ouviu do médico Marcelo Saragiotto o azarado diagnóstico: contratura muscular na parte anterior da coxa direita, mínimo de seis semanas de tratamento. Primeiro, o doutor telefonou para o técnico Luiz Felipe Scolari; em seguida, liberou a notícia à imprensa. E foram justamente os jornalistas que, ao final da sessão de treino, informaram a Marcos sua escalação no clássico do dia 17. "Vocês estão de sacanagem comigo?", perguntou. Quando viu que os repórteres estavam falando sério, o novo titular, inscrito com a camisa 12, gelou. "Ou eu me consagro, ou me afundo."

**Embora o Palmeiras** tenha perdido para o Corinthians por 2 a 1, o arqueiro alviverde saiu do jogo exaltado por Felipão – não apenas por sua ótima atuação, que evitou uma derrota por um placar mais elástico, como também por ter ficado em campo mesmo depois de ter sofrido uma luxação no dedo mínimo da mão direita. "O Marcos pode ter uma fratura, que vai jogar. Se o jogador for valente, supera qualquer coisa. Essa é a chance dele. Se ele quer vencer na vida, tem que superar qualquer dor", declarou o sargentão à *Folha de S.Paulo* de 19 de março.

O recado, na verdade, era menos direcionado ao goleiro e mais a alguns medalhões do elenco, que, na visão de Scolari, haviam deixado o espírito de luta guardado na gaveta de cuecas. A falta de comprometimento com o time e a guerra de egos entre as estrelas incomodava demais – e, para mudar a situação, o treinador não se importaria em bater de frente com as feras. Em duas ocasiões, tornou pública uma lista dos atletas que estavam acima do peso, colocando os gordinhos na mira da torcida e provocando carrancas nos vestiários. Para debelar a fogueira de vaidades entre os salários astronômicos do clube e mostrar quem era o chefe, chegou a barrar de algumas partidas nomes como Zinho, Cléber e Evair, que haviam externado sua insatisfação com as opções da comissão técnica, e mandou a campo reservas como Jackson, Agnaldo e Paulo Assunção.

Aproveitando que sua metralhadora giratória já estava acionada, Felipão resolveu direcioná-la também para uma parcela irritante e nociva da massa palestrina. É impossível precisar em que época alguns torcedores das numeradas cobertas do Parque Antarctica, atrás do banco de reservas do Palmeiras, primeiro começaram a azucrinar sistematicamente todo e qualquer técnico ou jogador do clube – mas é certo que, a partir da vitória contra o Guarani, em 21 de março de 1999, a recém-batizada "turma do amendoim" se tornaria ela própria a azucrinada, graças à mistura de desabafo e esculacho público executada com extrema precisão por Luiz Felipe Scolari. "São as maiores cornetas do futebol brasileiro. Aquilo ali é um inferno. Não dá para lançar nenhum menino aqui, porque se ele errar um passe é crucificado. O Galeano deu o passe para o primeiro gol, mas, quando errou outro, só faltaram matá-lo", disparou, para em seguida explicar o curioso batismo. "Aquele pessoal come muito amendoim. A casca do amendoim deve cair na roupa, eles devem ficar irritados", espinafrou. E assim, de perseguidores, os profetas do apocalipse passaram a ser perseguidos pelo restante da torcida, inclusive com cânticos vindos direto da arquibancada: "Amendoim, vem dar o c... pra mim!"

Certamente frustrados, os corneteiros assistiram, no dia 7 de abril, ao Verdão vencer de virada o Cerro Porteño por 2 a 1, gols de Júnior Baiano e Arce, e garantir no sufoco a classificação para a fase eliminatória da Libertadores. O adversário nas oitavas de final seria o poderoso Vasco da Gama, de Felipe, Juninho Pernambucano e Luizão, defensor do título continental e recém-coroado campeão do

Rio-São Paulo – um osso que ficou ainda mais duro de roer depois do 1 a 1 na primeira partida, no Palestra Itália, em 14 de abril. Enquanto o Palmeiras acusava o cansaço, o Vasco, com o privilégio de ter entrado apenas na segunda fase da competição, estava na ponta dos cascos para a decisão em São Januário. Toda ajuda seria bem-vinda – por isso, quando a torcedora Edir Fernandes Paulino, enfermeira do hospital Beneficência Portuguesa, entregou a Felipão uma imagem de Santo Expedito, na Academia de Futebol, o comandante comemorou a chegada do padroeiro das causas impossíveis como um novo reforço para o clássico. A *Folha de S.Paulo* de 20 de abril registrava as palavras confiantes do novo devoto: "Isso é uma dádiva de Deus que veio até nós. Vencer o Vasco para seguir na Libertadores é algo difícil e emergencial. Esse santo vai nos classificar".

Não deu outra. Antes mesmo de a bola rolar, uma boa notícia: a ausência do goleiro Carlos Germano, herói vascaíno na partida de ida. Vetado devido a uma lesão na virilha, o arqueiro da Seleção Brasileira abriu espaço para o reserva Márcio, que naquela noite não

*Causa impossível? Torcedora oferece imagem de Santo Expedito a Scolari*

seria páreo para o inspiradíssimo meia Alex nem mesmo que tivesse quatro braços. Com uma atuação de gala, recompensada por dois gols, o camisa 10 iluminou o Palmeiras na incontestável vitória por 4 a 2 – com a ajuda de Santo Expedito, claro. A armada verde estava classificada para a próxima fase. O adversário? Nem é preciso falar.

♕

Antes da disputa das quartas de final da Libertadores contra o Corinthians, na primeira quinzena de maio, Marcos, que alcançava uma sequência de 16 jogos como titular, já começava a imaginar como seria sua vida quando Velloso fosse liberado pelo departamento médico. Apesar da excelente fase, ter de retornar ao banco de reservas era um receio que rondava, com razão, o goleiro de 25 anos. Marcos sabia que a experiência do colega pesaria no momento de decisão das competições, mas esperava que o técnico levasse em conta suas últimas atuações para mantê-lo à frente da meta palmeirense – da qual, desta vez, não abriria mão tão facilmente. "Vamos precisar conversar", admitiu, ao *Diário Popular*, em 30 de março. "O Velloso tem, pelo menos, 400 partidas a mais do que eu. Mas também preciso de ritmo. Gostaria de jogar. Quem sabe um revezamento?"

Nessa briga saudável pela posição, Marcos ganhou um apoio deveras inesperado: o do próprio concorrente, cuja recuperação ainda demandaria ao menos três semanas. "Não acho certo tirar do time na reta final o goleiro que está indo bem e com ritmo de jogo para colocar outro que volta de longo período de contusão. Não estou pensando em mim, mas no Palmeiras", declarou Velloso ao *Diário Popular* de 6 de abril. "É o momento de o Marcos mostrar que pode ser titular. Afinal, não vou ficar para sempre aqui."

Raposa velha, Felipão empurrava o bom problema com a barriga. Dizia a todos que, quando a hora chegasse, escolheria quem estivesse melhor. Na *Folha de S.Paulo* de 7 de abril, dramático, o treinador sentenciava, diante das próximas batalhas do time na América: "Não sei nem se vou estar vivo até lá". Futebolisticamente falando, é claro, o comandante sobreviveu – como se sabe, apenas por graça e intercessão do novo santo do gol palmeirense.

♛

"Ele foi um paredão e salvou o Palmeiras de uma derrota. É a noite de São Marcos", exclamou Luiz Felipe Scolari, ainda nos vestiários, depois do Derby de 5 de maio, primeiro duelo entre os arquirrivais pelas quartas de final da Libertadores de 1999. O treinador sabia que a atuação transcendental de seu goleiro mascarara a péssima apresentação alviverde, apesar da vitória por 2 a 0, e exigia de seu time uma nova postura na partida de volta. O capitão César Sampaio concordava. "Nosso time não jogou bem. O Marcos deveria ganhar bicho triplicado." Do lado da Fazendinha, a incredulidade pela atuação do rival só era quebrada pela esperança de reverter o placar no encontro seguinte. "Poderíamos jogar até amanhã que não faríamos

*Aflição corintiana: São Marcos pega até pensamento no jogo de ida das quartas*

nem um gol no Palmeiras", observou o zagueiro paraguaio Gamarra ao *Jornal da Tarde*. "Mas não é possível que o Marcos pegue todas as bolas que pegou no jogo de hoje. Portanto, só depende da gente repetir nosso futebol para conseguir a classificação."

De fato, depois de tantos milagres operados em um só jogo, Marcos já avisava à torcida que seria impossível tirar da cartola outra atuação como aquela nos últimos 90 minutos da série. Ainda assim, em 12 de maio, com a bola rolando de novo no Morumbi, o agora canonizado goleiro palmeirense fez duas belas defesas no primeiro tempo: em uma cabeçada de Nenê, aos 9 minutos, e em uma cobrança de falta de Marcelinho Carioca, aos 21. Entretanto, diante da repetição do *script* do primeiro confronto – o Corinthians se lançando à frente e o Palmeiras sem conseguir encaixar o jogo –, o time da Fazendinha finalmente conseguiu transpor a muralha verde por duas vezes, com Edílson e Ricardinho. Mantido até o final do jogo com alto nível de sofrimento para as duas torcidas, o resultado de 2 a 0 levou a decisão da vaga para os pênaltis – e reservava ao herói palestrino mais um momento de glória.

Sob os olhares do antigo mestre Valdir Joaquim de Morais, agora consultor técnico do Corinthians, Marcos partiu para o duelo contra os batedores alvinegros protegido por um amuleto abençoado: um escapulário com a imagem de Jesus Cristo que o padre Pedro Bauer da Cunha, conselheiro espiritual do técnico Luiz Felipe Scolari e figura constante nas concentrações e nos jogos do Palmeiras, entregou ao goleiro momentos antes da partida. E o reforço funcionou. Apenas Rincón e Silvinho converteram suas cobranças; Dinei mandou por cima, com a bola beijando o travessão, e Marcos pegou o tiro de Vampeta, chute à meia-altura no lado direito do goleiro. Arce, Evair, Rogério e Zinho marcaram para o Palmeiras e decretaram a vitória por 4 a 2, sem a necessidade do quinto batedor. Festa verde em São Paulo: o Palestra avançava para as semifinais da Libertadores.

Caipirão América 97

*Nas penalidades, Marcos voa para defender a cobrança de Vampeta e selar a passagem palmeirense às semifinais da Libertadores*

*Anjo da guarda: o preparador de goleiros Carlos Pracidelli orienta seu pupilo*

"Acho que o escapulário ajudou", disse Marcos à *Gazeta Esportiva* de 13 de maio. Mas outro anjo da guarda também merecia crédito: Carlos Pracidelli, agora preparador de goleiros do time principal, que acompanhava e lapidava o garoto de Oriente desde 1992, nos juniores. "O treinador de goleiros que tenho é demais. Ele é o responsável por minhas atuações", festejou o camisa 12. Pracidelli retribuiu o elogio. "Fico muito feliz por estar acompanhando sua evolução desde o início de sua carreira. Ele é arrojado, rápido e vai muito bem saindo do gol. Vejo o Marcos como um grande profissional", definiu, orgulhoso, ao *Jornal da Tarde*.

O desafio seguinte de Pracidelli era preparar o pupilo para sua estreia em campos internacionais – nada mais nada menos que no gigantesco Monumental de Nuñez, contra o River Plate, próximo obstáculo na conquista da América. Marcos, porém, dizia não se im-

*El milagrero: Marcos chega à Argentina para assombrar a torcida do River*

pressionar muito com a pedreira. "Se os caras cuspirem, eu também cuspo. Se derem porrada, também dou. E se eles jogarem uma pedra na minha cabeça, fico estirado no chão até ser atendido pelo médico", declarou ao *Diário Popular*, em um misto de brincadeira e ameaça. "Eu prefiro jogar contra o Boca Juniors no estádio da Bombonera lotado do que enfrentar o Mogi Mirim com a obrigação de vencer", finalizou, antes de embarcar para Buenos Aires.

No dia 19 de maio, Marcos atuava pela primeira vez fora do Brasil como profissional. Novamente em estado de graça, seguiu desfilando seu rosário de milagres com pelo menos três defesas espetaculares no primeiro tempo, especialmente em um chute à queima-roupa da jovem sensação portenha Javier Saviola, logo aos 4 minutos. No início do segundo tempo, depois de uma sequência de duas bolas na trave, Berti marcou o único gol da magra vitória argentina – recebida com desconforto pelos locais e colocada na conta de Marcos. "Esse arqueiro é uma maravilha", estampou o diário *Olé*.

Antes de enfrentar novamente o River Plate, o Palmeiras ainda tinha pela frente o Flamengo, no segundo jogo das quartas de final da Copa do Brasil. Só a vitória interessava, já que, no Maracanã, os cariocas haviam vencido por 2 a 1 – noite em que São Marcos defendeu mais um pênalti, do baixinho Romário. Em 21 de maio, data da partida de volta, Felipão exaltava ao *Jornal da Tarde* o espírito do grupo de jogadores, que finalmente estava fechado com o treinador – a Família Scolari. "Em dois anos de Palmeiras, este é o melhor momento. Nunca vi tanta união, força de vontade e determinação em um grupo. Nem mesmo naquele Grêmio que eu comandei há alguns anos. Estamos vivendo um momento mágico e isso ninguém mais pode nos tirar."

Mágico seria o termo exato para definir o que aconteceu naquela noite no Palestra Itália. A virada emocionante por 4 a 2, definida com dois gols de Euller aos 42 e aos 44 minutos do segundo tempo, valeu, mais do que a vaga para a semifinal da Copa do Brasil, a certeza de que aquele Palmeiras estava predestinado. Em estado de êxtase e comunhão total, torcida, time e comissão técnica comemoravam o resultado e já se preparavam para a revanche contra os argentinos, na quarta-feira seguinte, 26 de maio. Nesse duelo, os *Millonarios* contavam com a torcida pública dos jogadores do time da Fazendinha, que, depois da eliminação pelo rival, quiseram deixar registrada sua dor-de-cotovelo. "Faço questão de ver o Palmeiras fora", disparou o goleiro Maurício, no *Diário Popular*. "Como corintiano, eu nunca gostei do Palmeiras. Vou torcer para o River Plate e o Palmeiras não perde por esperar. Minha macumba é boa", cutucou Dinei.

Tão boa quanto sua pontaria nos pênaltis: com a linha alviverde finalmente dando uma folguinha para Marcos, o Palestra, em uma verdadeira aula de futebol, atropelou o River Plate por 3 a 0, dois de Alex e um de Roque Júnior. Nem mesmo a ausência da dupla de zaga titular – Agnaldo e Roque Júnior substituíram à altura Júnior Baiano e Cléber – prejudicou a tranquilidade do camisa 12, que desta vez apareceu apenas para receber o bicho. Mais tristes que os argentinos só mesmo os corintianos, que conseguiram a façanha de perder mesmo sem entrar em campo.

♛

**Depois de uma espera** de três décadas, o Palmeiras garantia sua terceira passagem para uma decisão de Libertadores. As duas anteriores haviam acabado de forma triste para o clube. Em 1961, na segunda edição do torneio sul-americano, o Verdão do técnico argentino Armando Renganeschi, que contava com Valdir de Moraes, Djalma Santos, Waldemar Carabina, Julinho Botelho, Romeiro e Chinesinho, entre outros, perdera o caneco para o Peñarol, do Uruguai – empate de 1 a 1 no Pacaembu, derrota por 1 a 0 no Centenário. Em 1968, foi a vez de Ademir da Guia, Dudu, Tupãzinho, Rinaldo e companhia bela, comandados pelo também argentino Alfredo González, desafiarem o Estudiantes da Argentina pela coroa continental. A derrota por 2 a 1 no Bosque de La Plata e a vitória por 3 a 1 no Pacaembu levaram a decisão para uma terceira partida, em campo neutro. Novamente, o estádio Centenário de Montevidéu seria palco da queda palestrina – placar final de 2 a 0 para o Estudiantes.

O último obstáculo do Palmeiras de Luiz Felipe Scolari era o Deportivo Cali, vice-campeão da Libertadores de 1978, que pavimentara com tranquilidade seu caminho rumo à decisão. Treinado pelo folclórico José "Chéché" Hernández e liderado pelo atacante Bonilla, artilheiro do time, o alviverde colombiano passou sem sustos por Colo-Colo do Chile, Bella Vista do Uruguai e Cerro Porteño do Paraguai. Marcado para 2 de junho, uma terça-feira, o duelo de ida seria disputado em Cali, onde a população vivia dias de terror: no fim de semana anterior à partida, guerrilheiros do Exército de Libertação Nacional haviam invadido uma missa e mantido mais de cem reféns – até o dia do jogo, 40 deles ainda estavam com os sequestradores, escondidos nas montanhas da Colômbia. O clima de insegurança, porém, não contagiou os palmeirenses. "Não temos medo nenhum. Muito pelo contrário. Acho que a função do futebol é tentar levar a paz para as pessoas", explicou Zinho à *Folha de S.Paulo*.

A guerra ficaria mesmo confinada às quatro linhas – como mandante no estádio Pascual Guerrero, o Deportivo vencera todos os jogos. E, contra o Palmeiras, triunfaria mais uma vez: 1 a 0, gol de Bonilla aos 42 do primeiro tempo. Marcos voltou a ser muito acionado, parando o ataque colombiano em três grandes oportunidades, ainda na etapa inicial. Em São Paulo, o Deportivo jogaria por um empate. Vitória palmeirense por um gol de diferença levaria a decisão para os pênaltis.

No intervalo de duas semanas entre as pelejas finais da Libertadores, o Palmeiras perdeu nos pênaltis, para o Botafogo, a vaga na final da Copa do Brasil; com um time reserva, saiu derrotado da primeira partida da final do Paulistão, para o Corinthians, por 3 a 0, resultado complicado de ser revertido mesmo com a equipe titular. Os críticos já se assanhavam e previam uma derrocada total do alviverde. Confiantes, torcedores e atletas não davam ouvidos, mantendo o foco no que realmente importava naquele semestre – sentimento resumido por Marcos no *Diário Popular* do dia da finalíssima da Libertadores. "O Corinthians pode ser o melhor time de São Paulo. Botafogo e Juventude podem ser o melhor do Brasil. Mas só o Palmeiras pode se transformar no melhor da América do Sul."

**São Paulo,** quarta-feira, 16 de junho de 1999, 21h35. Tensão total no Parque Antarctica. Na torcida, mais de 32 mil heróis, sobreviventes de uma batalha por ingressos que deixou, de acordo com estimativa da Polícia Militar, ao menos 15 mil alviverdes de fora da final. No campo, os onze palestrinos que subiam ao gramado prometiam dar a última gota de sangue para libertar o Palmeiras da espera de quase quatro décadas pela coroa continental. "Não existe cansaço, falta de vontade ou qualquer outro contratempo. Estamos a uma partida de entrar para a história do clube e nada pode nos atrapalhar. Eu bato em quem falar que está cansado ou desanimado", garantiu Paulo Nunes ao *Diário Popular*. À *Folha de S.Paulo*, o lateral Arce até exagerou: "Se a gente ganhar o título, o mundo pode acabar na quinta-feira de manhã".

Com Marcos; Arce, Júnior Baiano, Roque Júnior e Júnior; César Sampaio, Rogério, Zinho e Alex; Paulo Nunes e Oséas, o Verdão começou o jogo disposto a decidir a parada logo de cara. Júnior, aos 2 minutos, e Alex, aos 11, perderam chances claríssimas de abrir o placar. Passado o sufoco inicial, o Deportivo Cali amarrou o jogo com competência, impedindo a criação alviverde e ainda assustando no contra-ataque – aos 27, Bonilla ficou no mano a mano com Roque Júnior, driblou o zagueiro, invadiu a área e colocou a bola sutilmente no canto direito, para uma defesa incrível de Marcos, com a ponta dos dedos. A primeira etapa terminava em um angustiante 0 a 0, e o nervoso silêncio palmeirense podia ser ouvido em todos os cantos do estádio.

Na volta do intervalo, o ritmo não parecia mudar. Aos 10 minutos, Felipão resolve trocar Arce por Evair. E o gol finalmente sai oito minutos depois, em um inesperado presente do afobado zagueiro Yepes, que cortou com a mão uma bola alçada na área colombiana. Pênalti que o matador, com categoria, guarda no canto esquerdo de Rafael Dudamel. Empurrado pela torcida ensandeci-

*Os libertadores: 16 de junho de 1999, noite histórica no Palestra Itália*

da, o alviverde parece rumar para o segundo tento – mas, logo aos 24 minutos, em um lance sem perigo, Júnior Baiano devolve a gentileza e derruba Bedoya dentro da área. O capitão Zapata vai para a marca da cal e empata a partida. A agonia estava de volta: o Palmeiras tinha 20 minutos para marcar um gol. E ainda enfrentar as penalidades.

Pouco produtivo na decisão, o maestro Alex sai para a entrada de Euller, talismã que resolvera o jogo contra o Flamengo – e o Filho do Vento, para sorte do Palmeiras, ainda estava com o pé quente. Aos 30 do segundo tempo, o atacante participa de uma tabelinha entre Júnior e Zinho. O lateral invade a área e cruza, rasteiro, para a conclusão de Oséas, dentro da pequena área: gol do Palmeiras, 2 a 1. A partir daí, os esforçados operários colombianos, em especial o arqueiro venezuelano Dudamel, revelaram-se verdadeiros fora de série na arte do antijogo. Com um invejável arsenal de truques, catimbas e artimanhas, conseguiram segurar o resultado até os 52 do segundo tempo. Pênaltis. Haja coração.

O juiz Ubaldo Aquino aponta o gol dos portões da Francisco Matarazzo como local das cobranças. O primeiro a bater é Zinho. E o camisa 11 chuta por cima. Desespero no Palestra Itália.

Na sequência, Dudamel, Júnior Baiano, Yepes, Roque Júnior e Gavíria, todos convertem. Faltando apenas duas cobranças para cada time, o placar marcava 3 a 2 para o Deportivo. O Palmeiras flertava com a tragédia.

Começa a quarta série. Rogério bate e faz. É a vez de Bedoya, que chuta firme. A bola explode na trave esquerda de Marcos e volta para o centro do gol, raspando caprichosamente nas costas do goleiro antes de fugir em definitivo das redes. Alívio: tudo empatado, de novo.

Mas não há tempo para respirar. Última série. Euller cobra com categoria no canto esquerdo de Dudamel, que nem sai na fotografia. É a vez de Zapata, o autor do gol do Deportivo no tempo normal. Marcos arrisca o canto direito. A bola vai para o lado esquerdo. Forte. Rasteira. E para fora.

Palmeiras campeão da Copa Libertadores da América.

"Ganhou a equipe que realmente mereceu. O Palmeiras buscou o resultado o tempo inteiro, enquanto o Deportivo não veio para jogar, mas sim para catimbar", desabafou Marcos ao *Diário Popular*. "Até o juiz, acho que cansado com a cera do Dudamel, me desejou boa sorte nas duas últimas cobranças do Cali. Foram os dois pênaltis que eles erraram."

Ou melhor, erraram não: o pênalti de Zapata tinha direção certa, explicou o goleiro. "Mas eu defendi com o olho." Palavras de São Marcos. Alguém duvida?

♛

**De imediato,** a campanha vitoriosa na Libertadores rendeu dividendos ao novo herói alviverde. Antes mesmo do título, ainda em Cali, o presidente Mustafá Contursi havia prometido um aumento ao camisa 12, o principal destaque do Palmeiras na competição, por motivos óbvios. "Eu não pedi nada e nem cobrei nada, embora acredite que mereça mesmo ganhar mais." Depois da finalíssima, Marcos foi eleito pela Confederação Sul-Americana de Futebol o melhor jogador da Copa Libertadores da América – pela primeira vez na história da competição, a honraria era entregue a um goleiro. Como prêmio, o palestrino receberia um possante Toyota Corolla, oferecido pela montadora japonesa, patrocinadora do torneio. Marcos avisou que venderia o carrão e dividiria o dinheiro com os jogadores do time. Ao *Jornal da Tarde*, confessou: "Estou feliz demais. Não esperava que isso fosse acontecer comigo. Estava na reserva mas consegui um lugar na equipe. Deus está sendo bom demais comigo. Não mereço tanto".

*Sobrenatural: Marcos defende "com o olho" a cobrança de Zapata e dá o título ao Palmeiras*

*Senhores da América: o capitão César Sampaio ergue a Copa Libertadores*

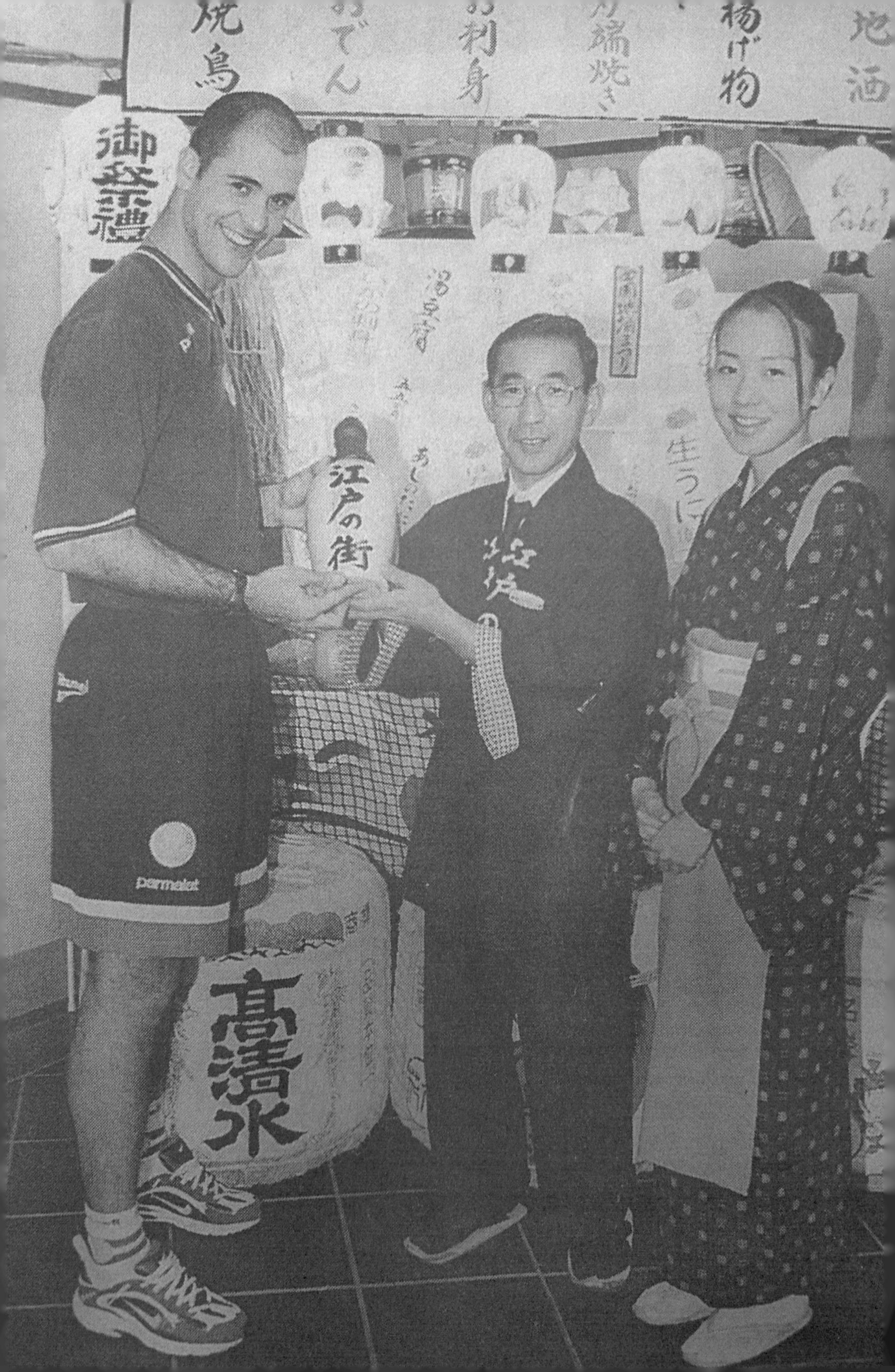
焼鳥
おでん
揚げ物
地酒
御祭禮
江戸の街
高清水
parmalat

# 8

# A cruz de Marcos-san

"Atenção todas as unidades. Procura-se Marcos Roberto Silveira Reis. Repetindo, Marcos Roberto Silveira Reis. Prioridade máxima na localização do mesmo."

    Na manhã de 25 de junho de 1999, a Polícia Militar de Oriente recebia um chamado urgente de São Paulo. Diante da importância do despacho, o delegado decidiu mobilizar todo seu efetivo para atender a ocorrência. Em pouco tempo, descobriu-se que o elemento estava na zona rural de Oriente, no sítio da família, isolado de qualquer contato telefônico. Sem demora, o xerife entrou na viatura para ir ao encontro do procurado – mas o carro, ops, estava sem gasolina. O jeito foi telefonar para um vizinho dos pais do goleiro, que, por sua vez, acionou uma prima de Marcos. E foi justamente ela, Marcilei,

◄ Arigatô! Marcos é paparicado pelos japoneses antes da final do Mundial

quem deu a notícia, depois de correr para a chácara e acordar o goleiro, gritando: "Você foi convocado para a Seleção Brasileira!"

Marcos, ainda sonolento, levou um tremendo susto. Refeito, ligou para Milton del Carlo, gerente de futebol do Palmeiras – o homem que, na busca desesperada do atleta, havia acionado até mesmo a polícia –, e exclamou: "Você interrompeu minha pescaria para brincar?"

O cartola então explicou tudo, tintim por tintim. Já concentrado com a Seleção em Curitiba, Carlos Germano havia sido cortado pelo técnico Wanderley Luxemburgo da disputa da Copa América no Paraguai depois que o preparador de goleiros Paulo César Gusmão, desconfiando da performance do atleta nos treinos, descobriu que o arqueiro do Vasco estava disfarçando uma lesão no joelho direito. "Os médicos não sabiam de nada. Tinha esperança de me recuperar, mesmo escondendo a contusão. Tentei levar o problema comigo, porque não queria deixar a Seleção, ainda mais com goleiros como o Marcos em grande forma", confessou Carlos Germano na coletiva de despedida. Aliás, antes mesmo de ser desligado do grupo, o goleiro já havia dado sinais de preocupação com a sombra do colega palmeirense. "Na fase em que ele está, vou perder meu espaço. As chances são dadas a todos e é apenas uma questão de oportunidade e tempo. Pelo que vi na Libertadores, ele irá roubar a minha posição", previra, de acordo com o relato do *Diário Popular* de 26 de junho.

A decepção de Carlos Germano explicava-se: depois de ser envergada por anos a fio pelo longevo e competente Taffarel, a camisa 1 canarinho estava livre, leve e solta à procura de um novo dono no processo de renovação comandado por Luxemburgo. A primeira aposta do treinador havia durado pouco: Rogério Ceni, do São Paulo, caiu em desgraça menos pelas duas falhas gritantes que resultaram em gols no amistoso do centenário do Barcelona e mais por suas incríveis declarações após o jogo. "Foi uma das melhores atuações de um goleiro na Seleção nos últimos tempos", declarou, para espanto e escárnio geral da nação, o ídolo tricolor à Rádio Jovem Pan, em frase repercutida pela *Folha de S.Paulo* de 30 de abril de 1999. Com a ausência de Carlos Germano, a meta brasileira naquela Copa América ficaria sob a guarda segura de Dida, ex-Vitória e Cruzeiro, que fora contratado pelo Milan e estava emprestado ao Lugano da Suíça.

"Cheguei em cima da hora e assim fica difícil brigar pela posição. Mas vou treinar muito, porque de repente o professor pode precisar de mim", afirmou Marcos ao *Jornal da Tarde* de 29 de junho. O palmeirense juntava-se ao grupo apenas quatro dias antes da estreia na competição, contra a Venezuela, no jogo que mostrou ao mundo o talento de Ronaldinho Gaúcho: a revelação do Grêmio entrou no segundo tempo no lugar de Alex e fez um golaço depois de chapelar o zagueiro Rojas e bater de primeira, sem defesa para Vega. Mas tanto Ronaldinho Gaúcho quanto Marcos assistiriam à conquista daquela Copa América do banco de reservas: depois de vencer Argentina e México no mata-mata, o Brasil massacrou o Uruguai na final, em 18 de julho, por 3 a 0 – dois de Rivaldo e um de Ronaldo, ambos artilheiros do torneio, com cinco gols cada.

Mal aterrissou no Brasil, a Seleção viajou de novo, agora para o México, onde disputaria a Copa das Confederações. E o período de quase um mês de convivência com Dida fez Marcos mudar o discurso sobre a disputa da vaga de titular: o colega, cuja transferência para o Corinthians foi anunciada durante a Copa América, estava voando baixo. "O Corinthians contratou um grande goleiro, que está em uma fase de arrepiar qualquer um. Por enquanto, não tenho chances. Goleiros têm oportunidades raras em Seleção. Não serei exceção. Mas me satisfaz integrar o grupo. Serei paciente", admitiu em 20 de julho ao *Diário Popular* o goleiro que levantava o segundo caneco sul-americano em um período de 32 dias. "Tem muita gente no futebol que jamais alcançou isso em toda a carreira", vibrava.

Na Copa das Confederações, disputada entre 24 de julho e 4 de agosto, o time de Luxemburgo fez boa campanha. Parou apenas diante dos donos da casa – que, pela primeira vez, jogaram como nunca e não perderam como sempre. Comandada por um inspirado Cuauhtémoc Blanco, a *Tricolor* venceu a decisão por 4 a 3, levando ao delírio supremo mais de 110 mil fanáticos no estádio Azteca. Como prêmio de consolação, Marcos, que no México também só viu a cor da bola nos treinamentos, levou para casa um troféu particular: a estrambólica e incrementada camisa do folclórico goleiro mexicano Jorge Campos, trocada ao final do jogo. O duro era arrumar coragem para usar a peça.

♕

**"Foi mesmo a zero?"**, perguntou um incrédulo Marcos, no desembarque da Seleção Brasileira, em 6 de agosto, ao saber da sonora goleada aplicada pelo Palmeiras contra o Racing da Argentina – 7 a 0 pela Copa Mercosul. "Ai, meu Deus, então o Sérgio foi bem de novo. Não vai ser fácil recuperar a posição", afirmou o atleta, que, pela primeira vez na carreira, se tornava alvo da cobiça dos reservas. Com a liberação de Velloso para o Atlético Mineiro, o Verdão confirmava Marcos como primeiro goleiro – mas, humilde, o campeão da Libertadores não se considerava intocável. "Pelas informações que tive, o Sérgio vem jogando muito bem. Vou ter de entrar na briga pela camisa titular", resignou-se.

Nem foi preciso: Luiz Felipe Scolari, que cedera aos apelos da torcida – "Fica, Felipão! No fim do ano, nós vamos pro Japão!" – e renovara seu contrato com o Palestra, devolveu de bandeja a posição ao antigo dono. O arqueiro já estava em campo contra o Botafogo de Ribeirão Preto, em 18 de agosto, pela quinta rodada do Brasileirão – campeonato que seria apenas um longo treino para a menina dos olhos da nação palestrina, o Mundial Interclubes, a ser disputado contra os ingleses do Manchester United, em Tóquio, no dia 30 de novembro.

Depois de dois meses com a Seleção, porém, Marcos encontrou um Palmeiras um tanto diferente. A guerra de vaidades que o sargentão conseguira conter no primeiro semestre havia eclodido novamente. Em meados de agosto, durante um treino tático, Zinho e o lateral Júnior haviam discutido feio. Evair não se conformava com a posição de reserva e questionava sua utilidade ao clube. Os medalhões evitavam a imprensa. E o goleiro não demonstrou muita paciência com a situação: botou a boca no trombone já em sua segunda partida pelo Brasileiro de 1999, derrota para o Gama por 2 a 0 no Parque Antarctica em 22 de agosto – resultado que empurrou o alviverde para a 17ª posição entre os 22 participantes. "Só ganha título quem joga unido. O Palmeiras era uma família quando disputou e venceu a Libertadores da América. Não é mais. A gente nota que alguns jogadores estão correndo muito e outros não correm nada", detonou, sem citar nomes.

O fato de Marcos ter soltado os cachorros publicamente – coisa que viraria rotina em sua carreira e seria um dos principais motivos de críticas ao atleta – causou incômodo aos companheiros. O goleiro, porém, não demonstrou arrependimento pelas palavras. "Talvez eu tenha me precipitado porque é a primeira crise que vivo no clube, já que, quando assumi a condição de titular, tudo era uma festa. Mas não retiro nada do que digo. Quis dizer que, nas derrotas, nós atletas temos de nos fechar ainda mais", justificou. "O que eu falei não vai influir no desempenho do time contra o Cruzeiro. Não acredito em pressão de ninguém sobre mim, pois quem já jogou contra o Corinthians no Morumbi e contra o Vasco em São Januário está vacinado. Eles podem ficar em cima de mim, pois vou falar o que tiver vontade."

Mas quem fala o que quer ouve o que não quer. Na semana seguinte, ao ser relacionado na delegação que viajaria para a partida com a Ponte Preta, o atleta, com o tornozelo esquerdo em tratamento por conta de um choque sofrido contra a Raposa, espalhou que não via sentido em ir para Campinas, já que não teria condições de jogo – opinião contrária à do departamento médico. Felipão ficou possesso, cortou o falastrão do time e subiu o tom, em declarações para o *Diário Popular* de 31 de agosto. "Quando voltar da Seleção, o Marcos vai treinar como os outros e brigar pela posição. Coloco o Sérgio de olhos fechados, assim como fazia com o Marcos quando tinha um dos goleiros mais qualificados e de melhor caráter do futebol brasileiro, o Velloso", esbravejou, encerrando com uma frase lapidar. "Aqui tem hierarquia. Se não for assim, daqui a pouco poste vai mijar em cachorro."

Sujo com o chefe, o arqueiro, que passou dez dias com a Seleção por conta de dois amistosos contra a Argentina, voltou pianinho, só esperando para ver como Felipão reagiria. O sargentão latiu, mas não mordeu: Marcos recuperou a posição de titular no confronto com o Racing, em Buenos Aires, e foi escalado também no jogo seguinte, clássico contra o Corinthians, no Morumbi, em 12 de setembro. O Derby era considerado de altíssimo risco por conta da confusão na final do Paulistão, em 20 de junho, quando Edílson, talvez para descontar a eliminação na Libertadores, talvez para mostrar ao mundo toda sua incrível habilidade de acrobata circense, resolveu fazer embaixadinhas com a bola rolando e causou uma briga generalizada em campo. Líder do Campeonato Brasileiro, o time da Fazendinha esperava atropelar o arquirrival, declaradamente mais preocupado com a chegada do Mundial Interclubes.

Pois o Palmeiras, aos nove minutos do primeiro tempo, já havia metido três no Corinthians – e o resto do jogo foi um baile, que terminou em 4 a 1, oferecimento de Rogério, César Sampaio, Paulo Nunes e Alex. Na comemoração do seu gol, o Diabo Loiro ainda ironizou Edílson, puxando a coreografia da música *O pinto*, sucesso do

*Pesadelo corintiano: Palmeiras faz quatro e Paulo Nunes dança "O pinto" no Morumbi*

grupo de axé Raça Pura, empresariado pelo jogador baiano. Desolado, o atacante alvinegro Dinei, que viu o jogo da arquibancada, resumiu à *Folha de S.Paulo* o sentimento de toda a torcida corintiana: "Estamos vivendo um pesadelo". Que dó.

♛

Aos poucos, Felipão retomou as rédeas do time, e o Palmeiras, embalado por duas belas goleadas em outubro – 6 a 0 contra o Grêmio de Ronaldinho, pelo Brasileirão, e 7 a 3 contra o Cruzeiro, pela Copa Mercosul –, chegou em alta ao ansiosamente aguardado mês de novembro de 1999. No dia 22, o elenco embarcava para o Japão, onde, no dia 30, enfrentaria o Manchester United, vencedor da Copa dos Campeões da Europa, pelo título do Mundial Interclubes. Uma carreata de aproximadamente 200 veículos acompanhou o ônibus alviverde da Academia de Futebol ao Aeroporto Internacional de Guarulhos, onde mais de 500 torcedores já aguardavam os atletas. Pobre de quem não era palmeirense: Cumbica virou uma filial do Palestra Itália, com faixas, bandeiras e instrumentos de percussão a todo vapor.

Depois de 27 horas, o avião desembarcou em Nagoya. Mas a viagem ainda não havia acabado. Os 22 atletas, 12 integrantes da comissão técnica, quatro dirigentes e dois mordomos ainda encararam quatro horas de estrada até Yokohama, a segunda maior cidade ja-

*Palestra Itália, subsede Guarulhos: torcida invade Cumbica no embarque para o Japão*

ponesa, onde o Palmeiras faria toda a sua preparação para o jogo – apenas na véspera a delegação rumaria para Tóquio. São Marcos virou Marcos-san e tornou-se um dos atletas mais festejados pelos nipônicos, depois de César Sampaio, Evair e Zinho, trio que atuou no Yokohama Flügels e contava com um extenso fã-clube local.

Mas se a convivência com os orientais era tranquila, o mesmo não se pode dizer da adaptação ao fuso horário, como relatou em 28 de novembro ao *Diário Popular*. "Foi terrível para mim, que estou acostumado a dormir dez horas por noite. Acordava de hora em hora e não conseguia pegar no sono. Ontem, pela primeira vez desde que cheguei, tive uma noite de sono regular." Celebrados pela mídia mundial, os astros do Manchester, como David Beckham, Ryan Giggs e Dwight Yorke, não atrapalhavam em nada os sonhos do goleiro. "Dizem que o Beckham chuta muito bem. Pode até ser. Mas será que ele chuta melhor que o Marcelinho Carioca? Estou acostumado a treinar na Seleção contra o Ronaldinho. No Brasileirão, jogamos contra Edmundo, Romário... Quem é o Yorke perto desses caras?"

Luiz Felipe Scolari dissecou o esquema do Manchester United para seus atletas, e estava claro que o tradicional chuveirinho inglês era a arma mais forte dos diabos vermelhos. Marcos estava atento e prometia não querer fazer bonito. "O cruzamento é uma jogada que eu treino muito. Poderia tentar segurar a bola, mas e se eu erro ou alguém toca em mim e me desloca? Sei que é uma jogada feia dar um murro na bola, mas até agora nunca errei nem comprometi meu time. Faço o simples."

Ah, que hora para errar, Marcos-san. Aos 35 do primeiro tempo, Ryan Giggs cruzou da esquerda, a bola passou por cima de Marcos – que esticou os braços mas não alcançou – e sobrou limpinha para Roy Keane completar para o gol. Com Oséas, Asprilla, Alex e Paulo Nunes, o Verdão perdia chance atrás de chance, esbarrando no nervosismo e no goleiro australiano Mark Bosnich, o menos badalado entre os atletas do Manchester mas disparado o melhor homem em campo naquele 30 de novembro de 1999. Quando o juiz alemão Hellmut Krug apitou o fim da partida, jogadores e torcida palestrina comungavam a frustração, a tristeza e o choro. O Palmeiras perdeu o Mundial mais ganho de todos os tempos, contra um adversário displicente e pouco preocupado com o destino do duelo, em uma partida na qual desperdiçou uma montanha de oportunidades e levou o gol em uma falha de seu maior herói.

"O que mais me chateia é que daqui a 30 anos ninguém vai se lembrar de que perdemos várias chances, mas todos vão se lembrar do meu erro no único gol da partida", declarou em *O Estado de S. Paulo* de 1º de dezembro. Marcos não fugiu da responsabilidade pela falha, descrevendo o lance em detalhes a todo jornalista que o perguntasse. "O Giggs passou pelo Junior Baiano, e como tínhamos assistido a teipes do clube inglês, lembrei que ele geralmente cruza no primeiro pau. Dei então um passo à frente para interceptar a bola. Só que desta vez ele bateu no segundo pau, com mais força, e

*A tristeza se veste de verde: Palmeiras de Zinho perde o Mundial em Tóquio*

a bola acabou me encobrindo", explicou ao *Diário Popular*. "Deus dá a cruz conforme a gente pode carregar."

Certamente a cruz ficou um pouco mais leve quando a delegação desembarcou em Cumbica, no dia 2 de dezembro, e Marcos recebeu o carinho e o apoio de mais de uma centena de torcedores, que, como a maioria dos palestrinos espalhada pelo mundo, já o havia perdoado. Aliás, como era público e notório, não fosse pelo goleiro, o Verdão não teria chegado nem perto do Mundial. Excomungá-lo, portanto, era uma enorme besteira, como bem resumiu o técnico Luiz Felipe Scolari. "Ele continua sendo São Marcos. Não é por causa de uma jogada que vou mudar minha opinião. Para mim ele é o melhor goleiro do Brasil." Ainda assim, o atleta ficou aliviado com a recepção, como revelou à *Folha de S.Paulo* de 3 de dezembro. "Não esperava tanto carinho. Estou feliz, porque há três dias não durmo direito e estou vendo que a torcida está do meu lado. O que importa para mim é isso, a torcida do Palmeiras. O que as outras estão pensando não me interessa."

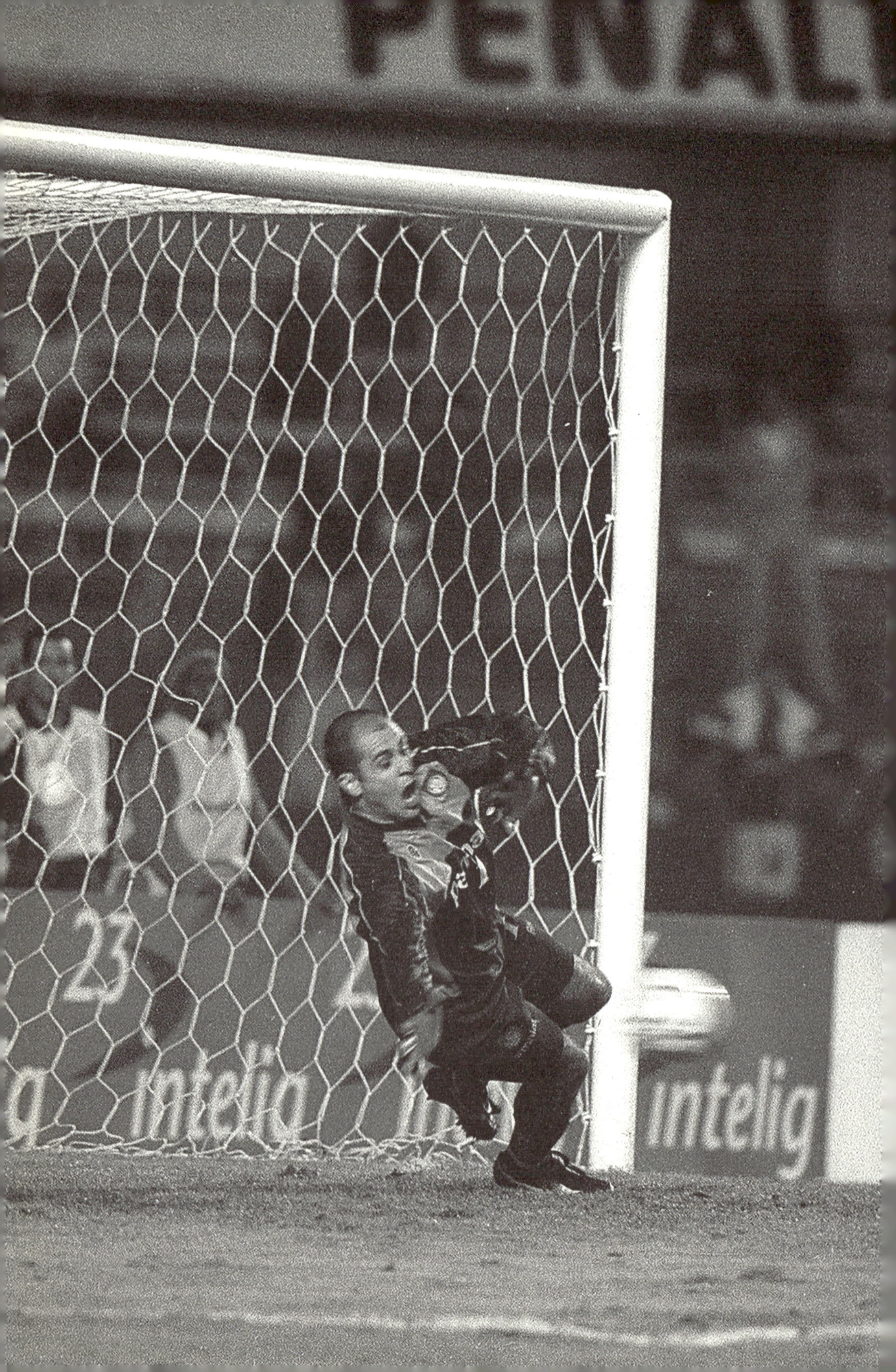
PENAL
23
intelig
intelig

# 9

# "Toma distância Marcelinho..."

O único jeito de curar a ressaca era começar o ano de 2000 trabalhando duro para voltar ao topo. Havia, porém, um pequeno problema. Depois da queda em Tóquio – e da derrota para o Flamengo na decisão da Copa Mercosul, em 23 de dezembro, pá de cal em um dolorido final de temporada –, o elenco do Palmeiras foi literalmente depenado. Evair, Paulo Nunes, Oséas, Júnior Baiano, Cléber, Zé Maria e Rivarola, entre outros, deixaram o clube e protagonizaram o maior desmanche desde o início da era Parmalat. Mantido no comando apesar de pressões de parte da torcida organizada e de conselheiros, Felipão teve de se contentar com reforços pouco bombásticos, como os zagueiros Ín-

◄ *Mais uma vez, São Marcos põe o Palestra na final da Libertadores*

dio e Argel e o atacante Basílio, e com a promoção de antigos coadjuvantes, como o meio-campista Galeano e o atacante Pena.

Força mesmo os cartolas palestrinos só fizeram para segurar Marcos, alvo do assédio do Vasco da Gama. Nadando em dinheiro depois de acertar uma parceria milionária com o Nations Bank, o clube de Eurico Miranda estava disposto a abrir o caixa para levar o palmeirense à meta antes defendida por Carlos Germano, negociado com o Santos. Os cruz-maltinos, contudo, ficaram a ver navios.

A primeira competição do calendário da temporada era o Rio-São Paulo, torneio em que o Palmeiras começou com o pé esquerdo. Um empate com o Vasco e uma derrota para o Corinthians fizeram a agonia da torcida se multiplicar e o botão de alerta vermelho disparar. "Estamos muito apáticos. Temos que mostrar disposição e trabalhar forte. Não podemos ficar chorando pela saída dos antigos jogadores", declarou, à *Folha de S.Paulo* de 30 de janeiro, o experiente César Sampaio, ressaltando que ainda botava fé em uma virada. "Nosso grupo não é tão ruim. Se ajustarmos bem a equipe, podemos dar trabalho." Naquela noite, o Verdão seguiu à risca as palavras do capitão e goleou o Fluminense por 6 a 2, dando início a uma surpreendente arrancada no interestadual. Na sequência, vitórias contra Vasco (2 a 1), Corinthians (3 a 1) e Fluminense novamente (2 a 0) classificaram o clube para as semifinais, diante do Botafogo. Depois de segurar o empate sem gols no Maracanã, o time de Felipão fez 3 a 1 no Palestra Itália, em 23 de fevereiro, e carimbou a passagem para a decisão, contra o Vasco.

Comandado por Antônio Lopes, o alvinegro carioca fizera o serviço completo contra o São Paulo nas semifinais, 3 a 0 no Morumbi e 2 a 1 em São Januário, e escalava um timaço, ao menos em termos de valores individuais. Sem contar os intempestivos Felipe e Edmundo, afastados por indisciplina, o Almirante desfilava o concurso de Mauro Galvão, Gilberto, Amaral, Pedrinho, Juninho Pernam-

"Toma distância Marcelinho..."

bucano, Viola e, principalmente, do demoníaco Romário, que vivia fase impressionante. Dos 14 tentos anotados pelo clube no torneio, nada menos do que 11 levavam a assinatura do Baixinho.

Só que o renovado time de Felipão comprovou um velho ditado – e a união fez a força já no Maracanã, vitória por 2 a 1 com gols de César Sampaio e Pena, para os visitantes, e vocês sabem quem para o Vasco. Na finalíssima, disputada no Morumbi em 1º de março, Antônio Lopes decidiu resgatar Edmundo. Sem problema nenhum: em homenagem ao craque, o Palmeiras aplicou uma goleada animal no Vasco da Gama – Pena, Argel, Euller e Arce marcaram nos 4 a 0 de uma atuação exuberante do coletivo verde, agora campeão do Rio-São Paulo, para o indisfarçável orgulho do mestre. "Não há vaidade nesse grupo. Todos se fortalecem por meio da união", derreteu-se Luiz Felipe Scolari.

Foi tudo muito bom, mas a torcida, claro, queria mais.

*Triunfo do coletivo: Palmeiras campeão do Rio-São Paulo de 2000*

♕

O caminho de volta ao Japão passava, novamente, pela conquista da Copa Libertadores da América. Na fase de grupos na edição de 2000, o Palmeiras enfrentaria El Nacional, do Equador, The Strongest, da Bolívia, e o Juventude de Caxias do Sul, vencedor da Copa do Brasil do ano anterior. A chave se mostrou inesperadamente parelha, mas, ao final, o Palmeiras fez prevalecer o peso da camisa e terminou em primeiro lugar, com três vitórias, um empate e duas derrotas, à frente do El Nacional apenas pelo saldo de gols.

Mais do que qualquer tento ou defesa, o grande lance dessa primeira etapa do torneio continental foi o histórico cafezinho que Marcos bebericou no segundo tempo da partida contra o The Strongest, na estreia da competição, em 15 de fevereiro. As câmeras de TV flagraram o goleiro assoprando a fumacinha da bebida em um copo plástico, em plena disputa de bola rolando – atitude que provocou a ira dos bolivianos e uma promessa de desforra. Marcos ficou sem entender nada. "Eu sempre faço isso, só perceberam agora. Não foi nenhum tipo de menosprezo. Eu bebo café para molhar a boca e poder gritar mais. A água pesa muito", explicou ao *Diário Popular* de 17 de fevereiro. Mas, diante do crescimento da polêmica – até o reserva Sérgio entrou na dança e confessou ter achado falta de respeito com o adversário –, Marcos aposentou o cafezinho. "Agora só vou tomar Toddy", brincou, no dia seguinte.

Só que os bolivianos continuaram sem achar muita graça. Mordidos, encararam a partida de volta, no dia 4 de abril, como uma verdadeira final de Copa do Mundo. Não deu outra: na altitude de La Paz, o The Strongest aplicou um verdadeiro chocolate quente no Palmeiras. Vitória por 4 a 2, com direito a coreografia especial – depois dos gols, os atletas sentaram-se no gramado e simularam tomar uma xicrinha de café. Mas vingança, como se sabe, é uma bebida que se serve fria, e Marcos, após o final da fase de grupos, não deixou barata a eliminação do The Strongest. "Comemoraram muito, mas esqueceram de jogar bola. Agora estão fora da Libertadores", disparou em 20 de abril.

Nas oitavas de final, o rival seria o tradicionalíssimo Peñarol, pentacampeão da Libertadores e detentor do título uruguaio. Disputada em 4 de maio no Estádio Centenário, a primeira partida terminou em 2 a 0 para os aurinegros, que, por uma questão de justiça, deveriam dividir o bicho com o argentino Daniel Gimenez, autor de uma penalidade máxima que só ele viu aos 35 minutos do segundo tempo. O Palestra, portanto, precisava ao menos vencer por dois de diferença para levar a decisão aos pênaltis. E em São Paulo, no dia 11 de maio, depois dos tentos de Neném e Marcelo Ramos (dois), parecia que o Verdão havia liquidado a fatura. Contudo, em uma bobeada da zaga, aos 16 do segundo tempo, Pacheco diminuiu para 3 a 1 e deixou a torcida à beira de um ataque de nervos – que quase virou colapso quando Euller, ainda no tempo normal, perdeu um pênalti e desperdiçou a oportunidade da classificação em 90 minutos. Consequentemente, lá foram todos para a marca da cal.

Ao inaugurar a série de cobranças, o Filho do Vento mostrou que estava realmente disposto a testar a saúde física e mental dos palestrinos: mais uma vez, chutou para a defesa de Elduayén. Para sorte de Euller e da nação alviverde, porém, Marcos estava em uma noite abençoada. O camisa 1 parou Aguirregaray e Cedrés e enviou o alviverde às quartas de final, diante do Atlas do México.

O triunfo também serviu para colocar ponto final em um período infeliz para o goleiro, que, desde a partida de volta contra o The Strongest, vinha acumulando uma série de falhas – Marcos havia até mesmo se mostrado disposto a ir para o banco de reservas, por considerar esgotado seu crédito com o treinador e com a torcida. "Atravessei um momento difícil. Acredito que foi um cansaço psi-

*Marcos pega dois pênaltis e salva o Palmeiras contra o Peñarol*

cológico provocado por muitos jogos. Sempre acreditei que poderia dar a volta por cima e ajudar a torcida do Palmeiras, que esteve ao meu lado. Dedico a classificação à nossa torcida", exclamou nos vestiários, no relato do *Diário Popular* de 12 de maio.

Nos confrontos contra os rubro-negros de Guadalajara, o Verdão sobrou: vitória por 2 a 0 no Jalisco e 3 a 2 no Parque Antarctica. A tropa de Scolari alcançava mais uma vez a fase semifinal do torneio mais importante das Américas – e, para chegar à decisão, seria obrigada a bater novamente seu rival doméstico preferido. O problema é que agora os sinais estavam trocados.

**Santos, São Paulo e Palmeiras** já tinham. Talvez por isso, mais do que nunca, o título da Libertadores tornava-se um objetivo quase patológico para o Corinthians, que, no início do ano de 2000, deixara de lado o constrangimento e comemorara como se não houvesse amanhã a conquista do Campeonato Mundial de Clubes organizado pela Fifa no Brasil. Era quase uma piada pronta para os rivais: tido como uma agremiação sem glórias internacionais, o alvinegro venceu um mundial sem jamais ter chegado a uma final continental – pior, em uma decisão doméstica, diante do Vasco da Gama. A conquista da Libertadores era, portanto, a oportunidade de ouro para o Mosqueteiro mostrar ao mundo que tinha, sim, um passaporte. "É o ápice. Não adianta ficar falando que não é prioridade, porque esse título significa tudo para o Corinthians", definiu o meia Marcelinho Carioca à *Folha de S.Paulo* de 30 de maio, dia da primeira partida das quartas de final.

Para fazer do time da Fazendinha uma potência internacional, o poderoso fundo de investimentos Hicks, Tate, Muse & Furst, ou simplesmente HTMF, parceiro do clube, havia gasto a rodo e reforçado, no segundo semestre de 1999, um elenco que já era de ponta. Não à toa, a equipe levantou pela segunda vez consecutiva a taça do Brasileirão. O título de um torneio internacional de verdade – no caso, a Libertadores – era o próximo passo, e, para evitar nova eliminação para o arquirrival, o Corinthians possuía um arsenal invejável. Dida, goleiro titular da Seleção Brasileira, a dupla de zaga Fábio Luciano e Adílson – capitão do Grêmio de Felipão –, o lateral Kléber e o prolífico centroavante Luizão eram as novas armas do técnico Oswaldo de Oliveira, que ainda contava com Vampeta, Ricardinho, Edílson e, claro, Marcelinho Carioca.

Enquanto isso, o Palmeiras, que contratara em doses homeopáticas e conseguira com muito sofrimento assinar com o atacante Marcelo Ramos, assumia o papel de franco atirador. "O Corinthians é a melhor equipe do país. Eles jogam juntos há muito tempo", declarou o meia Alex. E, quando a bola começou a rolar, o alvinegro tratou de traduzir o favoritismo em gols, abrindo 3 a 1 já no início do segundo tempo. A torcida corintiana, que parecia encontrar o êxtase, nem sonhava com uma reação alviverde. Mas, na base da raça, Alex e Euller marcaram aos 30 e aos 37 e empataram o Derby. Só que os ventos da fortuna resolveram devolver a vitória para os lados do Parque São Jorge: no último minuto de jogo, Vampeta arriscou um chute rasteiro da intermediária, a bola desviou em Argel, subiu e encobriu Marcos. Gol.

O revés de 4 a 3 no Morumbi doeu na alma palestrina, mas o goleiro ainda levantou as mãos para os céus. "A gente tem mais é de agradecer por ter perdido por apenas um gol de diferença. Eles tiveram mais três chances depois de abrir 3 a 1. Se saísse outro gol naquele momento, estaríamos eliminados da Libertadores", declarou na reapresentação do time, no dia seguinte à partida, acrescentando que o rival só não definiu a classificação por menosprezar o Verdão. "Eles começaram a tocar de calcanhar muito cedo. Isso dá uma certa revolta, que motivou a gente. O Palmeiras estava mortinho, mas ressuscitou quando o Corinthians começou a dar toquinhos bonitinhos."

Mestre Felipão foi bem menos polido. Propositalmente ou não, sua preleção ao elenco, a portas fechadas na Academia de Futebol, foi ouvida e reproduzida por toda a imprensa, que aguardava do lado de fora da sala para conversar com os palmeirenses. Aos berros, o gaúcho exigia sangue nos olhos de seus comandados. "Onde é que tá a malandragem de vocês? Não aprendeu nada na vida? Eu tenho um time já rodado, experiente, mas que na hora do bem-bom não sabe dar um pontapé. Não sabe dar um cascudo, não sabe irritar o cara. Vocês têm que ter na cabeça isso tudo que estou falando para vocês. Raiva... Raiva dessa porra de Corinthians", exclamou. Edílson foi metralhado pela bazuca verbal do treinador. "Ele é malandro, esperto e

"Toma distância Marcelinho..."

*Rivalidade nas alturas: Palmeiras e Corinthians duelam nas semifinais da Libertadores*

tal. Mas é covarde, c..., cafajeste. Eu quero ver é vocês não falarem, mas sentirem raiva no jogo de terça. E comerem a orelha do cara."

Com a tradicional dose de hipocrisia, boa parte do mundo do futebol caiu de pau em cima de Luiz Felipe Scolari. Os paladinos da imprensa esportiva horrorizaram-se com as palavras deselegantes do sargentão, como se os diálogos no esporte viessem todos com perfume de lavanda e jasmim. Wanderley Luxemburgo, técnico da Seleção, afirmou "desaprovar" a atitude do colega. Mas justamente os corintianos não quiseram alimentar a controvérsia, consideran-

São Marcos

*Muralhas: o santo palestrino e Dida, o homem de gelo corintiano*

## "Toma distância Marcelinho..."

do as declarações parte da guerra de nervos da decisão. "Acho que ele fez esses comentários para tentar desestabilizar o Corinthians. No meu entender, é uma maneira de mexer com os jogadores do Palmeiras. Não fico chateado porque sei que essa foi a forma que ele encontrou para controlar o seu grupo", captou o Capetinha.

De qualquer forma, a dura funcionou. No segundo jogo, os valorosos palmeirenses obedeceram às determinações de Felipão – exceto, claro, a parte da degustação da orelha de Edílson – e conseguiram uma histórica virada por 3 a 2, gols de Euller, Alex e Galeano. Mais uma vez, a decisão iria para os pênaltis.

Canonizado no ano anterior, Marcos agora tinha um rival à altura. Emérito pegador de penalidades, Dida já havia classificado o Corinthians na marca da cal contra o Rosario Central da Argentina, nas oitavas – e não custa lembrar que o homem de gelo possuía no currículo a Libertadores de 1997, torneio em que o Cruzeiro, graças às mãos do baiano de Irará, sobreviveu a duas disputas de pênaltis.

Mas, naquele 6 de junho de 2000, os goleiros pareciam viver seu dia de caça. Os nove tiros iniciais foram executados com perfeição: pela ordem, Marcelo Ramos, Ricardinho, Roque Júnior, Fábio Luciano, Alex, Edu, Asprilla, Índio e Júnior. Nos quatro primeiros, os arqueiros nem saíram na foto. Dida acertou o canto nos chutes de Alex, Asprilla e Júnior, enquanto Marcos só foi em direção à bola no pênalti de Índio – mas a bola, no ângulo superior direito do goleiro, era indefensável.

O placar eletrônico mostrava 5 a 4 para o Palmeiras. A última cobrança seria de Marcelinho Carioca. O Pé de Anjo. Contra o Santo.

"Para o palmeirense, se o Marcelinho perder, o gosto será especial... Porque é do Marcelinho que a torcida queria arrancar o sangue! Toma distância Marcelinho para a cobrança... Ele bate muito bem. Autorizado... Foi pra bola... Bateu... Deeeeeeeeeeeeeefendeu Marcos! O Palmeiras vai pra final da Libertadores!"

*Marcelinho conversa com a bola, mas ela não lhe dá ouvidos. Marcos pula para a direita, defende a cobrança do Pé de Anjo e mergulha para o merecido abraço*

Enquanto a voz atômica de José Silvério, narrador da Rádio Jovem Pan, ecoava por toda a cidade, Marcos corria para a lateral para festejar sua proeza, deslizando com um peixinho pelo gramado do Morumbi. Alegria, alegria: de novo, o Palmeiras despachava o Corinthians da Libertadores. "Como diz a Bíblia, os humilhados serão exaltados", desabafou ao *Diário Popular*. "A nossa vantagem é que aqui não tem estrela. A vitória é resultado do trabalho de todos, e não apenas de um jogador. Encontramos uma raça que não tem explicação."

"Toma distância Marcelinho..."

No dia seguinte, Felipão voltou a falar com a imprensa depois da lei do silêncio imposta após a divulgação de sua polêmica preleção, e afirmou que a vitória na semifinal da competição continental foi seu melhor momento no Palmeiras. "Eliminar o Corinthians foi incrível. Para os palmeirenses, como eu, a eliminação deles foi o título do ano."

Desta vez, nem a turma do amendoim teria coragem de cobrar alguma coisa a mais.

♛

**Na noite** de 21 de junho, depois da derrota nos pênaltis contra o Boca Juniors na decisão da Libertadores – no tempo normal, dois empates, 2 a 2 na Bombonera e 0 a 0 no Morumbi –, torcedores do Corinthians estouraram rojões na vizinhança da casa de seu Ladislau e dona Antônia, em Oriente. O filho ilustre não deixou por menos. "Eles têm mais é de torcer para o Boca Juniors mesmo. Porque quando jogam com a gente não podem soltar rojões", cutucou, no *Diário Popular* de 23 de junho. O goleiro palestrino resumiu o sentimento de toda a torcida. "Desclassificamos a equipe que foi montada para vencer a Libertadores. Prefiro perder dez vezes a final para o Boca do que uma vez para o Corinthians. Deixa para o Boca Juniors."

♛

**Convocado no dia** 4 de julho pelo técnico Wanderley Luxemburgo para os jogos das eliminatórias da Copa de 2002 contra o Paraguai, em Assunção, e a Argentina, em São Paulo, Marcos partiu para a Granja Comary sabendo que retornaria como uma das poucas atrações do Palmeiras na disputa da Copa João Havelange, o campeonato nacional do segundo semestre. Luiz Felipe Scolari, depois de três anos de vitórias, deu por encerrado seu ciclo no Parque Antarctica e aceitou o convite para dirigir o Cruzeiro – Marco Aurélio, desalojado do cargo de treinador da Raposa, acabou aterrissando no Palestra Itália. Alex, Roque Júnior e César Sampaio também bateram asas. Dos integrantes do time titular campeão da Libertadores em 1999, apenas Arce e Marcos permaneceriam no Verdão.

Na primeira competição do segundo semestre, a Copa dos Campeões, disputada em Alagoas enquanto Marcos servia a Seleção, surpresa. O time operário do Palmeiras, com Sérgio no gol e Murtosa provisoriamente no banco, desbancou Cruzeiro, Flamengo e Sport Recife e levou o título do torneio – mais importante do que isso, garantiu uma vaga na edição seguinte da Libertadores.

Pouco depois do início da João Havelange, porém, o ano acabava para Marcos. As dores no pulso esquerdo, que o incomodavam desde as partidas iniciais da Libertadores de 1999, tornaram-se insuportáveis na reta final do primeiro semestre de 2000, obrigando o atleta a entrar na faca. Foi constatado um rompimento dos ligamentos que só poderia ser resolvido com cirurgia – caso contrário, os movimentos da mão poderiam ficar comprometidos. Em entrevista ao *Jornal da Tarde* de 3 de agosto, dia da operação, o palmeirense, embora ciente do risco envolvido, revelava alívio com a intervenção cirúrgica. "Confio bastante que tudo correrá bem. Meu pulso voltará a não doer, nem posso acreditar como isso será bom."

O goleiro também já antecipava os próximos passos da recuperação, prevista para seis meses, no mínimo. "Treinarei demais para

*Avaria no equipamento: cirurgia afasta Marcos do segundo semestre de 2000*

ficar até melhor do que eu era. O calendário me ajudou, já que, com todo o respeito, a Copa João Havelange não terá tanta importância para o Palmeiras, que já se garantiu na Libertadores da América", explicou. "Quando puder correr, daqui a umas cinco semanas, correrei com os jogadores do Palmeiras. E também farei umas visitinhas à concentração do Brasil. Sabe como é, para ninguém esquecer de mim..."

♛

**Oito meses depois,** em fevereiro de 2001, com contrato renovado, salário reajustado e fome de bola, Marcos criou um problemão para o técnico Marco Aurélio e para o preparador de goleiros Carlos Pracidelli. Às vésperas da estreia na Libertadores, a comissão técnica precisava escolher entre reconduzir à meta alviverde o antigo titular, recuperado da lesão no pulso, ou manter Sérgio, de performance impecável no semestre anterior – o arqueiro trintão foi o maior responsável pela conquista da Copa dos Campeões e pela excelente campanha na Mercosul, inacreditavelmente perdida no Parque Antarctica em uma derrota de virada para o Vasco por 4 a 3. Depois de muito matutar, os chefes bateram o martelo: Marcos voltaria ao posto.

Anunciada na quarta-feira de Cinzas, 28 de fevereiro, a decisão ateou fogo no Palmeiras. O queimado Sérgio disparou para todos os lados, expondo a punhalada recebida pelas costas – de fato, o discurso anterior da comissão técnica era de que o goleiro só perderia a posição por deficiência técnica ou contusão. "Estou sendo injustiçado. Eu roí o osso no ano passado, e agora que vem o filé da Libertadores fico de fora. O Palmeiras me trata de uma maneira bem diferente que o Marcos. Estou jogando muito bem, não deveria sair", desabafou, com os olhos marejados. "Goleiro aqui só saía quando

## "Toma distância Marcelinho..."

estava machucado ou atuando mal. Estou triste, decepcionado e desmotivado. Não esperava que fossem fazer isso comigo."

No meio do furacão, Marcos afirmou compreender a reação do colega. "Sei que o Palmeiras só está na Libertadores por causa do Sérgio, que fez de tudo na Copa dos Campeões e defendeu os pênaltis da decisão. E na Mercosul também foi sensacional. Ele tem todo o direito de se revoltar. Mas não contra mim, porque nossa disputa não pode ser pessoal. Estou lutando pela posição, assim como ele. Mas espero que isso não afete a nossa amizade", torceu, lembrando da relação próxima que a dupla mantinha desde 1993, quando Marcos foi morar na casa do recém-casado Sérgio, que o adotou como

*Marcos reassume a vaga no gol do Palmeiras, para desconsolo de Sérgio*

um irmão mais novo. "No lugar do Sérgio, também ficaria revoltado. Mas não tenho culpa de nada. A decisão partiu da comissão técnica", afirmou o novo dono da posição, que, neste caso, não era tão santinho assim – no início da temporada, havia reclamado da reserva e ameaçado sair caso não recuperasse a titularidade até o meio do ano.

Curiosamente, o retorno de Marcos foi o último decreto de Marco Aurélio no clube: três dias depois, na manhã de 2 de março, o treinador pediu o boné justificando que não havia mais clima para sua permanência, por conta dos constantes atritos com os jogadores. Na mesma tarde, o alviverde anunciava a contratação do gaúcho Celso Roth, ex-treinador de Grêmio, Internacional e Sport Recife. Considerado um discípulo de Luiz Felipe Scolari, para quem trabalhou como preparador físico na década de 1980, o treinador tinha o perfil linha-dura desejado pelos cartolas, já saudosos dos tempos firmes da República do Rio Grande de Felipão.

No quartel palestrino, o comandante herdaria um pelotão que não era exatamente uma maravilha. O contrato de parceria entre o Palmeiras e a Parmalat, que tantos canecos levara ao Palestra Itália, havia se encerrado oficialmente em 31 de dezembro de 2000 – a bem da verdade, nos dois últimos anos, a multinacional italiana já havia tirado meio corpo fora, levando o presidente Mustafá Contursi a mergulhar de cabeça na temível e arriscada política do bom e barato.

Ainda assim, Celso Roth conseguiu fazer uma limonada espremendo recrutas como os zagueiros Alexandre e Leonardo, os meio-campistas Lopes, Fernando e Magrão e os atacantes Juninho, Fábio Júnior e Tuta. O toque de classe veio com o retorno de Alex, que voltou de uma passagem apagadíssima pelo Flamengo. Com essa mistura, o surpreendente Palmeiras de Roth igualou a melhor campanha da história do clube em uma primeira fase de Libertadores: cinco vitórias (duas contra o Universidad, duas contra o Sport Boys

## "Toma distância Marcelinho..."

*Verdão despacha o São Caetano no início do mata-mata da Libertadores*

do Peru e uma contra o Cerro Porteño) e apenas um empate, contra os paraguaios, mesmo retrospecto da edição de 1968.

De extraordinária, porém, a equipe só teria mesmo essa arrancada. Nas etapas seguintes, o Verdão voltou a encenar uma película já conhecida de cor e salteada pela torcida – e da qual não podia exatamente se vangloriar: um deus nos acuda no tempo normal, a vaga empurrada para as penalidades máximas e a batata quente jogada nas mãos de São Marcos. Nas oitavas de final, a tática funcionou, vitimando o emergente São Caetano de Jair Picerni. Depois de perder por 1 a 0 no Anacleto Campanella, o Palmeiras devolveu o placar com gol de Muñoz no Parque Antarctica, em 16 de maio. Nos pênaltis, o Azulão errou um e o alviverde fez a quina, carimbando o passaporte para as quartas de final.

Desta vez, nada de Corinthians pela frente. O inimigo a ser encarado era ainda mais íntimo: Felipão e seu Cruzeiro.

O primeiro encontro, em São Paulo, terminou em um emocionante empate por 3 a 3, com todos os gols do Palestra marcados por

Lopes. No Mineirão, em 30 de maio, depois de estar duas vezes em desvantagem no placar, o time de Celso Roth não parou de correr atrás do prejuízo. Como recompensa, Arce e Alexandre marcaram e forçaram outra disputa de pênaltis. E aí Marcos teve de trabalhar como nunca para compensar a mira descalibrada dos companheiros Galeano, Felipe e Alex – que inclusive já havia perdido uma penalidade no tempo normal. Em uma noite heroica, o santo defendeu três tiros, de Luisão, Ricardinho e Marcos Paulo, e ainda viu Jackson isolar sua cobrança. Placar final, 4 a 3 para o Verdão.

Ficou nítido que a reputação de Marcos atormentou e atrapalhou os jogadores da Raposa: antes da sétima e última série, Oséas balançava o indicador da mão direita avisando que não bateria nem por decreto do presidente. Marcos Paulo, então, foi praticamente empurrado pelos companheiros para a marca da cal. E deu no que deu. "É bom sentir que eu imponho respeito aos cobradores dos times adversários nos pênaltis. Eu sou grande, tenho 1m93, o gol fica pequeno para os cobradores. A minha fama de catador de pênaltis também ajuda. Consegui ajudar o Palmeiras a chegar à semifinal, ótimo. Mas quero acabar com essa história de me chamar de santo, de herói, essas bobagens. Porque assim eu passo a ter a obrigação de fazer o Palmeiras ganhar todas as decisões por pênaltis, e isso não existe", declarou ao *Jornal da Tarde* de 1º de junho.

Certamente não existia – tanto que, nas semifinais, o clube caiu nas penalidades, novamente diante do Boca Juniors, depois de empates por 2 a 2 na Bombonera e no Palestra Itália. (No jogo de Buenos Aires, é preciso registrar, o alviverde só não saiu com a vitória devido à escandalosa arbitragem do colombiano Ubaldo "Roubaldo" Aquino, que estabeleceu um novo padrão em pilhagem dentro da cancha.)

Sem esconder a decepção, Marcos, com a sinceridade e a língua solta de sempre, detonou a equipe. "Time que não ganha de

*Disputas de pênaltis na Libertadores, um filme reprisado demais pelo Palmeiras*

ninguém não merece mesmo ser campeão. Levamos a decisão para os pênaltis contra São Caetano, Cruzeiro e Boca Juniors. Sabia que um dia a casa cairia", disparou, no *Diário Popular* de 15 de junho. Uma conversa com o argentino Juan Román Riquelme, durante o exame antidoping, deixou o arqueiro ainda mais tiririca. "Ele me disse que o Córdoba tinha a fita de todas as cobranças de pênaltis do Palmeiras nas Libertadores de 1999, 2000 e 2001. O goleiro do Boca tem essa arma, pois o Palmeiras sempre está decidindo nos pênaltis. Eu não tenho."

Para refrescar a cuca, Marcos pediu dispensa da reapresentação do Verdão – queria ir até Oriente visitar os pais e descansar. E era bom que recarregasse mesmo as baterias, pois, na volta, outro tipo de pedreira internacional o esperava.

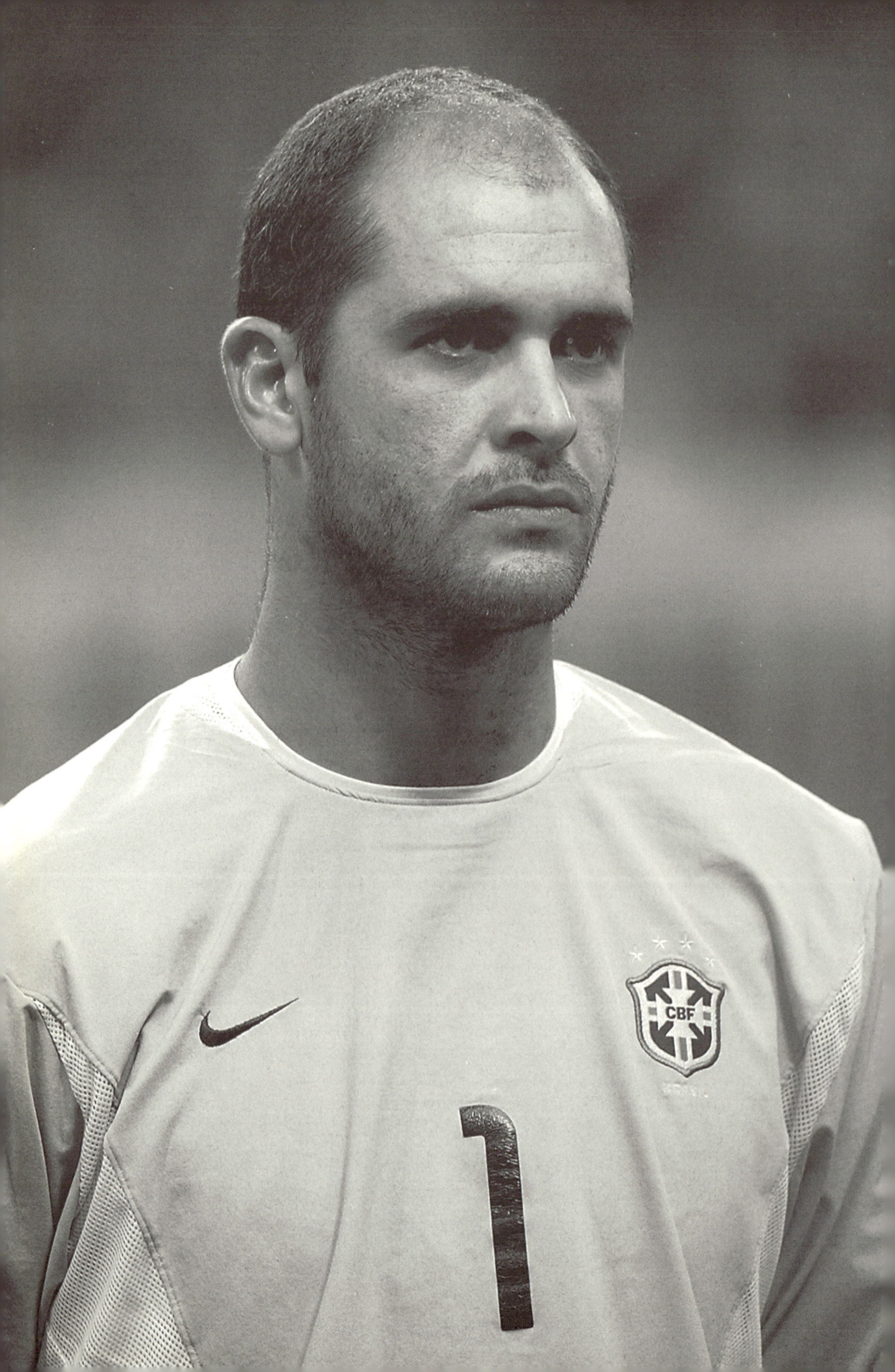
CBF
1

# 10

# No topo do mundo

Depois da queda nas quartas de final dos Jogos Olímpicos de Sydney diante de Camarões, em setembro de 2000, a Confederação Brasileira de Futebol havia mandado Wanderley Luxemburgo para o olho da rua – completando o inferno astral do treinador, já atormentado por problemas com a Receita Federal e polêmicas na vida pessoal. As primeiras opções do presidente Ricardo Teixeira eram Luiz Felipe Scolari e Carlos Alberto Parreira, que polidamente recusaram o convite. Tudo indicava que o posto cairia no colo de Levir Culpi, mas, em 19 de outubro, o coordenador técnico da Seleção Brasileira, Antônio Lopes, oficializou Emerson Leão, então no Sport Recife, como novo comandante da Seleção Brasileira.

◄ *Concentrado para a batalha contra os turcos, na semifinal da Copa do Mundo de 2002*

Longe de ser uma unanimidade, o ex-goleiro do Palmeiras não teve vida fácil. Optando por convocar figuras como o volante Leomar e o goleiro Bosco, e ignorando talentos do quilate de Cafu e Roberto Carlos, Leão acabou atravessando o samba. Em 28 de março de 2001, o Brasil perdeu por 1 a 0 para o Equador, em Quito, pelas eliminatórias; no jogo seguinte, dia 25 de abril, empate no Morumbi em 1 a 1 contra o fraquíssimo Peru – e uma enxurrada de vaias ao treinador, o que, se tratando da torcida paulista, não era exatamente nenhuma novidade.

Um mês depois, a Seleção partia para a Copa das Confederações, no Japão e na Coreia do Sul, e Leão, diante da dificuldade de convocar os atletas envolvidos na reta final das competições do primeiro semestre, costurou um acordo com a CBF: levaria um time B para o Oriente e chamaria força máxima apenas para o duelo contra o Uruguai, pelas eliminatórias, no começo de julho, tendo assim dez dias de preparação com a equipe principal. O treinador só não podia imaginar que seus comandados fossem fazer tamanho papelão. Na primeira fase, péssimas atuações renderam uma vitória contra Camarões e dois horripilantes empates em zero contra Canadá e Japão. Na semifinal, a Seleção melhorou, mas sucumbiu diante da França, 2 a 1. Restava então a disputa do terceiro lugar, contra a quase café com leite Austrália. Pois a Seleção conseguiu perder: 1 a 0 em 9 de junho. Diante dessa aberração, de nada adiantou o pacto firmado com a cúpula da CBF. Dois dias depois da derrota, quando a delegação preparava-se para embarcar de volta para o Brasil, no aeroporto de Narita, no Japão, Antônio Lopes avisava Leão de sua demissão.

O primeiro nome da fila de desejos da Confederação Brasileira de Futebol continuava sendo Luiz Felipe Scolari – e, desta vez, o gaúcho achou que havia chegado a hora de dizer sim à Seleção. Em 12 de junho de 2001, Dia dos Namorados, o ex-técnico do Cruzeiro foi apresentado oficialmente na Casa da CBF, em Brasília, exigindo uma relação mais sentimental com a amarelinha. "Quem quiser veste a camisa e vem comigo. Quem não quiser pode ficar fora. Tem que ter amor. É preciso jogar futebol com amor", afirmou o cupido verde-amarelo, que logo de cara já definiu o perfil de seu grupo de trabalho. "Será uma seleção de jogadores experientes, que não caem em armadilhas, que não cometem exageros, mas não são bobos. Anjinho só tem no céu."

Na terra, Felipão fecharia com o santo.

♛

**Em que pese** ter sido chamado regularmente por Luxemburgo para a Seleção, Marcos só havia entrado em campo com a camisa do Brasil uma única vez, em um esvaziado amistoso na Espanha, em 1999. Isso porque os cartolas da CBF, verdadeiros gênios do calendário, haviam marcado duas partidas em datas praticamente coincidentes – dia 13 de novembro contra a Fúria, em Vigo, e dia 14 contra a Austrália, em Sydney. Reforçada por Luxemburgo e por Ronaldo, principal atração do circo canarinho, a Seleção Pré-Olímpica foi escalada para representar o país do outro lado do mundo. Já o time principal viajou para a Península Ibérica sob a tutela do técnico assistente, Candinho. Disputado no estádio Balaídos, o morno duelo terminou em 0 a 0, sem grandes emoções exceto as bolas na trave de Raul e Marcos Assunção, ambas na segunda etapa.

No reinado de Leão, Marcos só foi lembrado em duas convocações, para os jogos das eliminatórias contra Equador e Peru. A experiência não foi exatamente agradável: além de ter de esquentar o banco de Rogério Ceni, o palmeirense ainda arrumou enguiço com a comissão técnica. Na preparação para a segunda partida, o treinador e seu preparador de goleiros, Pedro Santilli, pegaram bastante no pé de Marcos, que, irritado, rugiu de volta. "Todo mundo sabe que o Leão foi um grande goleiro. Ele entende da posição, mas não concordei quando ele disse que eu estava me jogando no chão antes da finalização dos atacantes. Eu apenas afirmei ao Leão que essa saída do gol vinha dando certo no Palmeiras, e por isso eu tinha sido convocado por ele", explicou ao *Diário Popular* de 27 de abril. "Se ele é uma pessoa de personalidade, tem de respeitar quem também tem personalidade." Como Leão foi sacrificado pela CBF logo em seguida, não houve tempo de saber se o ex-chefe tinha a mesma opinião.

Quando Felipão apoderou-se do cargo e anunciou Carlos Pracidelli como treinador de goleiros, Marcos sentiu que sua hora havia chegado. A primeira lista do sargentão confirmou as expectativas do palmeirense – e de boa parte dos velhos conhecidos do treinador, que chamou para o jogo contra o Uruguai, em Montevidéu, oito jogadores que já haviam trabalhado com ele, fosse no Grêmio, no Palmeiras ou no Cruzeiro. "Eles me deram a chance de estar na Seleção. Vou dar a chance a eles de ir à Copa", declarou, prenunciando a implantação da Família Scolari também na Granja Comary.

Antes de pensar em Copa, porém, Marcos queria se consolidar como referência do treinador para a camisa 1. "Na época do Luxemburgo, o Dida atuou em vários jogos pela Seleção. Na do Leão, foi a vez do Rogério. Com o Felipão, eu tenho a minha chance", confessou ao *Estado de S. Paulo* de 1º de julho, data do jogo contra a Celeste Olímpica, encarado pelo palmeirense como sua verdadeira estreia no quadro nacional. "Eu me considero um iniciante na Seleção porque contra a Espanha foi uma partida amistosa."

Diante de 60 mil alucinados espectadores no Estádio Centenário, o Brasil perderia para o Uruguai por 1 a 0, gol de pênalti de Magallanes. Torcida e imprensa criticaram com veemência a atuação do time, provocando um desabafo de Marcos no retorno ao país. "Está todo mundo metendo o pau, mas é hora de dar moral aos jo-

*Canarinho assado: Marcos estreia nas eliminatórias com derrota para o Uruguai*

gadores. Se ficarmos de fora, os torcedores não vão poder se reunir para ver os jogos, pintar a bandeira brasileira nas ruas... E o que a imprensa vai fazer na Copa? Meter o pau nas outras seleções e fazer cobertura da Bulgária?", provocou. "O povo disse que o Uruguai jogou uma maravilha de futebol, mas se nós jogássemos assim em casa, seríamos vaiados durante os 90 minutos. O Recoba, que foi muito elogiado, deu dois chutes a gol. Num deles a bola foi parar na arquibancada." Como bom soldado, o goleiro também saiu em defesa de Scolari. "Deixaram a seleção atolar e pediram para que ele a tirasse da lama. Só se for com um jipe. Querem que treine o time em 15 dias e ganhe os últimos seis jogos das eliminatórias?"

Certamente, vencer os seis últimos jogos das eliminatórias seria pedir muito – mas esperar uma boa performance na Copa América não tinha nada de extraordinário.

**Programada para o mês** de julho na Colômbia, no ápice da guerra contra o narcotráfico que aterrorizava o país, a competição continental por um triz não foi cancelada. O medo da violência levou alguns clubes a não liberar seus atletas – Élber e Lúcio, respectivamente do Bayern de Munique e do Bayer Leverkusen, tiveram de ser substituídos por Guilherme, do Atlético Mineiro, e Luisão, do Cruzeiro. A maior ausência, contudo, foi a da Argentina. Assustados, os *hermanos*, assim como o Canadá, preferiram não tomar parte no torneio – que transcorreria sem nenhum incidente no quesito segurança.

"O clima aqui é ótimo, bem diferente do que eu esperava. Somos bem tratados no hotel e pelo povo colombiano, que vive sorrindo", declarou Marcos, totalmente à vontade em Cali, ao *Diário Popular* de 15 de julho. Só o futebol da Seleção ainda estava macambúzio. A equipe começara o torneio com o pé esquerdo, perdendo para o México por 1 a 0 no dia 12, e chegava ao jogo contra o Peru pressionada por uma sequência de quatro derrotas consecutivas – duas com Leão, duas com Scolari –, a pior série negativa dede 1921. Para alívio geral da nação, Guilherme e Denílson marcaram e deram uma folga ao time, que só precisaria de um empate na partida seguinte, contra o Paraguai, para passar às quartas de final. Pois o Brasil fez 3 a 1 em uma partida emocionante, indefinida até o finalzinho – Belletti desempatou aos 44 do segundo tempo e Denílson completou aos 47.

Parecia que a Seleção havia finalmente incorporado o espírito guerreiro e brigador tão invocado pelo treinador. O sargentão, aliás, na tentativa de dar o exemplo aos atletas, havia passado do ponto e causado sua expulsão contra os paraguaios, por insistir em reclamar com o árbitro argentino Ángel Sánchez. Inacreditavelmente, o auxiliar técnico Murtosa manteve a toada e também foi convidado a se retirar. Com a dupla de bigodes suspensa, Antônio Lopes assumiu o banco nas quartas de final contra Honduras, no estádio Palogrande, em Manizales, servindo de intermediário entre Felipão e os atletas. Mas o dia 23 de julho de 2001 ficaria marcado em vermelho nos livros de história do futebol brasileiro.

Com um gol contra de Belletti, depois de uma saída em falso de Marcos, e um de Martínez, os detentores do título continental acabaram eliminados de forma vexatória pela potência da América Central. A derrota fez o goleiro, que durante todo o torneio cobrara maior atenção à parte defensiva, cornetar sem dó nem piedade a Seleção – os dois gols foram sofridos justamente quando Scolari mudou do esquema 3-5-2, com três zagueiros, para o tradicional 4-4-2. "O Brasil não pode perder para Honduras. Como todo brasileiro, estou muito triste e envergonhado. Esperava pelo menos chegar à final. Sabemos que hoje em dia não há partida fácil, mas não podemos perder do jeito que a gente jogou. Levamos dois gols, mas poderíamos ter tomado mais. Temos de assumir a responsabilidade e ver o que se pode fazer para melhorar. Foi um desastre", disparou, ainda na Colômbia.

Na volta a São Paulo, com a cabeça mais fresca, Marcos fez um diagnóstico preciso dos problemas enfrentados pelo futebol brasileiro. "Estamos em um momento fraco tecnicamente. O time não é forte e sofre uma pressão terrível para conseguir bons resultados. Não existe essa história vazia de futebol tetracampeão do mundo. A Seleção Brasileira atual não pode ser vista como um fenômeno que não é. Vamos ser realistas e lutar com as nossas reais possibilidades. Tradição só não adianta. Se não assumirmos uma postura humilde, poderemos ficar fora da Copa", afirmou ao *Jornal da Tarde* de 26 de julho. A receita do goleiro era abandonar a obsessão pelo futebol bonito: o melhor ataque era mesmo a defesa. "Chega de dar a cara para bater. Quando nós vamos jogar com qualquer seleção, eles colocam dez atrás e nós, como se tivéssemos o melhor time do mundo, atacamos de qualquer maneira, tomamos contragolpes e perdemos. Isso só vai mudar se as pessoas tiverem coragem de assumir que o Brasil do Pelé acabou. É duro e triste, mas acabou. Se a gente não se defender como os outros, perde. Antes o Brasil tomava dois, mas fazia cinco. Agora, quem faz os cinco? Ninguém."

☙

**Novamente promovido** a inimigo público número 1 depois do colapso de Manizales, Luiz Felipe Scolari tinha, nas eliminatórias para a Copa do Mundo de 2002, mais cinco jogos. Em quarto lugar na tabela, com 21 pontos, atrás de Argentina (32), Paraguai (26) e Equador (25), o Brasil precisava ao menos manter o posto para garantir a última das vagas diretas, sem passar pela repescagem contra o representante da Oceania. Uruguai, também com 21 pon-

*Olho na bola: Felipão e Marcos concentrados na véspera do jogo contra a Venezuela*

tos mas atrás nos critérios de desempate, e Colômbia, com 19, estavam nos calcanhares da Seleção. Sem entrar no desespero e na histeria da torcida e da imprensa, a comissão técnica não via motivos para alterar o plano de voo. Na ótica dos comandantes, desde que vencesse os jogos em casa, contra Paraguai, Chile e Venezuela, a classificação não estaria em perigo, mesmo com derrotas fora diante de Argentina e Bolívia.

E realmente foi o que aconteceu. O Brasil bateu o Paraguai por 2 a 0 em Porto Alegre, perdeu para a Argentina por 2 a 1 em Buenos Aires, venceu o Chile por 2 a 0 em Curitiba e tomou de 3 a 1 nos píncaros de La Paz. Nesta partida, Marcos, enganado pelo ar rarefeito que empurrou para o gol o balão de Baldivieso em cobrança de falta, saiu-se com uma curiosa desculpa. "É como enfrentar o time das cavernas na caverna. Eles vão ganhar sempre", definiu, no *Diário de S. Paulo* de 9 de novembro. De qualquer forma, como previsto por Felipão, a Seleção chegava à última rodada das eliminatórias precisando apenas vencer a fraca Venezuela, em São Luís, para carimbar o passaporte para o Mundial. Os 75 mil espectadores que lotaram o Castelão no dia 14 de novembro de 2001 nem chegaram a sofrer: com dois gols do centroavante Luizão, aos 12 e aos 19 minutos, e um de Rivaldo, aos 35, o Brasil liquidou a fatura já no primeiro tempo. Depois de dois anos, três técnicos, 59 jogadores, nove vitórias, seis derrotas e três empates, a Seleção saía do Maranhão com a classificação para a Copa do Mundo assegurada. Aleluia.

Nos seis meses que separavam o fim das eliminatórias do começo do Mundial de 2002, Marcos, já com a certeza de ter conquistado a confiança da comissão técnica, ainda teria de matar outro leão. "Sei que existem pessoas que dizem que só sou titular porque o Luiz Felipe trabalhou comigo no Palmeiras por três anos. Eu sei que não é isso, mas preciso provar dentro do campo que não sou 'filho do homem'", explicou ao *Jornal da Tarde*. "Inclusive já falei com o Luiz Felipe e com o Pracidelli que eles não têm obrigação de me chamar só porque somos amigos. Os dois falaram para eu parar com bobagem e jogar."

A comissão técnica, claro, tinha preocupações mais reais nos primeiros meses da temporada. Xingado de burro para baixo pela não convocação de Romário, em fase esplendorosa no Vasco da Gama, Felipão desdobrava-se para escapar do barulhento e populoso *lobby* pró-Baixinho, que colocava no mesmo barco, entre outros nomes, Ricardo Teixeira, Pelé e até o presidente da República, Fernando Henrique Cardoso. A teimosia de Scolari tinha origem em uma mal explicada atitude de Romário após o jogo contra o Uruguai: o camisa 11 solicitara dispensa da Seleção na Copa América para realizar uma cirurgia na pálpebra, mas desistiu da operação e viajou com o clube carioca para uma série de amistosos no México. Foi o suficiente para o craque cair em desgraça com o sargentão, que o considerou pouco comprometido com a amarelinha e o riscou de forma definitiva e irrevogável de sua lista.

Assim, Felipão reservava todas as suas fichas para uma aposta de risco na Copa do Mundo. Enquanto muitos já davam como acabada a carreira de Ronaldo Luís Nazário de Lima, depois da lesão que chocou o mundo em abril de 2000 – a imagem do tendão patelar do joelho direito do atacante da Internazionale de Milão desintegrando-se diante das câmeras só não foi mais comovente que a do choro do menino de Bento Ribeiro, caído no gramado –, o treinador da Seleção esperava silenciosamente a recuperação do Fenômeno para entregar-lhe a camisa 9 canarinho. Ronaldo voltara aos campos em julho de 2001, mas, fisicamente ainda um tanto instável, disputou apenas uma dúzia de jogos até o final do ano, quando sofreu nova contusão muscular. Em 2002, o centroavante ainda não havia sido escalado nenhuma vez por Héctor Cúper, técnico do time italiano, quando Scolari o chamou para o amistoso contra a Iugoslávia, em 27 de março, com base no veredito do médico da Seleção, José Luiz Runco. "Pelo doutor, o Ronaldo tem todas as condições de jogar os 90 minutos. Se o Ronaldo jogar ou não na Inter, ele vem ao Brasil para fazer parte do grupo. Nós não temos um tempo longo para esperar a Inter decidir pela escalação do jogador."

Nos 45 minutos que esteve em campo contra os iugoslavos, em Fortaleza, o craque mostrou fome de bola e um excelente entrosamento com Ronaldinho Gaúcho – insinuando nova edição da dupla Ro-Ro, antes composta por Ronaldo e Romário. Na segunda etapa, Luizão substituiu o Fenômeno e fez o gol da vitória aos 26 do segundo tempo. Em 17 de abril, no último amistoso antes da convocação para a Copa, empate em 1 a 1 contra Portugal em Lisboa, Felipão voltou a escalar a dupla, que se mostrou ainda mais promissora com o retorno de Rivaldo – o astro do Barcelona vinha sofrendo com problemas nos joelhos, mas também recebeu o aval do médico da Seleção.

Antes de anunciar a lista definitiva para o Mundial, o treinador declarara que 90% dos atletas selecionados já haviam sido relacionados nos dois últimos amistosos da Seleção. De fato, no dia 6 de maio, quando o comandante divulgou seu exército para o mundial, praticamente não houve surpresas. Romário ficou de fora, assim como Djalminha, que dera uma cabeçada no técnico de seu clube cinco dias antes e passou a ser visto como carta fora do baralho de Luiz Felipe Scolari. Para a suplência de Marcos e Dida, assegurados desde a primeira hora, o escolhido foi Rogério Ceni, que saiu vitorioso do duelo pela vaga com Júlio César, do Flamengo.

O palmeirense assistiu à convocação pela telinha e afirmou ter respirado aliviado quando ouviu seu nome entre os 23 eleitos. "Eu

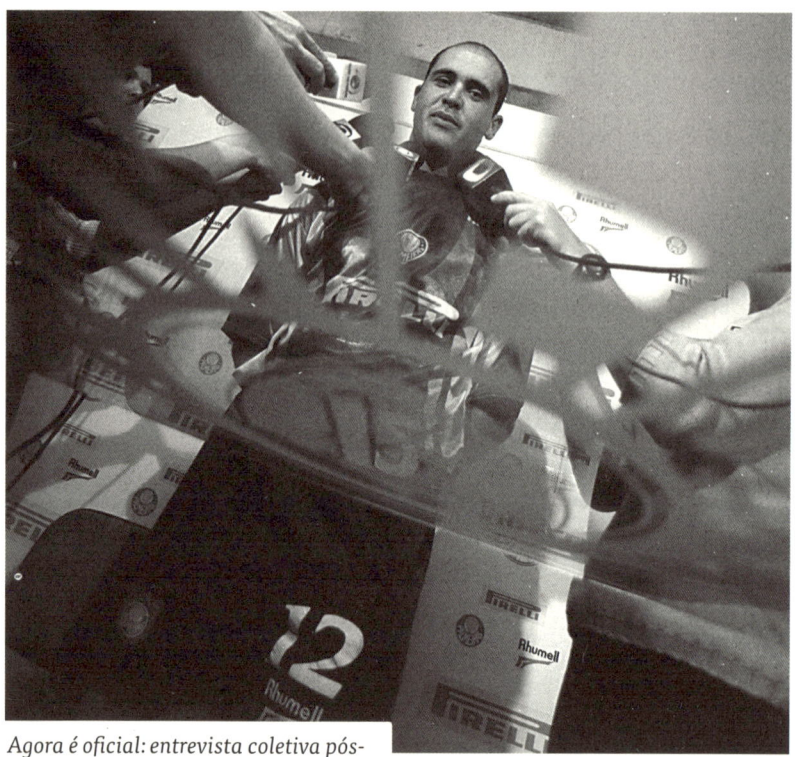

*Agora é oficial: entrevista coletiva pós-
-convocação, na Academia de Futebol*

sabia que tinha boas chances de ser chamado, mas nunca achei que estivesse garantido", declarou aos repórteres que superlotaram a sala de imprensa da Academia de Futebol. "Qualquer um dos três pode ser titular, mesmo porque teremos 20 dias para trabalhar antes da estreia."

Exceto o próprio, aparentemente, todos sabiam que a camisa 1 era do rapaz de Oriente.

♕

**Nem Zinedine Zidane**, nem David Beckham, nem Gabriel Batistuta. Quem realmente assombrava Marcos na concentração brasileira, em Ulsan, na Coreia do Sul, era o fantasma de Barbosa, goleiro da Seleção na Copa de 1950. Acusado de ter falhado no tento que deu o título do mundial ao Uruguai, o extraordinário guarda-metas do Vasco da Gama viu sua carreira desmoronar com a sumária e injusta condenação pelo *Maracanazo* – fardo cruel que carregou até o último dia de vida. "Não quero ser o Barbosa de 2002", repetia Marcos a todo repórter que desse corda. "Os inúmeros gols que o ataque perdeu passaram desapercebidos. Isso é sacanagem. E o pobre do Barbosa passou para a história como o vilão. Isso não pode acontecer comigo", preocupava-se.

Antes que seu pupilo perdesse os poucos cabelos que lhe restavam, Carlos Pracidelli achou por bem entrar na jogada e cortar a obsessão pela raiz. "Ele está dizendo uma grande bobagem. Já conversei duro com o Marcos. Coloquei fim nesta história de Barbosa. O Marcos será o grande goleiro da Copa do Mundo. Pode escrever o que estou dizendo", garantiu ao *Jornal da Tarde* de 31 de maio. "Ele nunca esteve tão bem em todos os aspectos: impulso, reflexo, saída, colocação. Às vezes, age como um menino. Quando está tenso eu o levo para um canto e sento. Peço para ele falar tudo. Então ele fala, xinga, reclama, protesta. Depois se acalma e vê que tudo que o estava deixando nervoso era bobagem."

Três dias depois, com o arqueiro já devidamente tranquilizado, a Seleção começava sua caminhada no 17º Campeonato Mundial de Futebol da Fifa. Cabeça de chave do grupo C, o Brasil enfrentaria, pela ordem, a Turquia, a China e a Costa Rica. Na estreia contra os turcos, no estádio Munsu, em Ulsan, o primeiro tempo, travado, rumava para um empate sem gols. Mas, nos acréscimos, Basturk lançou Hakan Sas na área – e Marcos nada pôde fazer contra o petardo de canhota que o carequinha desferiu do bico esquerdo da pequena área: Turquia 1 a 0. O drama só não ficou maior porque, logo aos 5 da etapa final, Ronaldo empatou depois de um centro milimétrico de Rivaldo. A perigosa igualdade se arrastou até os 42 minutos, quando o árbitro coreano e camarada Kim Young Joo assinalou pênalti em uma falta sofrida fora da área por Luizão. Rivaldo converteu a cobrança e definiu a parada: Brasil 2 a 1.

Passadas a ansiedade e as emoções do debute, a Seleção viajou a Suwon para enfrentar a China, e não teve dificuldade para transpor a porosa muralha vermelha. Placar de 4 a 0 com gols dos quatro Rs – pela ordem, Roberto Carlos, Rivaldo, Ronaldinho Gaúcho e Ronaldo.

Já classificada para a segunda fase, a equipe canarinho enfrentaria a Costa Rica sem os pendurados Roque Júnior e Ronaldinho Gaúcho, poupados por Luiz Felipe Scolari. E por pouco o time não entra com uma alteração também na meta: irritado com o corpo mole que Marcos estava fazendo em um treinamento de finalizações para os atacantes, Felipão mandou o palmeirense mais cedo para o chuveiro e colocou Dida em seu lugar no treinamento da véspera da partida. Sem medir as palavras, Marcos, que admitiu estar apenas evitando os choques ou as boladas, foi direto na justificativa e até vislumbrou uma punição. "Esse trabalho não serve em nada para mim. Os jogadores ficam tocando a bola na cara do gol e eu não tenho a menor chance", disparou para o *Diário de S. Paulo*. "Não vou me meter no trabalho do Felipão, mas tem exercícios que não me servem. Se o treinador quiser me tirar do time por isso, o que posso fazer? A decisão é dele." Sorte do goleiro que seu santo era forte: Scolari fez vista grossa para a insubordinação e manteve Marcos na equipe.

Em 13 de junho, novamente em Suwon, o Brasil abriu 3 a 0 contra o selecionado da América Central ainda no primeiro tempo. Tudo indicava novo passeio verde-amarelo – só faltou combinar com os costa-riquenhos, que aos 11 do segundo tempo já haviam descontado para 3 a 2 e estavam novamente no jogo. A Seleção, então, despertou e tratou de garantir o placar: 5 a 2, em

*O aranha negra de Oriente em ação contra a Costa Rica, na primeira fase da Copa*

uma movimentada partida na qual o esquema de três zagueiros de Felipão foi muito criticado. Desta vez, Marcos, com a cabeça no lugar, saiu em defesa do treinador, isentando os beques de culpa e afirmando que os gols sofridos nasceram do relaxamento da marcação no setor ofensivo. "A culpa não foi dos zagueiros. Na verdade, só tínhamos quatro jogadores marcando, que foram o Lúcio, o Edmílson, o Anderson Polga e o Gilberto Silva. Os demais só queriam atacar. Se continuar assim, não há zagueiro que resista", explicou ao final da partida.

O camisa 1 só perdeu a paciência quando um repórter perguntou sobre suas supostas falhas na reposição de bola. "Só faltava essa. Vocês criticam tudo, sempre estão olhando para o lado negativo. É demais. Não quero mais ser brasileiro, na próxima encarnação vou pedir para nascer americano."

♛

**Para desgosto dos críticos,** ao término da fase de grupos a Seleção ostentava a melhor campanha entre os 32 participantes – e os pupilos de Scolari ainda quebraram o recorde de gols de um selecionado canarinho nessa etapa, com 11 tentos. Enquanto bichos-papões incensados pela imprensa, como Argentina, França e Portugal, já voltavam para casa, o Brasil avançava rumo ao Japão para disputar o mata-mata.

Em Kobe, no dia 17 de junho, o duelo das oitavas de final seria contra a Bélgica, na teoria uma força de segunda linha na Europa. Porém os comandados de Robert Waseige decidiram mostrar que, na prática, a história era outra. Os diabos vermelhos infernizaram a defesa brasileira desde o apito inicial – na primeira volta do ponteiro, Mpenza tentou encobrir Marcos com um chute traiçoeiro da ponta direita, bem desviado para escanteio. Boas chances foram desperdiçadas por ambos os lados, e o 0 a 0 permaneceu até o intervalo.

No segundo tempo, o capitão Marc Wilmots, que na etapa inicial tivera um gol aparentemente legal anulado pelo árbitro jamaicano Peter Prendergast, seguia inspirado. Aos sete minutos, disparou da intermediária no canto esquerdo: Marcos voou e tirou com a pontinha dos dedos. Dez minutos depois, o endiabrado camisa 7 limpou dentro da área e colocou no canto direito, para difícil defesa de mão trocada do camisa 1 canarinho. Sem conseguir vencer a muralha verde, a Bélgica começou a perder o ímpeto – e Rivaldo, aos 22 do segundo tempo, aproveitou para abrir o placar com um belo tiro de canhota de fora da área. A partir daí, o Brasil controlou as ações, sacramentando o placar de 2 a 0 e a passagem para a próxima fase com um tento de Ronaldo, aos 42.

"Eu já tive boas partidas na seleção, então não sei se essa foi a melhor. Difícil é um goleiro se destacar no meio de tantos craques", declarou o elogiado Marcos, que não se cansou de explicar sua principal intervenção aos repórteres. "Foi aquela batida no canto esquerdo. A bola quicou na minha frente e eu tive de me esticar todo para fazer a defesa. Meu ombro gemeu para chegar naquela bola." O camisa 1 venceu o duelo contra Marc Wilmots, mas este ganharia para sempre a admiração do santo – em entrevista à revista inglesa *FourFourTwo*, anos mais tarde, Marcos selecionaria o esforçado belga como um dos três atacantes mais perigosos que já havia enfrentado em sua carreira, ao lado dos fora de série Romário e Ronaldo. Por essa, convenhamos, nem a mãe de Wilmots esperava.

♛

**Adversária do Brasil** nas quartas de final, a Inglaterra alinhava, pela primeira vez desde 1970, uma equipe com potencial para ganhar a Copa do Mundo. Treinados pelo sueco Sven Goran Eriksson e liderados por David Beckham e Michael Owen, os britânicos chegavam ao grupo dos oito melhores do mundo credenciados por resultados expressivos. Os Leões haviam ficado à frente da Alemanha nas eliminatórias (com direito a um massacre de 5 a 1 no Estádio Olímpico de Munique, em setembro de 2001), triunfado contra a Argentina na primeira fase da Copa (resultado que acabou eliminando os *hermanos*) e sapecado um convincente 3 a 0 na Dinamarca nas oitavas. Esperança era o que não faltava na terra da Rainha.

Em 21 de junho, com o uniforme azul pela primeira e única vez na Copa, a Seleção começou muito mal, presa fácil para a feroz marcação dos Leões europeus. Aos 23 minutos, a situação ficou pior: Lúcio se atrapalhou com a bola e deixou o caminho livre para Owen marcar, tocando por cima na saída de Marcos. Diante do ânimo inglês, descer para o vestiário com apenas 1 a 0 nas costas já seria lucro para o Brasil. Mas, já nos descontos, dois craques fizeram em um minuto o que o time não havia feito em 45. Ronaldinho Gaúcho arrancou pelo meio, pedalou e serviu Rivaldo, que com um toque de sinuca colocou no cantinho direito de David Seaman. 1 a 1.

O empate caiu do céu – assim como o gol da virada, este literalmente. Aos 5 da segunda etapa, falta pela direita. Enquanto atacantes e defensores se engalfinhavam pela melhor posição dentro da área, Ronaldinho viu o goleiro adiantado, posicionado para o cruzamento, e resolveu bater direto. Obediente, o balão viajou pelo alto, encobriu Seaman, encontrou o ângulo e se aconchegou na rede. Brasil 2 a 1. *Next, please* – ou melhor, que venha o próximo.

(Solidário, Marcos abonou a falha do colega britânico. "Foi um gol parecido com o que eu sofri nas eliminatórias, contra a Bolívia. A bola às vezes pega uma corrente de vento e muda a trajetória. Ele previu um cruzamento e se deu mal. Foi um sopro de Deus que ajudou o Brasil.")

O próximo seria novamente a Turquia, que derrubara no mata-mata o Japão e o Senegal. Dois dias antes do duelo, marcado para 26 de junho, o camisa 1 deu um susto na comissão técnica durante um treino em Saitama. Atingido na coxa em um choque com o lateral Belletti, Marcos ficou por cinco minutos estirado no gramado. Tentou se levantar e desabou novamente, só conseguindo se retirar com a ajuda do médico Rodrigo Lasmar. A cena foi forte, mas, depois de submeter o atleta a um exame, José Luiz Runco tranquilizou a todos. "Não foi grave. A tendência é a pancada virar um edema, mas nossa expectativa é de que ele treine normalmente amanhã." Foi o que aconteceu.

Como na estreia do torneio, os bravos otomanos venderam caríssimo a derrota. Ameaçada apenas no contra-ataque, a Seleção criou um caminhão de chances, e só não marcou na etapa inicial porque o excelente goleiro Rüstü estava em dia de São Marcos, pegando tudo e mais um pouco. Aos 4 do segundo tempo, porém, Ronaldo entrou pela esquerda e, à la Romário, deu um inesperado biquinho que derrubou a fortificação turca. O 1 a 0 bastou. Agora, só restava a Alemanha, na decisão da Copa do Mundo – a Alemanha e seu monstruoso goleiro.

♛

**Defensores das metas** dos finalistas, Marcos e Oliver Kahn só tinham mesmo em comum o número 1 na camisa. De resto, nada mais parecia os aproximar. Dentro de campo, o brasileiro preferia a serenidade, o coletivo e a discrição; o alemão cultivava a agressividade, o personalismo e a cólera como forma de motivação. Um já estava praticamente careca, enquanto o outro ostentava uma viçosa juba amarela. São Marcos era religioso e carregava consigo escapulários com imagens sagradas; King Kahn, o cético gorila albino, mordeu a mão da última pessoa que tentou lhe empurrar um amuleto do gênero. Apesar das diferenças de estilo, o desempenho dos dois no torneio era igualmente sólido – ambos estavam entre os 33 jogadores que o Grupo de Estudos Técnicos da Fifa, antes da semifinal, selecionou como os melhores da competição.

Mas enquanto Felipão tinha Rivaldo, Ronaldo, Ronaldinho Gaúcho, Roberto Carlos e Cafu – também na relação da Fifa –, o germânico Rudi Völler, sem poder contar com o suspenso Michael Ballack, apoiava-se em Kahn para liderar a batalha contra os canarinhos. "Ele tem a importância que atletas de linha têm para outras seleções, como Zidane para a França e Rivaldo e Ronaldo para o Brasil", declarou o treinador, cuja equipe surpreendeu até mesmo os conterrâneos ao registrar uma até então irrepreensível campanha de cinco vitórias e um empate. Não por coincidência, com apenas um gol sofrido nos seis jogos, Oliver Kahn era o principal favorito para ficar com o troféu

Yashin, oferecido pela Fifa ao melhor arqueiro da competição. Marcos, vazado em quatro oportunidades, garantia que não ligava para o prêmio. Perguntado sobre a honraria, ao final do penúltimo treinamento para a final, disparou: "Não vim aqui para ser o melhor goleiro, e sim para não ser o pior. O que eu quero é ser campeão."

Maiores vencedores da história das Copas até então, Brasil, com quatro títulos, e Alemanha, três, jamais haviam se enfrentado em um Mundial. Quis o destino que o primeiro duelo acontecesse justamente em uma finalíssima, para uma audiência estimada de 1,5 bilhão de pessoas, ou 25% da população do planeta – sonho de qualquer jogador, mas, ao mesmo tempo, pesadelo para quem não queria repetir a fábula de Barbosa. "A posição de goleiro é muito difícil e ingrata. Ainda podemos não vencer a final e a responsabilidade da derrota cair toda nas minhas costas. Mas Deus tem me ajudado até agora", confessou ao *Diário de S. Paulo* de 27 de junho. Especialista em penalidades, o palmeirense jurava que torcia para a decisão não chegar a esse ponto. "Vamos tentar vencer o jogo no tempo normal. Espero não ir para os pênaltis. É muita emoção. Desde o momento em que fui convocado, mandei comprar um monte de calmante para meus pais. Eles sofrem muito. Não é fácil ser pai e mãe do goleiro da Seleção."

Estádio Internacional, Yokohama, 30 de junho de 2002. A hora da verdade para a Família Scolari, representada em campo por Marcos; Lúcio, Edmílson e Roque Júnior; Cafu, Gilberto Silva, Kléberson, Ronaldinho Gaúcho e Roberto Carlos; Rivaldo e Ronaldo. O primeiro tempo pertenceu todo ao Brasil, que pressionava a Alemanha no campo de ataque. Ronaldo desperdiçou boas chances aos 18 e aos 29 minutos, mas foi Kléberson quem deu o maior susto em Kahn: faltando um minuto para o fim do primeiro tempo, o meia chutou colocado de fora da área e a bola explodiu no travessão. No último lance antes do apito do árbitro italiano Pierluigi Collina, o grito de

*Família Scolari: titulares brasileiros perfilam-se na final contra a Alemanha*

gol ficou entalado na garganta, com a bomba de Ronaldo da marca dos 11 metros defendida pela perna esquerda do gigante alemão.

Na volta do intervalo, os germânicos resolvem aparecer para o jogo. Logo aos dois minutos, Edmílson desvia para escanteio uma perigosa cabeçada de Jeremies. E, aos três, vem a maior intervenção do goleiro na partida – e, de acordo com o próprio, em toda a Copa.

Lúcio faz falta em Schneider, a cerca de 30 metros da meta brasileira. Neuville toma longa distância para a cobrança. Marcos arma o muro com Edmílson, Rivaldo e Ronaldinho Gaúcho. O camisa 7 alemão pega de três dedos e injeta muito veneno no disparo. Logo após passar ao lado de Edmílson, primeiro homem da barreira, a bola faz uma curva vertiginosa e muda completamente de trajetória, viajando para o canto esquerdo do goleiro. Voador, o palmeirense estica-se inteiro para fazer a ponte. Com o corpo na horizontal, praticamente paralelo ao chão, alcança a redonda com a pontinha dos dedos. O desvio é leve, mas suficiente para empurrá-la para a trave. Neuville, com as mãos na cabeça, se desespera com o gol que Marcos lhe tirou. "O jogador cobrou com uma curva danada. A bola saiu do meio do gol para o canto. Exigiu todo o meu reflexo. Consegui espalmar com muito sacrifício a bola para a trave", declarou ao *Jornal da Tarde*.

Depois do sufoco, o Brasil conseguiu equilibrar as ações. O prélio estava ainda completamente indefinido quando, aos 22 minutos,

Por um triz: Marcos estica-se todo e espalma para a trave o chute de Neuville

Ronaldo roubou a bola de Hamann e rolou para Rivaldo. Com sua rápida canhota, o meia dominou, ajeitou e chutou forte, rasante, mas no centro do gol, exatamente onde estava Oliver Kahn. Só que o alemão, quem diria, bateu roupa – a pelota escapou do seu peito e sobrou para Ronaldo, que, da entrada da pequena área, só empurrou para as redes. 1 a 0. Doze minutos depois, aos 34, a Seleção ampliou: Kléberson recebeu de Cafu na divisória do campo, arrancou pela direita, cortou para o meio e tocou para Rivaldo na meia-lua. O genial camisa 10 apenas abriu as pernas e deixou a bola passar, matando o zagueiro Linke e oferecendo caminho livre para Ronaldo, que não perdoou. Chute preciso no canto esquerdo de Kahn, 2 a 0.

Faltando menos de dez minutos para o final da partida, com toda a nação já celebrando, Marcos ainda fez uma defesaça no chute de virada à queima-roupa de Bierhoff, da marca do pênalti, um arremate com endereço certo que poderia ter colocado a Alemanha de volta no jogo – se tivesse entrado. Como o "se" não joga, a comemoração foi definitiva: Brasil, pentacampeão mundial de futebol. "Queria dizer a todos os brasileiros que fiquem com a imagem vencedora dessa seleção, com o carinho, o amor, a amizade. Não sou político, mas é assim que a gente vai fazer crescer o Brasil", discursou Luiz Felipe Scolari na *Folha de S.Paulo* de 1º de julho.

Marcos, por sua vez, terminava a Copa do Mundo com a sensação de dever cumprido – e, claro, aliviado por não ter se tornado o Barbosa de 2002, como tanto temia. "Foram 45 dias em que tive até pesadelo. Sonhava que estava levando gols. A cada jogo vencido, era uma etapa que passava, mas a responsabilidade aumentava. Sabia que não podia falhar de jeito nenhum para não ficar marcado, porque isso não iria prejudicar só a mim, mas toda minha família. Se eu erro, o que iriam fazer com meu filho na escola? No fim, deu tudo certo. Mas uma coisa eu digo: ainda bem que só tem Copa do Mundo de quatro em quatro anos", confessou ao *Diário de S. Paulo*.

*O caipira e o gorila: pentacampeão, Marcos consola o alemão Oliver Kahn*

Certamente movido por um sentimento de compaixão, o camisa 1 também tentou aliviar a barra de Oliver Kahn, que, na ótica do palmeirense, teria de conviver dali para a frente com a mesma sombra reservada ao arqueiro de 1950. "Não acho que o Kahn falhou. Não deu sorte, porque a bola lhe escapou dos braços. Mas ele ficará marcado agora pelo resto da vida por esse lance. Essa é a vida do goleiro. Um problema e tudo que se fez para trás é esquecido", lamentou, lembrando o que sentira na pele após a derrota para o Manchester United, também no Japão – trauma agora devidamente apagado.

Só que solidariedade tinha limite: o pentacampeão se revoltou com o fato de a Fifa ter escolhido o alemão como melhor goleiro e melhor jogador da Copa. "Achei ridículo. O Kahn fez uma Copa como eu e o goleiro de Senegal, por exemplo. O goleiro da Turquia deveria ter ganhado o prêmio. E como jogador o Ronaldo foi de longe o melhor."

Contudo, a mãe do goleiro pedia licença ao filho herói para discordar. Diretamente de Oriente, dona Antônia aplaudiu de pé a decisão do órgão máximo do futebol. "O Kahn jogou bem, sim, pois jogou a bola no pé do Ronaldinho. Ele deu um presentão para o Brasil. Por isso, aprovo sua escolha como melhor do Mundial."

Caso encerrado.

♕

**De volta ao Brasil,** na recepção que Fernando Henrique Cardoso ofereceu à delegação pentacampeã, em Brasília – mais lembrada pelas cambalhotas de Vampeta na rampa do Palácio do Planalto –, Marcos preferiu quebrar o protocolo e deixar o uniforme canarinho de lado. Durante toda a cerimônia, vestiu, orgulhoso, o manto verde palestrino. "Tudo que consegui foi graças ao Palmeiras. Nada mais justo do que prestar esta homenagem", explicou ao *Diário de S. Paulo* de 6 de julho de 2002.

No entanto, apesar de se dizer "feliz demais" com os festejos e as condecorações, o camisa 1, já experiente do alto de seus 28 anos, preferia não alimentar ilusões. "No primeiro gol que sofrer no Palmeiras, e as pessoas acharem que era defensável, serei vaiado e chamado de frangueiro. No Brasil, o sucesso termina rápido, principalmente no futebol."

Além de bom goleiro, Marcos era bidu.

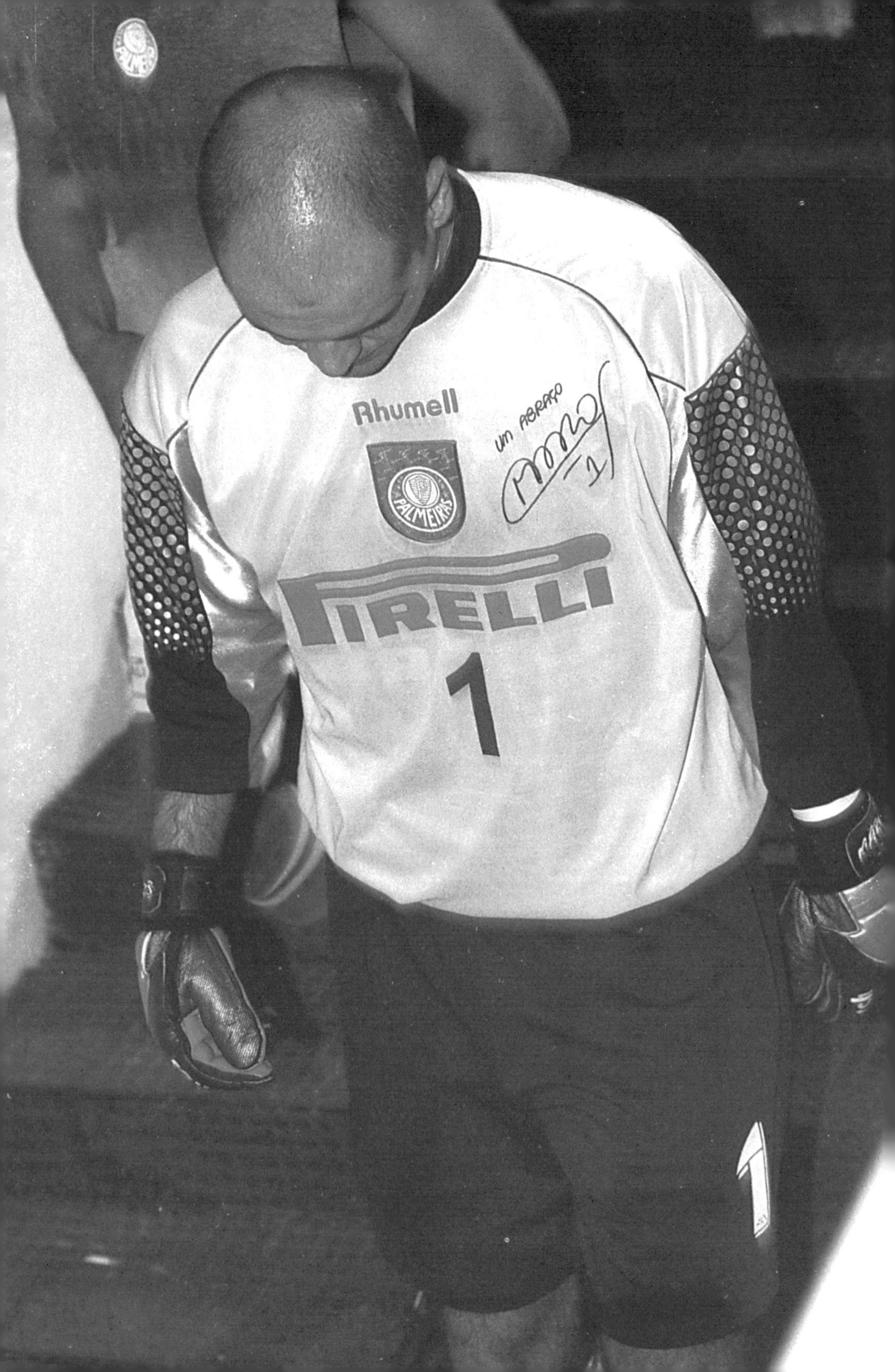

Rhumell
um ABRAÇO
PALMEIRAS
PIRELLI
1

# 11

# Desce

Depois de participar da conquista do pentacampeonato, que devolveu à tão criticada Seleção Brasileira o respeito do torcedor, Marcos retornava ao Palestra Itália em julho de 2002 com a missão de ajudar a resgatar também a confiança do palmeirense em seu time. Afinal, nos últimos dois semestres, as coisas não andavam lá muito católicas pelos lados do Jardim Suspenso.

No Brasileiro de 2001, o Verdão começou forte, se mantendo na ponta até a metade do torneio. Mas a precipitada pressão de dirigentes corneteiros e torcedores organizados sobre Celso Roth fez a equipe entrar em parafuso a partir de então. Acusado de ser retranqueiro (o que talvez fosse mesmo) e apontado como único culpado pela de-

◄ Marcos e o Palmeiras vão ladeira abaixo no Campeonato Brasileiro de 2002

sestabilidade (o que certamente não era), o treinador foi sumariamente demitido em 29 de outubro, depois que o Palmeiras caiu para a quinta colocação. O coordenador técnico Marcio Araújo ofereceu-se para segurar o rojão como interino – e, nos sete jogos restantes, o clube apanhou em seis. O melancólico 12º lugar na tabela e a perda da vaga na segunda fase mostraram quem estava com a razão.

Pensando em jogar seguro, em janeiro de 2002 a diretoria entregou o time a Wanderley Luxemburgo, que começou assim seu terceiro ciclo no clube – o primeiro, contudo, em tempo de vacas magras. De início, o discurso do bom e barato contagiou o estrategista, ele mesmo contratado por um salário inferior ao de outrora. "O futebol brasileiro passa por um momento difícil, e os atletas têm de se adaptar à nova realidade. A receita dos clubes diminuiu, e não tenho vergonha de dizer que eu me ajustei às novas condições." Mas a miserável política do escorpião no bolso logo faria seu primeiro estrago: em fevereiro, o Palmeiras foi eliminado na primeira fase da Copa do Brasil, em casa, pelo minúsculo ASA de Arapiraca, de Alagoas. O fiasco histórico tirou o alviverde da briga por uma vaga na Libertadores e colocou em rota de colisão Luxemburgo e o presidente Mustafá Contursi, que reclamara do esquema tático da equipe.

(A única alegria dos palestrinos naquele semestre veio na noite de 20 de março, durante a vitória de 4 a 2 no São Paulo. Em novo retorno ao alviverde, o meia Alex marcou um gol de placa: depois de receber um passe de Christian na entrada da área, o camisa 10 chapelou com estilo o zagueiro Émerson, chapelou com estilo o goleiro Rogério Ceni e completou de primeira para o fundo das redes. "O maior gol do mundo no Morumbi!", explodiu o narrador Oscar Ulisses, da Rádio Globo, em uma definição precisa da obra-prima do palmeirense. "Sempre que me pediam a sugestão de um gol bonito para ser reprisado em programas de TV, eu pedia aquele do Marcelinho Carioca contra o Santos, na Vila Belmiro, em que ele deu um chapéu no zagueiro e tocou na saída do Edinho. Mas, a partir de agora, o gol do Marcelinho caiu para segundo plano. Na próxima vez, lembrarei do golaço do Alex", vibrou Marcos, no *Diário de S. Paulo* de 23 de março.)

Com início em 11 de agosto, o Campeonato Brasileiro de 2002 era uma excelente oportunidade de o Verdão começar tudo do zero e fazer as pazes com a torcida. Luxemburgo aproveitou a parada da Copa do Mundo e promoveu uma grande reformulação no elenco, dispensando de uma só vez os três volantes da equipe – Galeano, Claudecir e Magrão – e apostando suas fichas no retorno de Zinho e nas contratações de Dodô e Nenê. Na estreia da competição, mais de 16 mil palestrinos compareceram ao Parque Antarctica e viram o time empatar em 1 a 1 com o Grêmio. Até aí, tudo bem. Dois dias depois, a surpresa: diante de uma proposta do Cruzeiro, que lhe oferecia o dobro do salário, Luxemburgo, já às turras com a diretoria, não pensou duas vezes e bandeou-se para a Toca da Raposa.

Para seu lugar, chegou Murtosa, o inconfundível braço-direito de Felipão, agora tentando alçar voo solo. Com as bênçãos do mestre, o auxiliar deixou a comissão técnica da Seleção e assumiu como treinador principal na terceira rodada – no segundo compromisso do campeonato, justamente contra o Cruzeiro, o Palmeiras esteve sob o comando provisório do preparador de goleiros Paulo César Gusmão, de malas prontas para acompanhar Luxemburgo em Belo Horizonte. O simpático Murtosa estreou com o pé direito, 3 a 2 sobre o São Caetano no Palestra, em 22 de agosto. Entretanto, três derrotas nos três jogos seguintes – 0 a 4 para o Atlético Mineiro, 0 a 1 para o Atlético Paranaense e 1 a 5 para o Paraná Clube – foram suficientes para o gaúcho perceber em que tipo de angu estava metendo seu bigode. Ainda em Curitiba, nos vestiários do estádio Alto da Glória, tratou de pedir demissão.

"Deixo o comando da equipe porque tenho certeza de que não conseguirei reverter o estado de apatia que tomou conta do grupo.

*Sem rumo: Luxemburgo de um lado, Palmeiras do outro*

Apesar da falta de sorte que tive devido às inúmeras contusões de jogadores importantes, nada justifica levar goleadas de equipes inferiores à nossa. Se isso aconteceu, é porque o grupo não conseguiu captar o que eu quis colocar em prática", explicou, em comunicado oficial. "Saio do Palmeiras com o coração apertado porque nunca escondi minha relação de carinho com este clube, mas é justamente por ser palmeirense que preferi sair a continuar e prejudicar ainda mais o time."

Depois de passar pelas mãos de três técnicos em seis rodadas, a batata quente alviverde foi parar nas mãos de Levir Culpi, campeão da Copa do Brasil de 1996 com o Cruzeiro e campeão paulista de

2000 com o São Paulo – época em que chegou a ser cotado para dirigir a Seleção Brasileira. E o paranaense de 49 anos, apresentado na Academia de Futebol no dia 4 de setembro, não fazia a menor ideia da encrenca em que estava se metendo. "O Palmeiras vai me projetar novamente. Sei que a partir de agora meu nome entrará nas listas de favoritos a ocupar o cargo de técnico da Seleção Brasileira", garantiu, imodesto, à *Folha de S.Paulo*.

Para isso, claro, precisava primeiro levantar o Verdão, que ocupava naquele momento a ingrata 24ª posição da tabela, à frente apenas de Bahia e Paysandu. Mas a missão não tirava o sono do comandante. "Aqui temos jogadores de alto nível técnico. Os ingredientes estão aí e não faltará vontade para mudar a situação." Alertado sobre a insana pressão da torcida, em guerra com o time e com a diretoria, se disse vacinado. "Meu pai também é um corneta. Faz parte da turma do amendoim."

No final do ano, então, Levir Culpi estaria deserdado.

☗

**Após a posse oficial,** o novo chefe partiu ao Parque Antarctica para assistir à partida entre Palmeiras e Coritiba – Karmino Colombini, treinador dos juniores, quebraria o galho e dirigiria o alviverde naquela noite. Das tribunas, Levir teve uma amostra grátis do que o esperava. Inflamada, a massa disparava tanto contra os cartolas quanto contra os atletas, que, assustados, batiam cabeça em campo – o placar de 2 a 2 pareceu um presente dos céus. Marcos não tapou o sol com a peneira e admitiu a péssima fase do Verdão. "O time foi muito mal. Não merecemos mesmo vencer. Mais uma vez demos vexame diante da torcida."

No jogo seguinte, contra o Gama no feriado de 7 de setembro, o novo técnico estreou no banco de reservas, mas não mudou o resultado – depois de abrir 2 a 0, o Palestra gentilmente cedeu o empate ao time candango. Desta vez, a revolta da arquibancada contagiou o já irritado camisa 1, que disparou contra os companheiros, sem dar nomes aos bois. "Enquanto eu venho jogando com o ombro arrebentado, outros atletas que estão 100% não estão nem aí. Se há gente no time que não tem vergonha na cara, eu tenho", explodiu. "Após os jogos, eles saem, vão passear no shopping, porque não são reconhecidos, e eu tenho de ficar dando explicações, preso em casa porque fico com vergonha de sair na rua."

O desabafo de Marcos, claro, causou um tremendo fuzuê no elenco, descontente com a lavagem de roupa suja fora de casa. Para evitar uma guerra de matracas, Levir Culpi reuniu os jogadores em 9 de setembro e decretou um cala-boca generalizado. "Às vezes as verdades doem quando faladas em público. Neste momento, quanto menos falarmos, melhor."

Falar menos, entretanto, não significou jogar mais. Em 18 de setembro, com a derrota para a Ponte Preta, 2 a 0 em Campinas, o Palmeiras chegava à lamentável marca de oito partidas sem vencer – e, mais lamentável ainda, à lanterna da competição. Era a pior campanha da história do clube em um começo de Brasileiro: uma vitória, quatro empates e seis derrotas.

Na incômoda posição de arqueiro mais vazado do torneio, com 25 gols sofridos em 11 jogos, Marcos, ainda falante, fez um resumo da ópera ao *Jornal da Tarde* de 13 de setembro. "Que goleiro do mundo gosta de ser o que toma mais gols em qualquer competição? Ainda mais jogando em um clube com a tradição do Palmeiras. Isso é de dar vergonha e raiva. Mas as várias trocas de treinador neste início de Brasileiro explicam grande parte do que está acontecendo. Foi o Wanderley quem montou o time. Só ele sabe o que estava querendo ao dispensar e contratar jogadores. Os que vieram depois não puderam fazer nada a não ser adaptar os atletas que já estavam

*Batata quente: Levir Culpi assume o Verdão em setembro de 2002*

por aqui. Isso foi péssimo. Montar uma equipe durante um torneio tão equilibrado como o Brasileiro só poderia terminar mal. Principalmente para o goleiro."

Hostilizado pela torcida na batalha contra a Macaca, em que cometeu os dois pênaltis que deram a vitória aos campineiros – o primeiro deles, a bem da verdade, só o juiz viu –, o pentacampeão do mundo colocou a meta à disposição ainda no vestiário do Moisés Lucarelli. "Não tinha dúvidas de que iam buscar culpados por essa campanha que a gente está fazendo. Mas comigo não tem problema. Vou falar com o Levir e pedir para ficar na reserva. Saio do time com a cabeça erguida. Se sou eu o culpado, já estou fora." Naquele momento, Levir Culpi preferiu colocar panos quentes. "Todos o conhecem e sabem quanto ele é nervoso após uma derrota. Vamos conversar antes de tomar qualquer atitude com o Marcos."

Perto dali, Mustafá Contursi, que achou por bem deslocar sua vetusta figura até Campinas para dar apoio moral à equipe, era categórico ao rechaçar a ameaça que começava a rondar o Palestra Itália. O *Jornal da Tarde* de 19 de setembro registrou as palavras firmes do artífice da política do bom e barato: "Temos um dos melhores elencos do Brasil e vamos reagir. Não seremos rebaixados".

♛

**Se era um exagero** classificar o plantel do Palmeiras como um dos melhores do país, colocá-lo entre os piores também era um grande equívoco. Além de nomes históricos do clube, como Marcos, Sérgio, Arce e Zinho, vestiam a camisa alviverde naquela temporada diversos jogadores que já haviam mostrado bom futebol em

*Hostilizado no Moisés Lucarelli, Marcos coloca a meta à disposição*

outras bandas, como o lateral-esquerdo Rubens Cardoso – reforço que chegou durante o campeonato e foi muito comemorado pela comissão técnica –, o lateral-direito Leonardo Moura, o volante Fabiano Eller, o meia Pedrinho e os atacantes Dodô e Itamar. Havia ainda o colombiano Muñoz e os meias Lopes e Nenê, revelação do Paulista de Jundiaí. Seguramente, nem metade dos participantes do torneio contava com atletas desse nível.

Mesmo assim, rodada após rodada, o Verdão se afundava mais, e Levir Culpi, atordoado, não conseguia colocar o time nos eixos. Não eram poucos os que acreditavam que o grande problema palmeirense era o racha no grupo – experientes de um lado, novatos e recém-chegados de outro. Em 14 de setembro, depois da derrota de 2 a 1 para o Bahia no Parque Antarctica, o zagueiro Alexandre furou o cala-boca do treinador e escancarou a desunião para toda a torcida ouvir. "Eu, em nome do Marcos e do César, assumo a responsabilidade pela derrota. Mas não vejo o mesmo dos mais jovens do time. Quando vamos cobrá-los, eles mandam a gente tomar naquele lugar. Se a diretoria quiser, eu rescindo meu contrato agora."

O calvário parecia não acabar. Com dores musculares na coxa esquerda, Marcos foi vetado para o duelo contra o Figueirense, em Florianópolis, marcado para 21 de setembro. Quando o médico Vinícius Martins aproximou-se do treinador para dar a notícia, Levir, soltando fogo pelas ventas, disparou contra o goleiro, que no dia anterior havia treinado normalmente. "Passamos para ele a importância de sua presença nos jogos e ele parecia ter entendido. Hoje, apareceu com essa contusão", soltou, desconfiado, para em seguida subir o tom. "O Palmeiras está precisando de homens na acepção da palavra. Homens no sentido profissional e moral."

Atacado, o arqueiro, que desde o jogo contra a Ponte Preta decidira seguir a orientação de não conversar com a imprensa, manteve-se de bico fechado e não respondeu ao treinador – outros, entretanto, o fizeram por ele, a começar pelo médico Vinícius Martins. "O Marcos não falta em nenhum treino e gostaria de jogar. Mas achamos melhor poupar o jogador para que a contusão não se agrave", declarou ao *Diário de S. Paulo*. No *Jornal da Tarde*, Zinho fez coro. "O Marcão é palmeirense mesmo. É o melhor goleiro do mundo e nunca iria inventar uma contusão. Não tem cabimento abrir mão dele ou criar confusão. O problema foi que um dia falou que queria sair do time e no outro apareceu com dores. Todos têm de pensar que foi apenas coincidência, caso contrário vai piorar o clima por aqui."

No entanto, quando retornou ao time, no confronto com o Paysandu, em 26 de setembro, Marcos resolveu fechar também o gol. Nos oito jogos seguintes, graças a uma série de notáveis atuações do camisa 1, o Palmeiras conseguiu enfileirar uma boa sequência – ao menos quando comparada com as surras que andava tomando: três vitórias (Paysandu, Portuguesa e Guarani), quatro empates (Santos, São Paulo, Juventude e Corinthians) e uma derrota (Goiás).

Contra o Santos da jovem sensação Robinho, em 29 de setembro, o arqueiro palestrino segurou o 1 a 1 com três defesas sensacionais no segundo tempo. "Se o Marcos estava devendo alguma coisa ao seu time, hoje ele pagou com juros e correção monetária. Ele jogou sozinho", elogiou Leão, técnico dos Meninos da Vila que chegariam ao título brasileiro naquele ano. Em seguida, no Choque-Rei com o São Paulo, outro empate em 1 a 1 – garantido por uma incrível intervenção em chute de Luís Fabiano, aos 48 do segundo tempo. "Quando o Marcão entra em campo ligado, a gente, no mínimo, não perde o jogo. Ele é o melhor do mundo", definiu Arce.

Apesar da volta de Marcos à velha forma e da relativa estabilidade do time, que somou apenas uma derrota em oito jogos, o Verdão chegava à reta final do campeonato ainda na lanterna, com 20 pontos conquistados em 60 disputados. Faltando cinco rodadas para o término do torneio, a situação era desesperadora – e a torci-

À deriva: titulares do Palmeiras
no Brasileirão de 2002

da, há muito, já havia percebido isso. Desde o meio da competição, os palestrinos desfraldavam na arquibancada do Parque Antarctica um inédito bandeirão de Nossa Senhora Aparecida, esperança desesperada de salvação para uma equipe à deriva. O rebaixamento era um fantasma assustadoramente real.

☗

**Para piorar a situação,** se é que isso era possível, o duelo contra o Corinthians, em 23 de outubro, seria o último de Marcos no campeonato. O descolamento de um músculo na coxa esquerda o tirou da partida seguinte, contra o Botafogo, no Palestra Itália, a primeira das cinco batalhas que decidiriam o destino do alviverde na elite do futebol brasileiro. Em cada uma delas, a presença do

*Desespero verde: bandeirão de Nossa Senhora Aparecida no Palestra Itália*

pentacampeão era esperada até a hora H – vã esperança, pois Marcos não tinha a menor condição de entrar em campo. Aliás, em uma das poucas vezes em que furou brevemente o silêncio, o goleiro cornetou a equipe médica por anunciar um prazo menor para sua volta. "As previsões estão erradas. Os médicos não podiam ter falado isso. Agora, todo mundo fica achando que não jogo porque não quero", reclamou ao *Jornal da Tarde* de 14 de novembro.

Com Sérgio na meta, o Palmeiras venceu o Botafogo, 2 a 1 no Parque Antarctica, perdeu para o Vasco, 0 a 1 em São Januário, e fez 3 a 0 no Fluminense, no Maracanã, resultado que devolveu a esperança à nação alviverde. O Palestra passou a depender apenas de suas forças: se vencesse os dois próximos jogos, contra Flamengo, em casa, e Vitória, em Salvador, estaria livre da degola.

Mas o choque contra os cariocas fez as esperanças da torcida praticamente se esvaírem. O time de Levir Culpi escapou de ser rebaixado no Palestra Itália graças apenas à arbitragem catastrófica de Giuliano Bozzano, que anulou um gol legítimo do rubro-negro e validou um tento em impedimento do Verdão, mantendo o placar em 1 a 1. Pouco acostumado a ver seu clube prejudicado pelos senhores do apito, o presidente do Flamengo, Hélio Ferraz, até perdeu a compostura. "Tinha uma quadrilha aqui querendo salvar o Palmeiras", disparou à *Folha de S.Paulo*. Em meio à revolta com o time e com o presidente Mustafá Contursi, as lágrimas verdes já escorriam.

Ainda assim, uma improvável combinação de resultados na penúltima rodada oferecia ao clube a chance de escapar do descenso com um simples triunfo diante dos baianos...

Nem assim.

No Barradão, na Boa Terra, em 17 de novembro de 2002, o alviverde imponente viveu o mais longo de seus dias. 4 a 3 para o Vitória. O Palmeiras estava rebaixado para a segunda divisão.

"O mundo acabou. Não dá nem para expressar o que a gente sente nesta tarde", afirmou o lateral Rubens Cardoso. Levir Culpi tentou explicar a situação com uma palavra: "Incompetência." Com seis vitórias, nove empates e dez derrotas, 37 gols marcados e 46 sofridos, a campanha do Verdão de 2002 foi um acinte à tradição do clube. Das 29 rodadas do campeonato, o time ficou na zona da degola em 21 delas, caindo para a segundona abraçado a Botafogo, Portuguesa e Gama.

O cenário era tenebroso. Depois de um segundo semestre de pura tortura, o Palmeiras ofereceria a seu torcedor, em 2003, as profundezas da Série B.

Mas não é que o inferno não seria tão ruim?

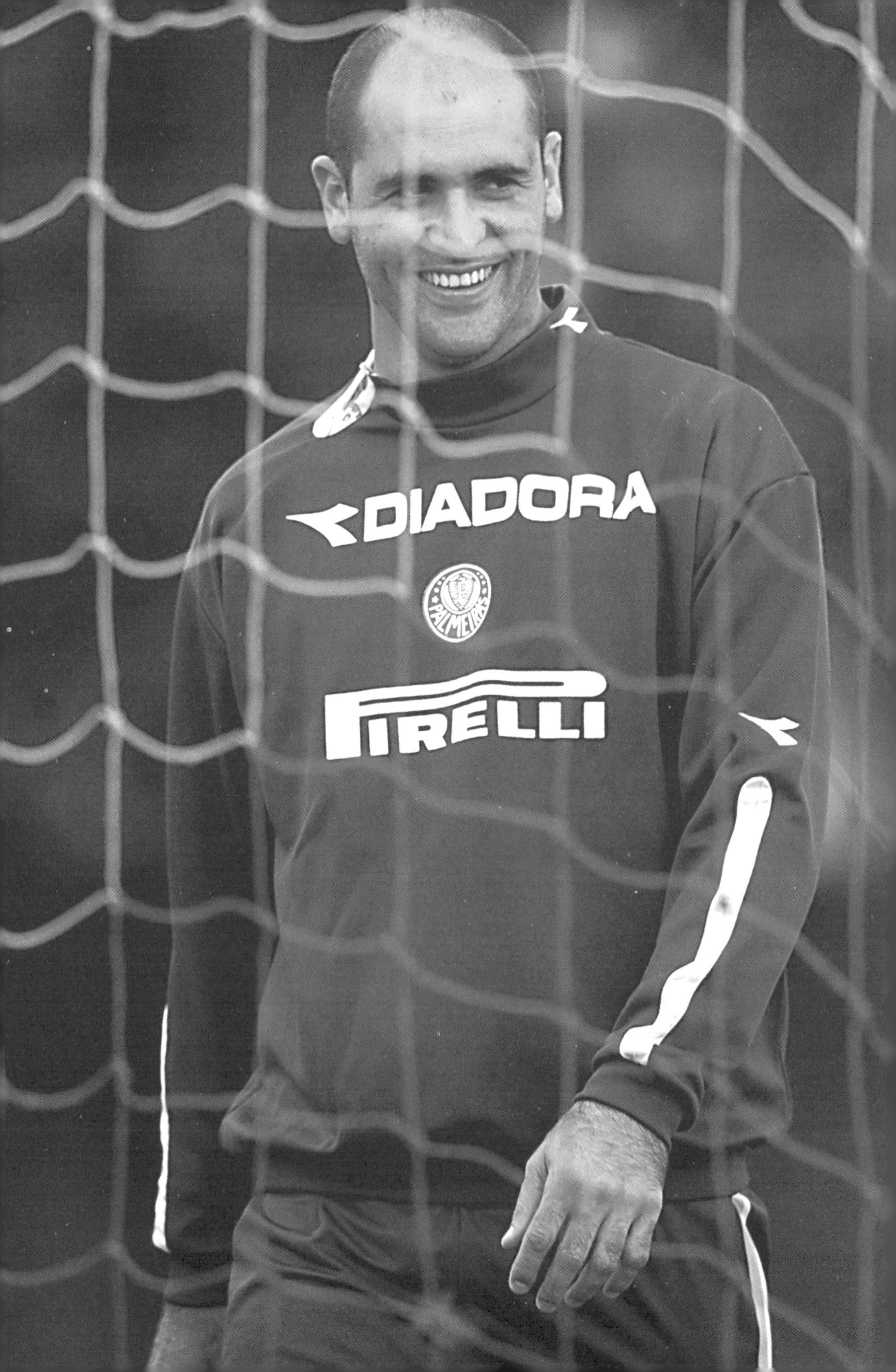
DIADORA
PALMEIRAS
PIRELLI

# 12

# Sobe

Como era esperado, o elenco do Palmeiras sofreu uma faxina total depois do rebaixamento para a segunda divisão. Ainda no final de 2002, mais da metade do time foi embora, a maioria absoluta sem deixar saudades – honrosa exceção feita ao lateral-direito Arce. Pouco antes do Natal, o clube mostrou a porta da rua a Levir Culpi e trouxe de presente ao combalido torcedor o técnico Jair Picerni, cuja maior especialidade no mundo do futebol era tirar leite de pedra – ou pelo menos tentar.

Do alto de seus 57 carnavais, o treinador, apesar de ter arquitetado a meteórica ascensão do São Caetano nas três temporadas anteriores, não podia ser considerado exatamente um grande vencedor. Seu currículo apontava somente um título de expressão, o controver-

◄ *Cabeça erguida: Marcos respira aliviado com a volta por cima alviverde*

so Brasileiro de 1987, no comando do Sport Recife. Em compensação, faltava espaço para tantas segundas colocações: os Paulistas de 1981, com a Ponte Preta, de 1984, com o Corinthians, e de 1985, com a Portuguesa; a Copa João Havelange em 2000, o Brasileiro da Série A em 2001 e a Libertadores em 2002, estas três últimas com o simpático Azulão. Picerni também foi o técnico da Seleção Brasileira nos Jogos Olímpicos de Los Angeles, em 1984, campanha que terminou com a medalha de prata. Como jogador da Ponte Preta, chegou à final do Paulistão de 1977, contra o Corinthians – nem é preciso dizer o resultado. Não à toa, o apelido Jair "Vicerni" o precedia quando este começou seu trabalho no Palestra, no dia 2 de janeiro de 2003.

Os mais espirituosos diziam que, se o novo chefe conseguisse levar o Verdão ao vice-campeonato da Série B, já estaria de bom tamanho – afinal, os dois primeiros colocados no torneio voltariam à elite do futebol nacional. Mas até isso seria difícil caso o veterano boa-praça não recebesse reforços com urgência.

A esperança da massa alviverde de ver um time novamente forte naquele ano começou a minguar na noite de 6 de janeiro, quando os conselheiros reelegeram, pela quinta vez consecutiva, o presidente Mustafá Contursi, para muitos o maior responsável pelo descenso. Em um dos pleitos mais tumultuados da história do clube, as organizadas enviaram cartas ameaçadoras aos conselheiros pró-Mustafá e prometeram invadir a sede em caso de derrota do candidato de oposição, o economista Luiz Gonzaga de Mello Belluzzo. No dia da eleição, uma senhora arruaça tomou conta da rua Turiaçu, na frente da sede social. Depois de muito esforço, a polícia conseguiu colocar ordem na casa e a votação pôde ocorrer normalmente, com o triunfo por 177 votos a 75 do presidente e de sua política de "equilíbrio financeiro" e "grandeza patrimonial".

Com dois novos anos de regência pela frente, Mustafá logo tratou de tentar fazer o Palmeiras voltar à Série A – pelas portas dos fundos. O mandatário, que na temporada anterior havia rechaçado participar de qualquer tipo de virada de mesa, mudou o discurso e prometeu, em pronunciamento após a vitória, reconduzir naquele mesmo ano o clube à primeira divisão. "A mesa está virada desde a Copa João Havelange", bradava, citando o rearranjo do campeonato nacional realizado em 2000, levado a cabo exclusivamente para içar Fluminense e Bahia de volta à elite.

Em sua tentativa de manobra, o presidente tinha o apoio amplo e irrestrito de Eurico Miranda, homem forte do Vasco da Gama e craque no jogo nem sempre tão limpo dos bastidores da cartolagem. Mas as investidas da dupla no tapetão foram infrutíferas. Desta vez, a Confederação Brasileira de Futebol e o Clube dos 13 se recusaram a alterar a fórmula do campeonato nacional de 2003 – motivados, é bem verdade, menos por dilemas morais e mais por questões financeiras, já que a artimanha atrapalharia a negociação dos direitos de transmissão do torneio com as emissoras de televisão.

No final, grande parte dos legítimos palmeirenses respirou aliviada. A virada de mesa era frontalmente contrária aos preceitos do clube, que, em sua trajetória de 88 anos, manteve a dignidade ao superar obstáculos e adversários dentro das regras do jogo – procedimento que, sabidamente, não era a praxe no país do futebol. Inúmeros clubes já haviam se aproveitado de mudanças escusas de regulamento para apagar campanhas anteriores medíocres – caso do São Paulo, rebaixado no estadual de 1991 e resgatado pela Federação Paulista de Futebol para o campeonato seguinte, e do Fluminense, que precisou terminar dois nacionais seguidos na zona da degola, em 1996 e 1997, para finalmente ser defenestrado da primeira divisão, à qual só retornaria mesmo via tapetão, no ano 2000.

Isso sim era vergonha. A história palestrina exigia uma volta na bola – e esse era o desafio que o alviverde teria em 2003.

Só faltava um time.

☗

**Concentrado com o elenco** para uma pré-temporada de duas semanas em Pouso Alegre, Minas Gerais, Marcos finalmente deu seu recado à torcida no início de janeiro, depois de quatro meses longe dos microfones. "Caí com o Palmeiras e agora tenho de ajudá-lo a subir", assegurou, garantindo que jogaria a Série B com muito orgulho. "Na primeira ou na segunda, vou disputar o campeonato onde a camisa do Palmeiras estiver." Sobre os boatos que, no ano anterior, insistiam em colocá-lo fora do Parque Antarctica, ligando-o ao Manchester United, ao La Coruña, ao Vasco da Gama e até ao Corinthians, o ídolo foi taxativo. "Ninguém me procurou. Tenho contrato até 2004 e vou ficar."

O pensamento da diretoria, aparentemente, era outro. Em conversas nada reservadas, os cartolas, desesperados para fazer caixa, espalhavam: por 4 milhões de dólares, venderiam a estrela solitária do time. Por isso, quando o Arsenal, da Inglaterra, ainda em meados de janeiro, encaminhou uma proposta oficial nesse valor ao Verdão, Mustafá Contursi nem pensou duas vezes. Avisado da oferta ainda na cidade mineira, o atleta de 29 anos não demonstrou nenhum entusiasmo; entretanto, diante da insistência do clube em negociá-lo, não restou nenhuma alternativa ao santo senão rumar à terra da rainha para acertar os ponteiros com o Arsenal.

Às vésperas do embarque, torcedores, empresários, jornalistas e até a mãe do jogador já davam como certa a transferência. "Eu vou e depois convenço meu marido a ir comigo. Afinal, Londres não é assim o fim do mundo", declarou a destemidíssima dona Antônia.

Contudo, Marcos alertava: nada estava fechado ainda. O arqueiro pretendia fazer algumas exigências aos futuros empregadores, entre elas a de se apresentar apenas no meio do ano e definir um esquema arrumadinho para levar sua família. Sem essas condi-

*Saudade da minha terra: a empolgação contagiante do caipira Marcos no embarque para Londres*

ções, necas. "Não esperava ir embora agora. Preciso de um tempo para ajeitar minhas coisas aqui no Brasil. Não adianta eu jogar lá com a cabeça aqui", afirmou ao *Diário de S. Paulo* em 21 de janeiro, no Aeroporto de Cumbica. "Tenho pai, mãe, irmãos, filho e namorada. Eu sei que não dá para levar todo mundo, mas tem de haver um revezamento. Só assim aceito uma transferência." Ainda que o negócio representasse sua independência financeira, o pentacampeão de fato parecia um tanto indiferente. "Se não der certo a negociação, eu retorno ao Palmeiras sem problema nenhum."

Ao lado de seu procurador, Claudio Guadagno, o goleiro permaneceria dois dias em Londres, onde faria testes físicos, conheceria as instalações do Arsenal e, esperavam os ingleses, firmaria de bate-pronto seu contrato. Depois, teria uma semana para arrumar as malas em definitivo em São Paulo e retornar à Bretanha: os *Gunners* precisavam com urgência de sua presença, já que o titular, David Seaman – aquele do gol por cobertura de Ronaldinho Gaúcho na Copa de 2002 –, estava prestes a anunciar sua aposentadoria. Ao desembarcar no Aeroporto de Heathrow, o caipirão de Oriente seguia reticente. "Não vou falar nada antes de conhecer o clube. Não sei se vou gostar", murmurou para o *Jornal da Tarde*.

Como o refeitório do Arsenal não servia arroz, feijão e bife; como os funcionários do clube só falavam inglês; como a camisa do time não era verde; e como o sistema de som do estádio de Highbury não tocava os sucessos da dupla sertaneja Teodoro e Sampaio no intervalo dos jogos, estava na cara que Marcos não ia gostar de lá.

(Colaborou também o fato de, em tão pouco tempo, terem aparecido duas "encrencas", como contou à revista *Trivela*, em julho de 2009 – uma delas com o astro do time, o salta-pocinhas Thierry Henry. "O Seaman ainda estava lá e o Henry disse que ele era o goleiro do time, e que nem sabia quem era o Marcos. Respondi que ele não sabia quem eu era porque a França não tinha chegado na final da Copa, senão ele ia saber. Aí, outro cara disse que eu estava lento. Porque, no teste lá no Arsenal, eles acendiam umas luzinhas coloridas e eu tinha de ficar apontando. Mas eu tinha pegado umas 12 horas de voo e cheguei lá sem dormir. Falei: 'É, rápido é o goleiro de vocês, que levou um gol do Ronaldinho do meio de campo'".)

Ao final da estadia prevista na Inglaterra, o atleta anunciava o fracasso da negociação, para desespero de Mustafá Contursi, que viu voar pela janela 3 milhões de verdinhas – valor a ser recebido pelo Palmeiras com o desconto de luvas e comissões. Já no dia 24 de janeiro, Marcos se reapresentou ao clube na Academia de Futebol, colocando-se à disposição de Jair Picerni. Questionado sobre os motivos que fizeram a negociação melar, citou, entre outros fatores, uma lei inglesa que obrigava os jogadores estrangeiros a ter 75% de convocações para a seleção nos últimos dois anos – como seu índice estava em 71%, o Arsenal teria de entrar com recurso à federação, e isso "daria muito trabalho".

Não colou. Marcos rodeou, rodeou, mas no fim soltou a frase definitiva, que resumia todo o imbróglio.

"O maior empecilho fui eu."

♕

O tempo passava e nada de a torcida ver um projeto de time se formando no Palestra Itália. Os melhores, ou menos piores, reforços que a diretoria entregou a Jair Picerni foram o atacante Leandro Amaral, ex-São Paulo, e o meia Adãozinho, ex-São Caetano. Chegavam também o lateral direito Neném, o zagueiro Índio e os laterais esquerdos Everaldo e João Marcelo. Magrão e Claudecir,

*O especialista: Jair Picerni, treinador alviverde na Série B*

dispensados por Luxemburgo, voltaram de empréstimo, bem como o meia Thiago Gentil, que estava no Figueirense. O Palmeiras inaugurava, nas palavras do diretor Mário Giannini, a política do bom e possível – tentativa patética de dar nova roupagem ao bom e barato, que fez o clube descer a ribanceira e mergulhar na segundona. Era mais do mesmo. Não por coincidência, sempre em meio a protestos da torcida, a equipe caiu nas semifinais do Paulistão, diante do Corinthians, derrota por 4 a 2 em 8 de março.

Na Copa do Brasil, o Verdão ainda sobrevivia. O triunfo por 2 a 1 sobre o Criciúma, em 26 de março no Parque Antarctica, valeu a classificação para pegar, nas oitavas-de-final, o Vitória – o mesmo Vitória encarregado de colocar o último prego no caixão palmeirense na temporada anterior.

Mas, com o adiamento do pontapé inicial da Série B, por uma demora no acerto da negociação com as TVs, o alviverde ficaria quase um mês sem atuar: a partida contra os baianos estava marcada somente para 23 de abril, três dias antes da estreia no nacional. O adversário, por sua vez, vinha jogando normalmente e fazia uma boa campanha na primeira divisão, que transcorria sem sobressaltos. Jair Picerni sentiu o perigo e alertou seus comandados: "Os primeiros 15 minutos vão ser muito difíceis. Vamos sentir a falta de jogo. Depois podemos nos encontrar em campo", declarou à *Folha de S.Paulo* na véspera do duelo.

Pois, aos 20 minutos da etapa inicial, o placar eletrônico do Palestra Itália já registrava Vitória 3, Palmeiras 0. O iminente desastre fez uma parcela significativa dos quase 9 mil pagantes deixar o estádio no intervalo, quando a conta ainda estava nos 4 a 1. Ainda. Aqueles que ficaram no Jardim Suspenso tiveram o desprazer de testemunhar, em meio a invasões de campo e ofensas a deus e ao diabo, o resultado chegar a um incrível 7 a 2 para os visitantes – o sétimo e derradeiro gol oferecido em um erro monumental de

*Torcedor invade o campo na funesta noite dos 7 a 2, em abril de 2003*

Marcos, que, sozinho na área, furou um chutão e deixou o atacante Nadson livre para empurrar a bola às redes. "Eu cometi uma falha gritante no primeiro gol. E, no segundo, um jogador da minha experiência não poderia ter cometido aquele pênalti. Eu acho que o time sentiu isso. Quando olhou para trás e viu que eu não estava bem, todo mundo se desesperou", explicou, sem tentar se eximir da culpa. "Naquele sétimo gol, poderia ter abaixado e pegado a bola com as mãos, mas saí para dar um chutão de tão revoltado que estava e ficou mais feio para mim. Foi ridículo o que aconteceu."

Poucas vezes a noite no Palestra Itália ficou tão fúnebre. Para quem achava que o clube já havia chegado ao fundo do poço com o rebaixamento, surpresa: a coisa poderia ficar pior.

♕

**Para a partida** de volta contra o Vitória, no dia 30 de abril, Jair Picerni se viu obrigado a deflagrar uma revolução na equipe. Pressionado pela surra histórica, o treinador decidiu promover em massa os talentos do time de juniores, campeão paulista da categoria e vice da Copa São Paulo, e jogá-los aos leões no fatídico estádio do Barradão para ver no que dava. Promissora, a safra tinha como destaques os meio-campistas Alceu, Corrêa e Diego Souza e os atacantes Anselmo, Edmílson e Vagner – apelidado Love por ter sido flagrado com uma senhorita na concentração –, atletas que já vinham sendo testados, com parcimônia, no Paulistão e na Copa do Brasil. "Se eles forem a solução, vão em frente", garantia o chefe, que manteve o pentacampeão na meta, apesar das lambanças do jogo anterior.

Com dois gols de Vagner Love e um de Anselmo, os valentes estagiários verdes bateram de virada o time baiano por 3 a 1. O resultado, claro, foi insuficiente para reverter a enorme vantagem construída pelo Vitória no primeiro jogo. Mas a atuação da rejuvenescida equipe deixou Picerni com certezas de sobra.

Era a molecada que faria o Palestra voltar a ter um time de gente grande.

♕

## A caminhada do Palmeiras na Série B em 2003

**14 de maio:** Verdão estreia confiante contra "Amarelão de Brasília"
**16 de junho:** Geninho chega ao Parque Antarctica e muda tudo
**11 de julho:** Porco tenta quebrar jejum contra o poderoso CRB
**21 de agosto:** "Não tem mais bobo na Série B", diz Magrão
**10 de setembro:** Vadão assume e diz que não é salvador da pátria
**16 de outubro:** "O São Raimundo é favorito", admite Marcos
**30 de novembro:** Só um milagre salva o Palestra em Anápolis
**1º de dezembro:** Presidente Mustafá Contursi descarta virada de mesa; "Vamos com tudo para a Série C"

Eram sacanas, mas divertidas, as manchetes imaginadas pelos criativos torcedores rivais para o noticiário alviverde na temporada. E, gozações à parte, havia nelas um quê de realidade. Afinal, na segunda divisão, o Palmeiras seria apresentado ao lado B do futebol brasileiro, um universo paralelo até então só conhecido pelos rodapés dos jornais. Nesse faroeste caboclo da bola, cujos duelos aconteciam nas noites de sexta e sábado, na maioria das vezes em alçapões mal iluminados espalhados pelo interior do Brasil, pistoleiros como o Anapolina, o Vila Nova ou o Londrina eram adversários verdadeiramente temíveis – e não os sacos de pancada que aparentavam ser quando ousavam aparecer em uma ou outra disputa na elite nacional. Ai de quem mexesse com a torcida do Remo ou do América de Natal: a cada partida, o clima de guerra contra o gigante paulistano estava instaurado, no melhor estilo Velho Oeste de intimidação.

Na estreia do campeonato, no dia 26 de abril, contra o Brasiliense em Taguatinga, o clube experimentou a vida dura da Série B antes mesmo de entrar em campo. Em um episódio emblemático, o ônibus da delegação simplesmente entalou no portão do estádio

Serejão, e os palmeirenses tiveram de caminhar até os vestiários protegidos por um cordão de isolamento improvisado, bem no meio da massa adversária, que, como não poderia deixar de ser, apedrejava verbalmente os visitantes ilustres. Por essas e outras, o chocho placar de 1 a 1 contra o time bancado pelo senador cassado Luiz Estêvão ficou até de bom tamanho.

Estranho no ninho, o Palestra demorou um bocado para engrenar na segundona. Mesmo com a injeção de sangue novo aplicada pelo doutor Picerni, depois da limpa realizada no elenco – saíram, entre outros, Neném, Gustavo, Índio, Everaldo e o colombiano Carlos Castro, mirabolante contratação da diretoria que foi embora sem nunca ter jogado –, as turbulências pareciam não ter fim. No início de maio, Zinho despediu-se de forma barulhenta: insatisfeito com a reserva, partiu atirando no treinador depois de ouvir a insinuação de que teria inventado uma contusão para não viajar com o time. Os jogos no Parque Antarctica também seguiam carregados de tensão. A torcida até poupava os jovens jogadores, mas o presidente jamais era esquecido – nenhum cântico repetiu-se tanto quanto o tradicional "Ô Mustafá, vai se fuder, o meu Palmeiras não precisa de você!" Não à toa, nesse clima pesado, o Verdão só ganhou dois dos cinco primeiros duelos em casa, contra São Raimundo e Mogi Mirim. Os outros três terminaram em frustrantes empates com América de Natal, CRB e Botafogo.

Após a primeira derrota no torneio, 2 a 1 para o Náutico, no extremamente apropriado Estádio dos Aflitos, Marcos demonstrou toda sua angústia. "Não tenho a menor ideia de quando a má fase vai acabar. Estou fazendo a minha parte, e é importante que cada um faça a sua também. Se não, ficamos entre os últimos", exagerou, na *Folha de S.Paulo* de 12 de maio, aproveitando para cutucar os colegas. "O ataque está perdendo muito, fica só passando o pé em cima da bola." Picerni agiu rápido para defender os homens de

*Clássico deslocado: Palmeiras e Botafogo brigam na segundona*

frente. "Faltaram os finalmentes, mas não dá para sair crucificando o Vagner e o Thiago Gentil. Falar que o Vagner não serve, que é muito jovem... Não é por aí."

Em processo de remontagem, a equipe se beneficiou da chegada de algumas peças contratadas para o setor defensivo: o zagueiro Daniel, vindo do São Caetano, os laterais Lúcio, do Ituano, e Baiano, do Las Palmas da Espanha, e o volante Marcinho, futuro Marcinho Guerreiro, do Figueirense. Aos trancos e barrancos, o treinador foi acertando a mão, e os resultados começaram a aparecer lá pelo meio da primeira fase da competição, em julho. A torcida, que apesar dos protestos já vinha comparecendo em grande número aos jogos em São Paulo, sentiu que o momento era de união, não de discórdia, e

*Um por todos, todos por um: comunhão entre o time e a galera impulsiona o Palestra*

resolveu então dar um voto de confiança ao elenco. Por consequência, o canto, a vibração e o carinho das arquibancadas impulsionaram o alviverde inteiro: em 19 de julho, na vitória sobre o Londrina, o Verdão alcançou o décimo jogo consecutivo sem derrotas e chegou à vice-liderança do campeonato, atrás apenas do Botafogo.

Aproveitando a comunhão entre o time e os torcedores, a diretoria passou, a partir da peleja contra os paranaenses, a imprimir a foto de um atleta no ingresso, com a intenção de coibir as crescentes falsificações. A ideia era boa, mas o primeiro retratado da série temia que a homenagem espantasse possíveis espectadores do Parque Antarctica. No *Diário de S. Paulo* do dia da partida, Marcos brincou: "Acho que muita gente não vem, já que sou muito feio. A coisa pode piorar quando colocarem o Marcinho, que é pior ainda".

Numa enorme prova de amor ao Palmeiras, 20.720 pessoas voltaram para casa naquele dia com o feioso Marcos no bolso.

**Folclores à parte,** a Série B era verdadeiramente um osso duro de roer – até porque, naquela temporada, eméritos frequentadores da elite também estavam na segundona, caso dos tradicionais Botafogo, Portuguesa, Sport Recife, Náutico e Santa Cruz. Representando com orgulho o sempre brioso interior paulista, alinhavam-se os cascas-grossas Marília, Mogi Mirim e Paulista de Jundiaí. Não surpreende, então, o fato de o convalescente Palmeiras ter encontrado tanta dificuldade para chegar à liderança isolada do torneio, posição que só foi ocupar na 17ª rodada, depois do empate em 1 a 1 com o Ceará, em Sobral, no dia 16 de agosto. Daí para frente, contudo, os garotos de Jair Picerni sobraram no campeonato. Com 13 vi-

*Espanta torcedor? Ingresso com a foto do "feioso" Marcos*

tórias, oito empates e duas derrotas, o Verdão terminou a primeira fase na primeira colocação, seis pontos à frente do Botafogo.

Para a etapa seguinte, os oito primeiros foram divididos em dois grupos de quatro, com os respectivos campeões e vice avançando para um último quadrangular – do qual, finalmente, sairiam os dois felizardos que ganhariam o acesso à primeira divisão. Palmeiras, Brasiliense, Santa Cruz e Sport Recife ficaram de um lado da chave; do outro, Botafogo, Marília, Remo e Náutico. Os paulistanos lideraram o Grupo A sem sustos, com 16 pontos em 18 possíveis, seguidos pelo Sport Recife, com 8. No Grupo B, o Marília surpreendeu e terminou à frente do Botafogo, 11 pontos contra 10.

Dessa forma, Palmeiras, Sport Recife, Marília e Botafogo se classificaram para o desafio final, a ser iniciado em 1º de novembro. Duas vagas para a Série A estavam em disputa, mas havia a percepção generalizada de que os reis do tapetão estavam se esforçando para facilitar o caminho do Botafogo a uma delas. Na semana que antecedeu a primeira rodada da última fase, o Superior Tribunal de Justiça Desportiva antecipou o julgamento do Marília, levado à corte por conta de objetos atirados contra o bandeirinha Rogério Rolim no estádio Bento de Abreu, e tirou do time paulista o mando de uma partida – por uma dessas enormes, colossais, extraordinárias coincidências do destino, justamente o duelo contra o alvinegro carioca, time do coração do presidente do órgão, Luiz Zveiter.

A suposta armação dominou o noticiário do pré-jogo entre Palmeiras e Botafogo, estreia dos gigantes na última fase. "Nessa questão de beneficiar ou não uma equipe, só uma coisa é certa: o Palmeiras não foi ajudado por ninguém. Estamos decidindo tudo lá dentro", esquivou-se Marcos.

E foi assim que, na penumbra do acanhado estádio Caio Martins, em um sábado à noite, o Verdão segurou o empate contra a Estrela Solitária, comandada dentro em campo pelo veteraníssimo

Valdo, de 39 anos, e fora dele por Levir Culpi, ele mesmo, o técnico da degola alviverde. Vagner Love e Max marcaram, ainda na etapa inicial, os gols que definiram o 1 a 1. "Não teve gosto de vitória, porque uma vitória nessa fase representa muito mais, mas foi um bom resultado", definiu Marcos, que, no primeiro tempo, por pouco não foi atingido por um objeto arremessado pela torcida adversária. Atos parecidos já haviam causado a suspensão de mando do Marília e do próprio Botafogo, ainda na fase inicial da competição. Mas, na reta final, o STJD teria uma nova, diferente e sensacional interpretação. De acordo com Zveiter, o arremesso do objeto não teve conotação "de agressividade ou desrespeito". "A própria torcida do Botafogo vaiou quem atirou o objeto", declarou o presidente ao *Jornal da Tarde* de 4 de novembro, em uma aula de imparcialidade. Então, tá. Era só carinho.

Na sequência, o Palestra enfileirou vitórias diante do Sport, 1 a 0 no Parque Antarctica, em 5 de novembro, e do Marília, 2 a 0 no Bento de Abreu, dia 8, duelo que teve um sabor especial para o pentacampeão. Pela primeira vez, Marcos atuou como profissional no estádio que frequentava como torcedor quando criança – Oriente fica a apenas 13 quilômetros de Marília. "Estou emocionado, superfeliz. Realizei um sonho de infância", afirmou o goleiro, assistido de perto por uma comitiva familiar de 16 pessoas liderada pela mãe coruja, dona Antônia, a quem foi entregue o ingresso 001 da partida. "Nem que o papa aparecesse aqui eu deixaria de vir. A gente fica muito orgulhosa."

♛

**Com mais um triunfo** sobre o Marília, na primeira rodada do returno do quadrangular final – 2 a 0 no Parque Antarctica, no feriado de 15 de novembro –, o Palmeiras disparou na tabela de classificação. Somando 10 pontos em 12 disputados, era seguido de longe por Botafogo, com 5, Sport, 4, e Marília, 3. Para garantir matematicamente o acesso à elite, o Verdão precisava apenas de um pontinho nos dois jogos restantes. Mas consegui-lo no compromisso seguinte, contra o Sport, não seria assim tão fácil. Adversário mais frequente do Palestra na série B, com quatro confrontos, o clube preparava um clima de guerra para receber os visitantes – não que os pernambucanos já não estivessem exagerando na truculência quando atuavam em casa. Dia 11 de outubro, na vitória palmeirense por 2 a 1 na Ilha do Retiro, membros da comissão técnica e cartolas do rubro-negro haviam invadido o campo depois de uma confusão entre Ricardinho e Marcos, na qual o atacante acertou o rosto do goleiro e foi cercado pelos defensores. A lamentável hostilidade continuou após o apito final, com o ônibus da delegação alviverde apedrejado na saída do estádio.

Por essas confusões, o Sport foi julgado pelo STJD e perdeu o mando de uma partida, a ser cumprido justamente na partida contra o Palmeiras. Tomado por um ódio inexplicável, o presidente do Leão, Severino Otávio, colocou a peixeira nos dentes e anunciou que pretendia levar o jogo para o calor do sertão pernambucano, em Serra Talhada (425 quilômetros de Recife) ou Petrolina (774 quilômetros), a fim de fazer o adversário sofrer. "Quero que os paulistas sintam na pele o que Lampião sentiu no sertão", afirmara o possesso mandatário, na Folha de S.Paulo de 5 de novembro. No final, os cartolas do rubro-negro optaram pelo estádio Gigante do Agreste, em Garanhuns, a 209 quilômetros da capital estadual – uma arena rudimentar que não recebia uma partida desde abril, sendo usada apenas para treinamentos dos juniores do AGA e do Sete de Setembro locais.

A escolha do palco da partida mais importante do ano desagradou do roupeiro ao presidente do Verdão. Só que, para variar, quem colocou a boca no trombone foi Marcos. "A punição é para o Sport ou para o Palmeiras? Agora vamos ser obrigados a jogar num pasto, com iluminação de vaga-lume", disparou o goleiro, no dia 18 de novembro, ao ver uma foto do estádio. A declaração repercutiu muito mal na terra natal do presidente Luís Inácio Lula da Silva; contudo, o camisa 1 manteve as críticas. "Não retiro uma palavra. O que tem que ficar claro é que não ofendi o povo de Garanhuns, que, tenho certeza, deve ser um povo muito amável, assim como todo o Nordeste. Só critiquei o gramado, que faz parte do meu trabalho. Ou não posso criticar nem o local onde trabalho?"

No dia da peleja, a furiosa torcida local recebeu o atleta com uma faixa: "O estádio pode ser um pasto, mas a vaca da sua mãe não come aqui". A resposta alviverde tinha de vir em campo. Mesmo com um jogador a menos, depois da expulsão de Adãozinho, os heroicos palestrinos viraram para cima do Sport na madrugada do agreste pernambucano, 2 a 1, gols de Magrão e Edmílson. Trezentos e setenta longos dias depois, o Palmeiras voltava à na elite do futebol – e de quebra conquistava, por antecipação, o título da Série B.

*Embalos de sábado à noite: Vagner Love comanda o Palmeiras contra o Sport*

"Não sou Roberto Carlos, mas neste ano foram grandes emoções. Aquilo contra o Vitória foi terrível, mas nos deu força para chegar até aqui. Depois de muita dificuldade, nós tivemos energia para dar a volta por cima", vibrava Jair Picerni, finalmente campeão. Marcos era um dos mais aliviados. "Tirei um saco de batata das minhas costas", declarou, à *Folha de S.Paulo* de 24 de novembro. "Muitos amigos me aconselharam a sair, que seria ruim para minha carreira, que poderia me afastar da Seleção. Mas, pela história que tenho no clube, não podia abandonar tudo no meio do caminho e sair. Apostei minha carreira no acesso e felizmente deu certo." Dois dias depois, no *Jornal da Tarde*, o goleiro surpreendia ao supervalorizar o título da Série B em seu currículo. "Posso comparar com a alegria da conquista da Libertadores ou da Copa do Mundo no Japão. O sofrimento e a vontade de subir com o Palmeiras para a primeira divisão são iguais para mim. É simples: subir é igualzinho a ganhar a Copa do Mundo", jurou o homem que teve êxito nas duas missões.

O calendário ainda marcava um último compromisso, contra o Botafogo, em 29 de novembro, quando o Palmeiras daria a volta olímpica diante de sua torcida. "Será a primeira vez em minha carreira que terei a chance de levantar uma taça como capitão. Mas vou chamar todos os jogadores para compartilhar este momento especial comigo. Acho legal repartir com todos", revelou o arqueiro na véspera da partida.

Antes de o caneco chegar, porém, havia 90 minutos de bola rolando – e, embora a massa palestrina estivesse preocupada apenas em celebrar a conquista, o goleiro pedia atenção aos colegas. "Festa? Para mim, só se tiver cerveja e churrasco. Como não terá, temos de correr e fazer um jogo bom. Não quero terminar a Série B com um saco de gols sofridos." Seu temor não se confirmou. Em um duelo que não teve nada de amistoso, o Verdão deu um baile no Bo-

*Festa no chiqueiro: Verdão campeão da Série B*

tafogo: 4 a 1, com dois de Vagner Love, um de Magrão e um de Pedrinho – Almir descontou para os cariocas, também já garantidos na primeira divisão de 2004. Após o jogo, Marcos fez questão de dedicar a vitória à torcida – que, mais uma vez, superlotou o Parque Antarctica. "Ela foi essencial para que o time chegasse até onde chegou. Jogou com a gente o tempo todo. É difícil falar alguma coisa sobre a força que nos deu. Este título ficará na memória de todos."

♛

Ao final de quase oito meses de batalhas na segunda divisão, o Palmeiras, além do título, do melhor ataque (80 gols em 35 jogos) e da melhor defesa (36 sofridos), emplacou o artilheiro do torneio (Vagner Love, 19 gols), o jogador revelação (Lúcio) e o melhor jogador (o bom e velho Marcos). A torcida, que começara o ano revoltada e desesperançosa, agora estava em plena lua de mel com o time. Mesmo nos períodos difíceis, os alviverdes haviam demonstrado uma devoção acima de qualquer suspeita. Como resultado, a média de público dos jogos da Série B no Palestra Itália foi de 17 mil pessoas – a título de comparação, a média do Corinthians no Brasileiro da primeira divisão em 2003 ficou em 9 mil espectadores.

Sorrindo de orelha a orelha, o palestrino, portanto, tinha vários motivos para comemorar no final de 2003: o caneco, o resgate da autoestima, a formação de um time de futuro promissor... Mas nada dava mais orgulho do que ter dado a volta por cima de cabeça erguida. "É uma conquista especial porque foi ganha dentro de campo. Acredito ter sido uma vitória do futebol brasileiro esta conquista do Palmeiras, em campo e sem maracutaias", declarou Marcos ao *Diário de S. Paulo*. De fato, depois da virtuosa campanha alviverde, a virada de mesa seria definitivamente erradicada da elite do futebol brasileiro. Desde então, todos os rebaixados da Série

A – Grêmio em 2004, Atlético Mineiro em 2005, Corinthians em 2007 e Vasco em 2008, entre outros –, querendo ou não, precisaram respeitar religiosamente o regulamento e conquistar o retorno na bola.

Ainda que por linhas tortas e tortuosas, era o Palmeiras fazendo história, de novo.

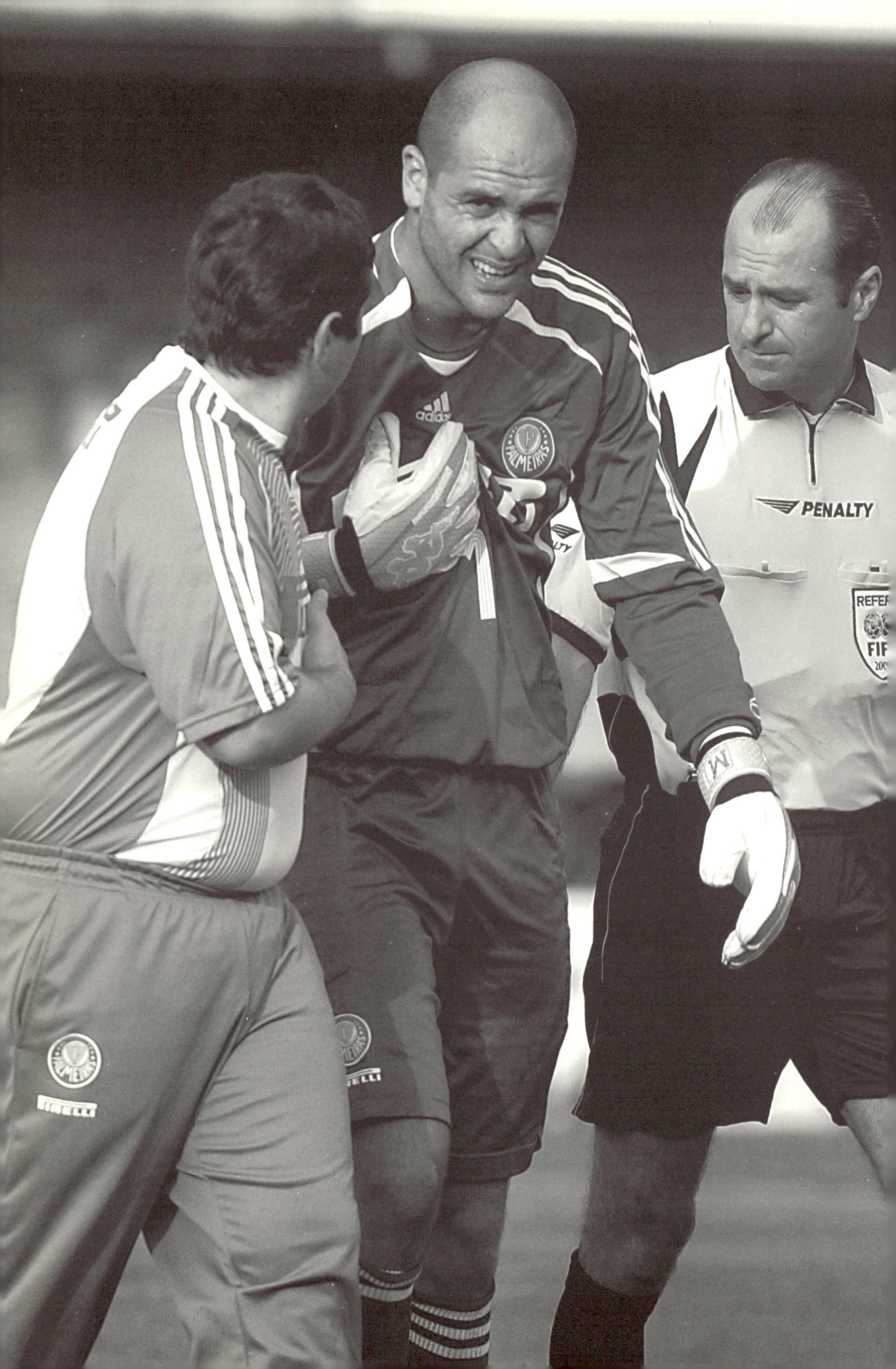
adidas
PALMEIRAS
PENALTY
PIRELLI

# 13

# O longo calvário

De volta à primeira divisão, o Palmeiras começou 2004 preocupado com outro tipo de queda. Durante um passeio de moto em Oriente, na véspera de Natal, Marcos derrapou na curva e levou um senhor capote, sofrendo escoriações com queimaduras no quadril, nos braços, nas pernas e no tornozelo – lesões que, na reapresentação alviverde, em 5 de janeiro, ainda estavam longe de cicatrizar. "Tenho moto há quatro anos, mas nunca uso durante a temporada, só nas férias e lá na minha cidade. Seria loucura andar aqui em São Paulo", explicou, lamentando sua má sorte. "Poderia ter acontecido se estivesse de bicicleta. Tem gente que anda de jet-ski, cavalo e ninguém fala nada. Eu tomei dura do pai, da mãe e de todo mundo que tinha direito."

◄ Marcos sofre luxação na clavícula no Derby de julho de 2006

Marcos até sugeriu que o clube descontasse de seu salário os dias de recuperação, mas a preocupação maior de Jair Picerni era mesmo saber se o motoqueiro selvagem conseguiria estar pronto para a estreia do Paulistão. Afinal, a bruxa havia atingido também o goleiro reserva da equipe: no recesso de fim de ano, Sérgio machucou o joelho ao subir uma escada e precisou ser operado assim que retornou ao Palestra – mínimo de três meses de recuperação. Com os dois primeiros arqueiros fora de combate, o jovem Diego Cavalieri, de 21 anos, destaque das categorias de base, assumiu a meta nos quatro primeiros encontros da temporada. Marcos só voltou no fim do mês, na vitória contra o Ituano, 1 a 0 em 29 de janeiro no estádio Novelli Júnior, pela terceira rodada do estadual.

Mesmo com um desempenho apenas regular na competição, o Palmeiras avançou às quartas de final, a ser disputada em jogo único contra a surpreendente Portuguesa Santista, dona do mando pela melhor campanha no torneio. Em 21 de março, 7.594 torcedores abarrotaram o pequenino estádio Ulrico Mursa, em Santos, e viram o Verdão vencer de virada por 2 a 1, gols de Vagner Love e Pedrinho no segundo tempo, depois de Beto, da simpática Burrinha, ter aberto o placar na etapa inicial.

Com as eliminações do Corinthians, na primeira fase – o time da Fazendinha, aliás, só não foi rebaixado porque o São Paulo, para desespero de sua própria torcida, derrotou o Juventus na última rodada e empurrou o Moleque Travesso, em vez do Mosqueteiro, para a segundona –, e do próprio Tricolor, que caiu nas quartas diante do São Caetano, o Palmeiras tornava-se o único grande da capital remanescente no torneio. Mas a alegria da torcida durou pouco: nas semifinais, diante do Paulista de Jundiaí, depois do 1 a 1 no Parque Antarctica e de um emocionante 3 a 3 em Araras, o alviverde perdeu, na disputa de pênaltis, a vaga na decisão.

Na maioria dos clubes do planeta, muito provavelmente a derrota seria tratada como acidente de percurso. Não no Palmeiras. Às vésperas do retorno ao Campeonato Brasileiro da Série A, os tentáculos da crise se espalharam de novo pelo Palestra. A revelação de que Vagner Love, Diego Souza, Lúcio e Adãozinho tinham sido vistos em baladas nas vésperas das partidas decisivas do Paulistão revoltou os mais experientes do elenco. Pouco depois, estourou outro conflito: o meia Élson se irritou por ir para o banco e disparou publicamente contra Jair Picerni, claro sinal de que o treinador começava a perder o controle do grupo. "Toda semana tem um tumulto diferente no Palmeiras. Já estou vacinado", resignou-se Magrão, à *Folha de S.Paulo* de 16 de abril.

Isso foi antes de o volante testemunhar uma luta de boxe na Academia de Futebol. Na mais cinematográfica das disputas que agitaram o Palestra, uma inesperada briga no rachão opôs o gigante Marcos, 1,93 m, ao tampinha Muñoz, 1,63 m. E a zebra passeou no ringue verde: o pequeno pugilista, quem diria, levou a melhor.

O combate começou quando o goleiro resolveu cobrar mais empenho do colombiano no coletivo. Os dois se estranharam e trocaram xingamentos. Marcos deu um leve chute na perna do atacante. E Muñoz não teve dúvidas: respondeu com um violento soco no nariz do pentacampeão. Sangrando, o arqueiro partiu enlouquecido para cima do Rocky Balboa de Medellín, mas foi contido pelos companheiros. "Xingar tudo bem, agora agredir não pode. Ele me chutou, fiquei de cabeça quente e acabei revidando", justificou o baixinho, que só tomou coragem para ir aos vestiários depois de 40 minutos, quando recebeu a notícia de que o goleiro já havia deixado a Academia: tal como em uma rixa escolar, os colegas jogaram lenha na fogueira e afirmaram ao amedrontado colombiano que o grandalhão queria continuar a briga. Mais calmo, Marcos preferiu deixar para lá, fazendo questão apenas de se defender da acusação de agressão. "Dei um chutinho na canela dele, um tapinha em sua cabeça e pedi que saísse do time, pois não estava nos ajudando. Se eu quiser pegar o Muñoz, garanto fazer um estrago muito maior. Prefiro perdoar", declarou em O Estado de S. Paulo de 20 de abril. "Minha mãe e minha sogra gostam dele, acham ele bonzinho."

Apesar das pazes, estava claro que a harmonia conquistada a duras penas no ano anterior havia ido definitivamente para o espaço. Azar do torcedor.

♕

Depois de um começo escorregadio no Brasileirão, em que flertou com a zona da degola, o Palmeiras, na primeira semana de maio de 2004, deu indícios de recuperação. Duas belas atuações nesse período devolveram a esperança à nação alviverde. Primeiro, o Palestra matou a saudade do Corinthians com uma sonora goleada: 4 a 0 no Morumbi. Em seguida, enfiou 3 a 0 na Ponte Preta, até então líder invicta do torneio. "Esses seis pontos refrescaram nossa vida", comemorava Marcos. Por pouco tempo.

Na sequência, a equipe de Jair Picerni preparava-se para enfrentar, pelas quartas de final da Copa do Brasil, o Santo André do treinador Péricles Chamusca. Parecia que a sorte finalmente estava sorrindo para o alviverde: depois de despachar os encardidos São Gabriel, do Rio Grande do Sul, e Goiás – em uma batalha decidida nos pênaltis e vencida com uma defesa de São Marcos –, o Palestra teoricamente teria vida fácil contra o time do ABC. No primeiro duelo, em 12 de maio, o Verdão confirmou as expectativas e abocanhou um excelente placar no estádio Bruno José Daniel: 3 a 3. Os paulistanos podiam empatar em casa por até 2 a 2 que estariam classificados; ao Ramalhão só restava vencer ou empatar marcando quatro ou mais gols. Improvável, não?

## O longo calvário

A partida de volta estava marcada para uma quinta-feira, 20 de maio – mesma data em que Brasil e França se enfrentariam em Paris, no amistoso comemorativo do centenário da Fifa. Novamente convocado por Carlos Alberto Parreira, Marcos deveria ficar de fora, portanto, do jogo decisivo da Copa do Brasil. Como garantir a vaga na Libertadores ainda no primeiro semestre era a melhor oportunidade de mostrar que o Palmeiras havia retornado com força à elite, a diretoria solicitou à CBF a liberação do pentacampeão. E foi atendida.

As quase 15 mil pessoas presentes no Parque Antarctica naquela noite viram um jogo cheio de alternativas no primeiro tempo. O Santo André abriu o placar com Sandro Gaúcho aos 11 minutos, e o Palestra logo virou com Vagner Love, aos 16, e Corrêa, aos 18. Não demorou e Osmar empatou novamente, 2 a 2 aos 20 minutos. Antes do intervalo, aos 38, Baiano marcou de falta e colocou o Verdão em vantagem na descida para os vestiários: 3 a 2. Controlando o jogo, a equipe de Jair Picerni ainda ampliaria aos 23 do segundo tempo, com Vagner Love. Parecia que a vaga estava no papo: com 4 a 2 no placar, o Palmeiras só seria eliminado se tomasse dois gols. Mas... Faltando dez minutos, Sandro Gaúcho diminuiu para 3 a 2. Os três tentos do time do ABC haviam sido marcados de cabeça, em cruzamentos de bola parada. Por isso, a tensão no estádio ganhou ares premonitórios aos 44 do segundo tempo, quando Muñoz fez falta pelo lado direito. De novo, todos na área. Levantamento de Dedimar, e, surpresa, o nanico Tássio, completamente sozinho na zona do agrião, chegou antes de Marcos e cabeceou para o gol. 4 a 4. Incrível.

Era mais um capítulo da humilhante saga "eliminações em casa para times pequenos", encenada com desagradável frequência pelo Palmeiras desde a década de 1980. Dessa vez, porém, o episódio teve contornos dramáticos para a maior estrela do elenco: boa parte dos torcedores não perdoou o camisa 1 e hostilizou-o na saída de campo, com os implacáveis gritos de "frangueiro". À luz da razão, as acusações eram um tanto injustas. Exceto no lance do terceiro gol, que Marcos admitiu como falha sua, todos os outros nasceram de bolas no primeiro pau, em erros de marcação da zaga, nos quais o arqueiro ficou completamente vendido. Mas futebol é emoção, e o atleta, antes de descer as escadas para o vestiário, ainda virou-se para as arquibancadas e ironicamente regeu os protestos. "Entendo a revolta dos torcedores, mas não vou dizer que estava acostumado com isso", declarou, na saída do estádio, depois de esfriar a cabeça. "A gente perdeu muito mais que a classificação. Quem tinha moral com a torcida, como eu, perdeu tudo hoje", afirmou, sugerindo uma saída do clube, caso os palmeirenses assim quisessem. "Talvez eu não consiga mais corresponder à expectativa

*"Sem moral": Palmeiras cai na Copa do Brasil e Marcos sai como vilão*

deles. Estou sem moral. Ninguém é capaz de permanecer muito tempo em um clube se não tiver títulos. Como isso não está acontecendo, as pessoas vão se cansando dos ídolos."

Rapidamente, comissão técnica e companheiros trataram de apagar o incêndio. "Conheço o Marcos muito bem. Se ele não saiu no ano passado com uma proposta do Arsenal porque queria levar o Palmeiras de volta à Série A, não vai ser agora que ele vai sair", opinou Carlos Pracidelli. O volante Magrão conversou com o goleiro e garantiu que não havia chance de um adeus. "O relacionamento dele com a torcida é como um casamento. Tem momentos felizes, tem momentos tristes. Mas poucos fizeram pelo Palmeiras o que ele já fez", declarou, no dia seguinte.

Ainda em Paris, Parreira havia reconvocado Marcos para o amistoso contra a Catalunha, no dia 25, e para os jogos das eliminatórias contra Argentina e Chile, em julho. No dia seguinte à eliminação da Copa do Brasil, portanto, o goleiro partia para um retiro de três semanas com a Seleção – pausa providencial que, esperavam todos, faria o santo esfriar a cabeça e ficar de bem com a torcida no início do Campeonato Brasileiro da Série A.

As três semanas longe da meta alviverde, porém, se transformariam em sete longos meses de ausência. E essa seria apenas a primeira parada da via-crúcis de contusões que Marcos viveria nos anos seguintes.

♛

**Desde a despedida** de Luiz Felipe Scolari da Seleção, no mês de agosto de 2002, Marcos só havia atuado com a camisa canarinho em uma única partida – justamente no amistoso contra o novo time do antigo chefe, em março de 2003, derrota por 2 a 1 para Portugal, na cidade do Porto. Carlos Alberto Parreira, o escolhido pela Confederação Brasileira de Futebol para suceder Felipão, não escondia sua predileção por Dida, e rapidamente reconduziu o baiano à titularidade.

No mês seguinte, a vida do palmeirense na Seleção ficaria ainda bem mais complicada. Na sequência do fatídico 7 a 2 contra o Vitória, o clube solicitara a dispensa do goleiro de um amistoso no México, justificando que o atleta estava com bronquite. Dois dias depois, entretanto, o pentacampeão foi a campo no compromisso seguinte do Palestra, deixando Parreira e seu coordenador técnico, o eterno Mário Jorge Lobo Zagallo, com a pulga atrás da orelha. "Foi muito estranho o que aconteceu", declarou, à época, o treinador. Marcos ficou enfurecido com a desconfiança da comissão técnica verde-amarela e retrucou. "Todo técnico fala que os jogadores devem lavar roupa suja em casa. Eles deveriam ter feito o mesmo. O Parreira e o Zagallo poderiam ter falado comigo ou com alguém do Palmeiras antes de dar essas declarações. Não sei porque estão desconfiando do meu caráter. Tenho tanto orgulho de jogar na Seleção quanto o Zagallo", disparou, no *Diário de S. Paulo* de 29 de abril de 2003.

O estrago já estava feito quando o médico alviverde Vinícius Martins explicou a situação. "Ele tem condições de jogar, mas não pode fazer uma viagem muito longa como para o México. Eu falei com o José Luiz Runco e mandei o relatório para a CBF. Talvez essa polêmica tenha sido causada por falta de conhecimento do Zagallo e do Parreira. Também queremos descobrir a causa da bronquite", assegurou. Começaram então a pipocar na grande imprensa especulações sobre o hábito tabagista do goleiro – que, como de costume, não segurou a língua. "Fumo um ou dois cigarrinhos quando tomo uma cerveja. Gosto de dar uns tragos. Tem jogador que faz coisa pior, sai com traveco, vai para a noitada depois dos jogos, bebe, e ninguém fala nada", afirmou, no relato da *Folha de S.Paulo* de 17 de maio de 2003. Pouco depois, ironizou a repercussão do caso. "Isso deu mais polêmica do que o Giba ter fumado maconha.

## O longo calvário

Acho que vou mudar para maconha", soltou, recordando o *doping* da estrela do vôlei brasileiro.

Demorou um pouco, mas o mal-estar entre comissão técnica e Marcos ficou para trás. Um ano e dois meses depois, Parreira decidiu prestigiar o jogador, crucificado pela torcida depois da derrota para o Santo André, e voltou a escalar o palestrino no time titular, agora para o amistoso em homenagem ao centenário do primeiro jogo da seleção da Catalunha, no dia 25 de maio. Em uma exibição de gala de Ronaldo, Ronaldinho e, quem diria, Júlio Baptista, que fez até gol de bicicleta, o Brasil sapecou 5 a 2 nos anfitriões no Camp Nou. "O jogo foi valioso", vibrou o treinador, antes de voltar com o elenco a Teresópolis, onde começariam os treinos para os duelos contra Argentina, no dia 2 de junho, em Belo Horizonte, e Chile, no dia 6, em Santiago.

Para Marcos, porém, a excursão seria mais curta. No dia 29 de maio, depois de defender um chute de Cafu, o santo lesionou o pulso esquerdo, o mesmo que operara em 2000, e foi cortado no dia seguinte. "Conversei com o doutor Runco e decidimos que era melhor eu deixar a Seleção, porque não podia ajudar em nada nos treinos. Depois do chute do Cafu, a minha mão ficou paralisada. Achei que não ia mexer mais. Depois fiz o tratamento e fiquei tranquilo", declarou, aliviado. "Não foi nada grave."

Ledo engano. Três meses depois, o baleado arqueiro teve de voltar para a faca – Marcos até chegou a retomar os treinamentos na Academia de Futebol no final de julho, mas sentiu dores no polegar, forçando os médicos palmeirenses a marcar nova cirurgia. Realizado na manhã de 27 de agosto com êxito completo, o procedimento reconstituiu os ligamentos do polegar e eliminou um fragmento ósseo no pulso, resquício da operação anterior. "Agora, ele precisa de pelo menos três meses para voltar a trabalhar com bola. Aí teremos de observar a evolução no quadro dele e acompanhar o retorno gradual aos treinos", explicou Vinícius Martins, acrescentando que o atleta só deveria ter mesmo condições de jogo no início de 2005.

Para superar as angústias de mais um longo período fora de combate, o camisa 1 fez questão de manter contato diário com o elenco alviverde durante toda a recuperação, encontrando-se com os colegas nos vestiários após os treinos. "Ele escolhe um por dia para Cristo e fica contando histórias por até duas horas", revelou Corrêa ao *Diário de S. Paulo* de 17 de novembro de 2004.

A maioria absoluta dos causos envolvia o amigo Sérgio – a rusga entre os dois goleiros pela disputa da titularidade, em 2001, não passou de uma marolinha, e a amizade continuava forte. "Acho que uns 99% das coisas que ele fala são sobre mim", exagerava o paranaense. Uma das anedotas mais famosas do repertório de Marcos envolvia o dia em que Sérgio foi comprar absorventes para a esposa. "Eu, muito xucro, acabei levando fraldas de velho. O Marcos aumentou esse causo e contou para todos", relembrava o bem-humorado arqueiro, que durante um ano e meio teve o aspirante de Oriente como hóspede em seu apartamento, na capital paulista. "Um dia, o Marcos foi jantar com a gente na casa dos meus sogros, e na volta, quando chegamos no alojamento do Palmeiras, onde ele morava, o portão já estava fechado. Então ele ficou a noite em casa. Aí, no dia seguinte, ele foi jantar com a gente de novo, e na volta o portão também estava fechado. Aí voltamos pra casa para ele passar a noite lá. Só que em vez de uma noite, ele ficou um ano e meio."

No início de novembro, Marcos já havia voltado a trabalhar com bola; feliz da vida, concedeu uma entrevista coletiva no dia 23, garantindo que estava plenamente recuperado e treinando firme para entrar "com tudo" em 2005. Até aí, nenhuma novidade. A afirmação mais surpreendente dizia respeito a seu estado físico depois da cirurgia anterior no pulso. "Em 2000, quando operei pela pri-

# O longo calvário

*Marcos e Sérgio, amizade sincera dentro e fora de campo*

meira vez, os médicos disseram que as minhas chances de voltar eram de 50%. Fiquei preocupado, mas continuei jogando. O punho não doía, mas também não mexia direito. Havia alguns movimentos que eu simplesmente não podia fazer. Para dar tchau, eu não balançava a mão porque não conseguia. Tinha que balançar o braço todo", explicou o atleta, revelando que precisou desenvolver um método para não ter seu desempenho em campo prejudicado pela mão esquerda. "Em certos chutes mais fortes, eu nem tentava segurar a bola porque sabia que ia doer. Então, eu espalmava. Quando eu caía no chão, nunca apoiava os dedos para me levantar. Sempre fazia isso com o punho fechado". Foi assim que Marcos conquistou o título da Copa do Mundo. "Se não tivesse tido esses problemas, teria sido um goleiro muito melhor."

Benza Deus.

☗

**No início de 2005,** seis mandatos e 12 anos depois, o califado de Mustafá Contursi no Palmeiras finalmente chegava ao fim. Mas a torcida sabia que nem adiantava comemorar. Afinal, o novo presidente eleito, Affonso Della Monica, era o representante da situação, apoiado – e, para muitos, totalmente manejado – pelo eterno vilão das arquibancadas. No pleito de 9 de janeiro, o delegado de polícia aposentado Della Monica massacrou o oposicionista Seraphim Del Grande por 201 votos a 46, em uma prova maiúscula de que a influência e o poder do grupo político de Mustafá ainda eram dominantes no Parque Antarctica.

Entretanto, ao menos em um aspecto o novo mandachuva diferia de seu antecessor: Della Monica comprovadamente gostava de futebol. Figurinha fácil em treinos e jogos, chefe de delegação em inúmeras oportunidades, o mandatário prometeu, logo em sua apresentação, reforçar o time, que surpreendera ao cumprir campanha notável no Campeonato Brasileiro de 2004 –após o fiasco da Copa do Brasil, o pouco badalado Estevam Soares entrou na vaga de Jair Picerni e levou o Palestra à quarta colocação, carimbando a vaga para a Copa Libertadores de 2005. "Sou um homem do futebol e minha prioridade vai ser essa. Vou fazer o que for possível nesse sentido. Podem estar chegando reforços de peso para o clube", anunciava Della Monica.

Mais uma vez, alarme falso. Os meses subsequentes reservaram apenas decepções aos desiludidos alviverdes, que viram a alta rotatividade de treinadores acabar com qualquer tentativa de montagem de uma equipe para brigar por títulos na temporada.

Pressionado por conselheiros, Estevam Soares caiu em 14 de fevereiro, ainda no começo do Paulista, depois de nove meses de trabalho honesto à frente do Verdão – campanha de 23 vitórias, 13 empates e 11 derrotas. Sem concordar com a saída do chefe, Marcos cutucou os cartolas. "O problema do Palmeiras não é apenas a questão do técnico. O clube precisa contar com uma certa organização, ter um diretor mais presente. Existe uma série de fatores para fazer o time vingar", afirmou ao *Jornal da Tarde* de 19 de fevereiro. "Na equipe de 1999 foi investido muito dinheiro. O time foi criado para ser campeão e ir para Tóquio no final do ano. Agora, não. O Palmeiras virou formador de jogadores, que vêm de clubes menores e precisam amadurecer rápido aqui e logo mostrar resultado. E isso é difícil. Nem todo mundo é um Pelé, um Robinho, um Ronaldo, que resolvem com 18 ou 19 anos."

Para o lugar de Estevam, a imprensa chegou a dar como certa a contratação de Muricy Ramalho, do Internacional, mas o negócio fez água. O clube então optou por trazer o digno porém um tanto ultrapassado Candinho, que estreou em 20 de fevereiro e pediu o boné dois meses depois, disparando contra a lerdeza dos donos do poder no Palestra Itália. "O Palmeiras é um time de colônia", vociferou, na *Folha de S.Paulo* de 21 de abril, acrescentando que os diretores precisavam "pensar grande" para ganhar títulos.

Longe de ser uma desculpa para justificar os maus resultados em seu mandato – seis derrotas, cinco vitórias e cinco empates –, a análise de Candinho era duramente correta. E pôde ser comprovada logo a seguir, quando a cúpula alviverde contratou para o cargo de treinador o ainda inexperiente Paulo Bonamigo. Para piorar, assumia o cargo de diretor de futebol o folclórico Salvador Hugo Palaia, cujas declarações *nonsense* acentuavam ainda mais o amadorismo dos cartolas palestrinos. "Se o Corinthians toca a sirene para anunciar nome de peso, por que o Palmeiras não constrói uma chaminé e lança a 'fumacinha verde'?", perguntou, antes mesmo de conceber seu mais célebre rebento, a insuperável autoentrevista coletiva.

Bonamigo ficou à frente do alviverde por três meses, registrando uma campanha nauseabunda: nove derrotas, cinco vitórias e dois empates. Não suportou a queda em casa para o Fortaleza, em 17 de julho, e anunciou sua saída ainda nos vestiários, depois de passar os 90 minutos ouvindo a torcida gritar em coro o nome de Leão – o treinador, campeão paulista daquele ano com o São Paulo, havia sido demitido pelo Vissel Kobe, do Japão, e estava à solta para assinar com o Palmeiras.

O apelo das arquibancadas finalmente foi ouvido: a diretoria abriu o cofre e trouxe o velho ídolo de volta ao Parque Antarctica.

Ao chegar, o novo treinador olhou para trás e notou o tamanho do tormento palmeirense em 2005. Um horrível nono lugar no Campeonato Paulista e uma eliminação nas oitavas de final da Copa Libertadores, para o São Paulo; no Brasileiro, a torcida já começava a rezar para o time não cair de novo. Com 12 rodadas disputadas, o Verdão era o 16º entre os 22 participantes, com sete derrotas, quatro vitórias e um empate. "Se olharmos a quantidade de técnicos que o Palmeiras já teve, e a classificação do time, veremos que alguma coisa está errada. Conheço esse clube, mas não conheço essa transformação. Quero transformar esse time num time vitorioso", declarou, em sua apresentação oficial, no dia 18 de julho.

Ao menos durante alguns meses, realmente o Palmeiras rugiria de novo.

Apesar dos fiascos da equipe nos primeiros meses do ano, Marcos, de volta à titularidade, ofereceu à torcida uma série de atuações impressionantes, mostrando que as contusões haviam sido completamente superadas. O atleta de 32 anos acreditava que os longos anos de batalha, se por um lado cobravam tributos de seu corpo, por outro faziam dele um goleiro melhor. "Em 1999, quando me apelidaram de São Marcos, eu não tinha tanta experiência como agora. Era mais ágil, pulava mais, mas não tinha muita paciência. Hoje eu não tenho a mesma agilidade, mas acho que me coloco melhor e sei esperar o momento certo para sair do gol, fechar o ângulo. Antes, eu saía estabanado e rachava o atacante no meio", confessou ao *Diário de S. Paulo* em 6 de março, depois de ser considerado o homem do jogo em uma das raras performances aplaudíveis do coletivo alviverde no primeiro semestre – vitória de 3 a 1 sobre o Santos de Robinho no Parque Antarctica. "Foi uma partida impecável do Marcos", rendeu-se o lateral alvinegro Léo.

*Estrela solitária: pentacampeão volta ao time e fecha o gol contra o Santos*

A regularidade também levou o santo de volta à Seleção, após um hiato de dez meses. "É possível deixar de lado a experiência de um jogador pentacampeão mundial? Ele não está bem fisicamente e atuando? Então, posso convocá-lo", afirmou Carlos Alberto Parreira em 11 de março, data da convocação para os jogos das eliminatórias contra Peru e Uruguai. Não demorou e Marcos já deixava Júlio César para trás: na impossibilidade de escalar o titular Dida, era o palestrino quem passava a assumir a meta – como no amistoso de despedida de Romário da Seleção, contra a Guatemala. Em 27 de abril, no Pacaembu, Marcos vestiu a camisa 1 na festiva vitória por 3 a 0, recebendo, aos 39 minutos do primeiro tempo, a faixa de capitão do Baixinho, que deixou o campo ovacionado por mais de 36 mil torcedores.

Em junho, o Brasil partiu para a Copa das Confederações, na Alemanha, com Marcos no banco, Dida no gol e o promissor quadrado mágico na linha – em grande forma, Ronaldinho Gaúcho, Kaká, Robinho e Adriano eram as esperanças para a Copa do Mundo no ano seguinte. Na primeira fase da competição, o time se classificou na conta do chá: uma vitória contra a Grécia, 3 a 0, uma derrota para o México, 0 a 1, e um empate contra o Japão, 2 a 2, no dia 22 de junho. Nesse jogo, Parreira optou por poupar alguns titulares, oferecendo novamente ao palmeirense a chance de começar uma partida oficial – que seria sua última com a camisa canarinho. O pentacampeão teve muito trabalho com os atacantes ligeirinhos do selecionado oriental; adiantado, levou um gol em chute de longa distância de Nakamura, ainda no primeiro tempo, mas se redimiu nos acréscimos, ao pegar uma difícil cabeçada de Oguro – que eliminaria o Brasil e colocaria o Japão, treinado por Zico, na próxima fase.

No mata-mata, finalmente a Seleção se encontraria, batendo a Alemanha na semifinal, 3 a 2, e humilhando a Argentina na decisão: um retumbante 4 a 1 que colocou os *hermanos* para sambar no Waldstadion, em Frankfurt.

O longo calvário

*Titular contra o Japão, na Copa das Confederações de 2005*

Na volta ao Palmeiras depois de 35 dias com a Seleção, no início de julho, ainda no mandato de Paulo Bonamigo, Marcos teve de explicar novamente o gol sofrido na Alemanha – e a bucha estourou nos fabricantes de bolas, já acostumados a ouvir reclamações de goleiros. "Essa bola balança muito. Os fabricantes fazem a bola para sair mais gols e a gente que tem que segurar. Falam: como pode tomar gol do meio da rua, de japonês? Com essa bola da Nike estou tendo dificuldade desde o começo do ano, é uma bola rápida. Treinei até com bola de vôlei, que balança mais, mas não adianta. A gente fica revoltado porque todas as regras são feitas para os atacantes fazerem mais gols. Antes, tinha que ser craque para ser atacante. Hoje qualquer cabeça de bagre faz alguns gols e é vendido para fora. O Galvão Bueno, corneteiro, falou que eu falhei. Falhar é tomar por baixo da perna, sair mal... Goleiro é uma raça. Se meu filho quiser ser goleiro, vou dar uma surra nele", desabafou ao *Jornal da Tarde* de 9 de julho.

Um dia depois, o pentacampeão reassumia a meta verde no Derby, perdido por 3 a 1. No duelo seguinte, vieram a derrota para o Fortaleza e a queda de Bonamigo. O próximo jogo seria contra o Figueirense, em 20 de julho, o primeiro sob o reinado de Leão. Entretanto, em uma decisão surpreendente, o novo treinador barrou Marcos do time por tempo indeterminado, justificando que o goleiro estava desmotivado e com dores no punho. Sérgio foi alçado à posição de titular.

"O Marcos está com esse problema no punho, que não é de hoje, e só vai voltar quando não estiver sentindo nada. Ele está chateado, decepcionado e sem motivação para jogar. Precisa de confiança e sustentação para voltar a gostar de jogar futebol, pois não está tendo essa vontade", sentenciou Leão. O médico Aldo Guida endossou a afirmação, dizendo que Marcos apresentava edemas no punho e por isso sua articulação estava sensível. "É um quadro que o incomoda há tempos. Mesmo antes da chegada de Leão, sua exclusão já era pensada", explicou, para surpresa de José Luis Runco, médico da Seleção, que, ouvido pelo *Jornal da Tarde*, afirmou desconhecer qualquer desconforto do guarda-metas. "Não sei absolutamente nada sobre isso. O Marcos faz uma proteção na mão esquerda desde a Copa de 2002. Mas em nenhum momento na Alemanha ele me falou desse problema."

Sem querer bater de frente com a chefia, Marcos corroborou o discurso da comissão técnica alviverde e disse que realmente já estava pensando em fazer uma pausa para recuperar a forma física e evitar problemas maiores. "Se paro antes do jogo com o Corinthians, dizem que estou amarelando. Se paro antes de enfrentar o Fortaleza, dizem que estava querendo derrubar o Bonamigo. Sempre vai haver alguma polêmica", declarou, em entrevista à TV Gazeta. "Não tenho nada contra o Leão e nem estou aqui para atrapalhar o seu trabalho. Nós não brigamos ainda. Tivemos uma conversa e ele me disse para eu cuidar do problema da minha mão."

As controvérsias, contudo, não parariam por aí. Enquanto recuperava a forma, o pentacampeão viu seu nome ligado a uma possível transferência para o exterior – o empresário israelense Pini Zahavi, da incógnita Gol International, teria oferecido US$ 3 milhões pelos direitos de Marcos, proposta confirmada pelo próprio goleiro ao *Estado de S. Paulo* de 14 de agosto. "Pessoas me ligaram, me falaram da proposta. Sei que chegou algo oficial. Querer sair,

*Leão chega rugindo e afasta Marcos por tempo indeterminado*

ninguém quer. Mas se eu for vendido...", resignou-se. Representante legal do jogador, a advogada Gislaine Nunes afirmou que o agente pretendia repassá-lo ao Porto, mas a ausência do nome de um clube no documento enviado ao Palmeiras e a ligação de Zahavi com o iraniano Kia Joorabchian, presidente da MSI, parceira do Corinthians, despertaram suspeitas de que a oferta fosse apenas uma ponte para levar o jogador ao Parque São Jorge.

A partir daí, a negociação chegou a um impasse. Dividida, a diretoria não sabia se aceitava a ótima proposta financeira por um atleta de 32 anos regularmente afetado por lesões ou se era mais vantajoso agradar a torcida e segurar o ídolo. A hesitação dos cartolas começou a irritar Leão, que desde o primeiro momento opôs-se à venda de Marcos, tanto por considerar o valor baixo demais para um campeão do mundo quanto por acreditar na plena recuperação do santo. "Se o clube quer aceitar uma proposta, que aceite logo e pronto. Se não for aceitar, coloque um ponto final em qualquer negociação. A equipe precisa ter uma definição para não ser prejudicada", reclamou ao *Diário de S. Paulo* de 24 de agosto.

Palaia prometeu uma posição definitiva em 31 de agosto, mas a novela terminou cinco dias antes: Marcos abortou imediatamente as tratativas com a Gol International depois de obter nos bastidores a confirmação de que a proposta era realmente uma jogada para colocá-lo no Corinthians no início do ano seguinte. Assim, em 26 de agosto de 2005, data do aniversário de 91 anos da Sociedade Esportiva Palmeiras, o clube anunciava um aumento de salário e a prorrogação do contrato do astro até 2009 – um presentão para a nação palestrina e para o próprio Marcos. "Parto do princípio de que felicidade não significa ser milionário, mas sim poder fazer o que se gosta num lugar em que a gente se sente bem. Não tenho motivo para sair do Palmeiras. Tenho 13 anos de casa, o carinho da torcida e o respeito da diretoria", declarou ao *Jornal da Tarde*.

Leão também comemorou o dia do fico de São Marcos: "Se ele tem raiz no Palmeiras, significa que está muito bem. O Marcos gosta mais daqui do que de qualquer lugar. Ele faz o que o coração manda". Apesar dos festejos, o chefe afirmou que ainda não havia chegado a hora de o santo voltar ao time – até porque, com Sérgio em ótima fase, o Verdão havia engatado uma sequência de dez jogos sem derrota, pulando do 16º para o 8º posto. Marcos não reclamou da suplência e garantiu que continuava no banco numa boa. "Pra mim, é normal. Não é só quando o Sérgio é meu reserva que ele é meu amigo. Ele está em excelente forma, o time não perde há dez jogos. Eu vou continuar treinando. Fica a critério do Leão", afirmou, no dia 27 de agosto.

*Corinthians, não! Marcos fica no Palmeiras, mesmo no banco de reservas*

Demoraria mais de um mês, mas finalmente o pentacampeão recuperaria a camisa 1. "Ele passou um tempo machucado, foi procurado por empresários... Quando tudo silenciou, pôde voltar a trabalhar com tranquilidade. Sua volta era natural", explicou o treinador na véspera do duelo contra o Vasco, em São Januário. Assim, na tarde de 2 de outubro, Marcos fez sua primeira partida sob o comando do novo chefe, e impressionou a todos ao realizar três difíceis defesas que pararam Romário e Alex Dias, a dupla de ataque cruzmaltina. Bem, quase todos: apenas Leão fingiu não ligar. "Foi normal. Goleiro de Seleção tem de pegar mesmo", declarou à Folha de S.Paulo. Que rabugento.

♕

**A 13 rodadas** do final de um campeonato manchado pela suspeita de manipulação de resultados – escândalo que provocou a repetição de 11 jogos e colocou em xeque o futuro campeão Corinthians, principal beneficiado pelas remarcações –, o Verdão visava alcançar o grupo dos quatro primeiros e assegurar uma vaga na Libertadores. Material humano para isso havia: em prestações, Della Monica cumprira sua palavra e contratara alguns atletas de renome, como o zagueiro Gamarra, da Inter de Milão, e o meia pentacampeão Juninho Paulista, do Celtic da Escócia, dupla de veteranos ainda com lenha para queimar. Pelos olhos da cara, o presidente também trouxe o meia-atacante Marcinho, destaque do São Caetano, mais custoso negócio desde os anos da Parmalat – 50% dos direitos do atleta custaram a bagatela de US$ 2,5 milhões.

Depois do começo promissor, entretanto, o time arrumado por Leão começou a oscilar, perdendo fôlego e tropeçando em péssimas atuações. Derrotas para o quase degolado Flamengo, 0 a 1 em casa, e para o Atlético Paranaense, 0 a 4 em Curitiba, no dia 6 de novembro, deixaram o clube mais distante da competição continental: a apenas cinco jogos do final do campeonato, o Goiás, quarto colocado, abria uma vantagem de seis pontos sobre o Verdão. Mas uma última reação colocaria o Palestra novamente na briga – não com o esmeraldino, que pularia para terceiro, mas com o Fluminense de Abel Braga, em franca decadência na tabela. Nas quatro partidas seguintes, o Palmeiras descontou uma diferença de nove pontos e ficou a um pontinho do Tricolor da Guanabara – 68 a 67. Melhor ainda: o alviverde só dependia de suas forças para chegar à competição continental, pois o calendário, por capricho, marcava para a derradeira rodada um confronto direto entre Palmeiras e Fluminense.

Assim, sob um calor escaldante em 4 de dezembro, paulistas e cariocas subiram ao gramado do Parque Antarctica para duelar por um lugar ao sol na América. Liderado pelo sérvio Petkovic, o pó de arroz chegou disposto a colocar um fim na má fase e abriu o placar com Tuta, aos 22 da etapa inicial. Mantido até o intervalo, o resultado era preocupante: a vitória, e somente a vitória, interessava ao Verdão. Aos 17 do segundo tempo, veio o empate: Marcos correu até a bandeirinha de escanteio para salvar um córner, dominou e fez um lançamento de 75 metros para o atacante Gioino, pelo lado esquerdo. O desengonçado argentino cruzou para o meio e a bola sobrou para Washington. Na entrada da área, o camisa 9 ajeitou e guardou: 1 a 1.

Mantendo a pressão, o Verdão dava pinta de que conseguiria a virada – mas, cinco minutos depois, Arouca, de muito longe, pegou na veia e acertou um canudo no ângulo. Golaço, 2 a 1 Flu. Então era o seguinte: se quisesse voltar à Libertadores, o Palmeiras precisaria marcar dois gols em pouco mais de 20 minutos. Aos 29, Petkovic resolveu dar uma mãozinha para os adversários: em bola alçada por Juninho, o gringo raspou de cabeça e jogou contra o patrimônio. 2 a 2. A explosão dos quase 27 mil palestrinos só aconteceria aos 36 do segundo tempo: Corrêa cobrou falta pela direita, a redonda atravessou a área sem ser incomodada e entrou pingando no canto direito do goleiro Kléber. Palmeiras 3, Fluminense 2 – *hola*, Libertadores!

Suada, a vitória emocionou o pentacampeão. "Valeu pelo espírito de luta da equipe. Não desistimos nunca. No segundo tempo, o Palmeiras mostrou o verdadeiro Palmeiras. Foi um prêmio para a torcida, que nos ajudou muito hoje", comemorou. Em paz com a galera e de novo operando milagres – no triunfo de 3 a 2 sobre o Juventude, em 18 de novembro, havia defendido um pênalti aos 46 do segundo tempo, mantendo viva a esperança de classificação para o torneio continental –, o goleiro, antes de descer ao vestiário, só não

*"É o melhor goleiro do Brasil"*: Marcos retribui o apoio da torcida após a vitória contra o Flu

jogou a cueca para a arquibancada. Alucinados, os devotos faziam sua tradicional e profana reverência ao santo: "Puta que pariu, é o melhor goleiro do Brasil: Mar-cos!"

♕

**2006 tinha tudo** para ser um ano animal para o Palmeiras. Ao entusiasmo adquirido após o final emocionante da temporada anterior, somava-se a empolgação pelo retorno de um dos maiores ídolos da história alviverde, o atacante Edmundo. Praticamente considerado um ex-jogador em atividade depois da apagada passagem pelo Fluminense, em 2004, e da posterior transferência para o pequeno Nova Iguaçu, do Rio de Janeiro, o craque recebera do Figueirense uma nova e quiçá derradeira chance na elite do futebol em 2005. E ela seria bem aproveitada: em Florianópolis, Edmundo driblou o fim da carreira com 15 gols e sólidas atuações no Campeonato Brasileiro. A boa fase do antigo astro despertou o interesse do Palmeiras, que não teve problema em atrair o atleta de 34 anos para o Palestra Itália novamente.

Dois anos mais jovem, Marcos também acumulava motivos para comemorar. Em excelente forma técnica e física, voltava a mirar a Copa do Mundo – objetivo que havia ficado para trás com as contusões nos anos anteriores.

Reforçado também por Paulo Baier, destaque do Goiás, o Verdão começou o Campeonato Paulista de forma arrasadora: cinco vitórias em cinco jogos, a última da série em 28 de janeiro, goleada por 4 a 0 na Portuguesa Santista do goleiro Ronaldo, ex-Corinthians – que atuou pela primeira vez no Parque Antarctica e de lá saiu pensando em acelerar a aposentadoria. Com os dois triunfos na fase classificatória da Copa Libertadores, contra os venezuelanos do Deportivo Táchira – 2 a 0 em São Paulo e 4 a 2 em San Cristóbal –, a

*Os veteranos Edmundo e Marcos
se reencontram no Palestra*

equipe de Leão chegava a sete vitórias consecutivas, o melhor início de temporada alviverde desde 1972. Parecia que o time decolaria. Mas só parecia.

Nos dois jogos seguintes, pelo Paulistão, o Palmeiras registrou seus primeiros tropeços – derrota para o São Paulo e empate com o Guarani, noite conturbada em que Leão foi parar na delegacia acusado de ter agredido um repórter. Pronto: o pandemônio já se instalava no Palestra. Como se o clube estivesse em estado terminal, imprensa e torcida hostilizaram sem dó a comissão técnica e o elenco, com uma voracidade que surpreendeu até o calejado Marcos. "Quando você faz parte de um time grande, a cobrança sempre vai acontecer, isso é normal. Mas talvez seja cobrança demais para um time que está liderando o campeonato", afirmou, no *Diário de S. Paulo* de 11 de fevereiro, data do jogo contra o Bragantino. Na entrevista, o camisa 1 também comentou suas excelentes atuações no início da temporada – contra o Bugre, havia sido uma verdadeira muralha – e a expectativa de participar do Mundial na Alemanha com a Seleção, possibilidade cada vez mais real. "Em todas as partidas do Paulista estou tendo boas participações, mas tenho de continuar assim até a última convocação. Manter essa regularidade é o mais difícil."

Aquele sábado chuvoso em São Paulo, entretanto, colocaria um fim às pretensões do arqueiro alviverde. Aos 20 minutos do primeiro tempo, quando o placar já marcava 1 a 1, uma fisgada na coxa direita fez Marcos desabar e deixar o gramado no carrinho da maca. "Senti um estalo no lance do gol deles, aos dois minutos, mas não pedi para sair, achei que estava tudo bem. Mas quando fiz um novo movimento, senti muita dor, não consegui me mexer. Tomara que não seja grave", disse no vestiário.

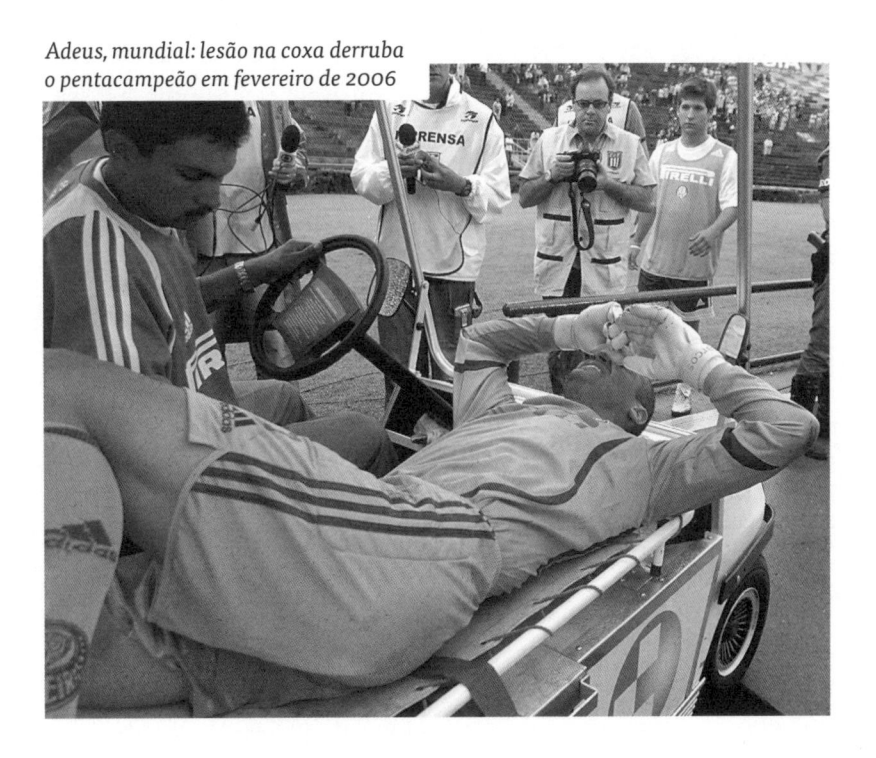

*Adeus, mundial: lesão na coxa derruba o pentacampeão em fevereiro de 2006*

Infelizmente, era. Exames detectaram uma lesão muscular de grau dois no músculo adutor da coxa, que faria o pentacampeão ficar de fora dos treinamentos, pela previsão inicial do médico Vinícius Martins, por no mínimo três semanas – depois disso, o atleta passaria por nova avaliação, para ver quando teria condições de jogo. Em outras palavras: adeus, Copa do Mundo. Sérgio, ao assumir a meta, ainda tentou animar o amigo. "Eu brinquei com o Marcos dizendo que sou uma espécie de dublê. Quando é para beijar a mocinha, ele entra. Na hora da bomba, sou eu que apareço."

E que bomba. Com o histórico barulho das cornetas atrapalhando a equipe, o Palmeiras acabou ultrapassado pelo Santos e pelo São Paulo e terminou o Paulista de 2006 no terceiro posto. Na Libertadores, o alviverde avançou às oitavas de final, de novo contra o Tricolor. Antes do Choque-Rei, porém, estava marcado o início do Campeonato Brasileiro, no qual o Palestra entrou com o pé esquerdo – derrotas por 3 a 2 para a Ponte, em casa, e 6 a 1 para o Figueirense, fora, em 22 de abril. Definitivamente, configurava-se o apocalipse em verde e branco. Na peleja contra a Macaca, parte da torcida já havia hostilizado o time e o técnico – curiosamente, os mesmos que, nove meses antes, clamavam pela contratação do treinador. Mas a bipolaridade não era exclusividade das arquibancadas. Depois da surra em Florianópolis, os cartolas demitiram Leão e deixaram o elenco sem comando dois dias antes do duelo com o São Paulo pela competição continental – ou melhor, oficializaram Marcelo Vilar, do time B, como interino.

Para desespero da torcida, o Palmeiras volta à década de 1980.

♛

## Quando o Brasileirão foi retomado, após a pausa da Copa do Mundo, o Verdão, obviamente fora da Libertadores, apresentava

uma campanha constrangedora. Em dez rodadas do nacional, a equipe, agora tocada pelo gaúcho Tite, havia somado apenas quatro pontos em 30 possíveis: uma vitória, um empate e oito – oito – derrotas. Apenas o Santa Cruz, com três pontos, conseguia ser pior. Curado da lesão na coxa, Marcos voltava à meta e anunciava seus objetivos para a temporada. "Não tem outro sonho agora que não seja tirar o Palmeiras do rebaixamento. Depois, quando sairmos das últimas colocações, podemos pensar em vaga na Sul-Americana ou até na Libertadores", afirmou em 13 de julho, data do jogo contra o Vasco – vitória palestrina por 4 a 2. "Só tive notícias ruins este ano. Agora chega!"

Pois três dias depois, no comecinho do clássico contra o Corinthians, no Morumbi, Marcos sofria uma luxação no osso esterno clavicular do ombro direito.

Compreensivelmente desolado, o camisa 1 abriu as portas para a aposentadoria. "Voltei de uma contusão e já acabo tendo outra. Parece que as coisas não estão dando muito certo. Não sou mais menino, e a coisa que mais gosto de fazer é jogar, mas não tenho mais conseguido ajudar o Palmeiras. Fico chateado e não sei se o melhor é aguentar tudo isso. São muitas contusões, você fica pensando até em parar." Ao saber das declarações do goleiro, Tite fez questão de declarar que a hipótese estava descartada. "Ele está proibido de aventar qualquer possibilidade de deixar de jogar futebol enquanto eu for técnico do Palmeiras. Ele não pode nem pensar nisso", sentenciou.

Esse não seria um problema caso Marcos realmente quisesse pendurar as chuteiras – dois meses depois do episódio, o gaúcho já estava fora do cargo, em nova demonstração de amadorismo da cartolagem palestrina. Após a derrota por 3 a 2 para o Santa Cruz, em Recife, no dia 21 de setembro, e com o Palestra ainda flertando perigosamente com a zona da degola, o diretor de futebol Salvador

*Contusão no início do Derby: sai Marcos, entra o jovem Diego Cavalieri*

Hugo Palaia havia mandado o treinador "calar a boca" e parar de reclamar da arbitragem. Desprestigiado, Tite não teve alternativa a não ser pedir as contas. Em seu lugar, a diretoria efetivou no cargo o já testado – e reprovado – Marcelo Vilar.

Em 1º de novembro, na partida contra o Goiás, no Parque Antarctica, o comandante, já com a cabeça a prêmio, convocava Marcos para assumir a meta que estava sendo guardada dignamente pelo jovem Diego Cavalieri. Substituto do santo desde a contusão contra o Corinthians – Sérgio se recuperava de uma operação na mão e estava fora de combate na ocasião –, o prata da casa de 23 anos não apenas segurou o rojão como também se tornou uma das revelações do campeonato. Alguns até consideraram inoportuno o regresso do pentacampeão, pois faltavam apenas sete rodadas para o fim do Brasileiro. O treinador, porém, queria contar com a bênção de São Marcos para permanecer no cargo e na primeira divisão – afinal, o fantasma do rebaixamento ainda rondava o clube, 15º colocado entre os 20 competidores. "Quando o Marcos voltar, é para ser titular. Colocar o Marcos no banco seria uma pressão a mais para o Diego", declarou, na véspera da partida.

Pois o Goiás sapecou 3 a 1 no Palestra e provocou a manjada queda de Marcelo Vilar. Seu substituto? O maior especialista em segundona da paróquia – ele mesmo, Jair Picerni. O veterano reestreou no banco alviverde contra o Paraná Clube, em Curitiba, no dia 5 de novembro, mas não mudou a sina do antecessor: derrota por 4 a 2, o quarto resultado negativo consecutivo do Palmeiras, que, de novo, virava um caldeirão em ebulição.

Na véspera da partida seguinte, contra o Fortaleza, integrantes da Mancha Alviverde entraram na sede social do clube e ocuparam, por duas horas e meia, a sala de Affonso Della Monica, que não estava no local. "Quisemos mostrar que o presidente é tão frouxo que acontece qualquer coisa dentro do clube. A humilhação que ele passou ao ter o clube invadido é muito grande", afirmou Jânio Carvalho, presidente da organizada, ao *Diário de S. Paulo* de 8 de novembro. Os revoltosos pediam a saída de Della Monica, de Palaia e do gerente de futebol Ilton José da Costa, além do afastamento do "jurássico" Mustafá Contursi do quadro de conselheiros. A acusação de falta de pulso da cartolagem provou-se verdadeira com a própria punição dos responsáveis pelo golpe simbólico: nenhuma. "Como vou ver isso sendo uma invasão, se são os filhos do Palmeiras entrando na casa deles? Não me assusto quando um irmão chega perto de mim", afirmou o diretor administrativo Roberto Frizzo, encerrando o assunto com uma bela e redonda pizza.

Na meta do time titular, também houve uma deposição – mas promovida pelo próprio Marcos, que decidiu sair de cena e entregar seu lugar a Diego Cavalieri pelo restante do Brasileirão. "O pessoal achou que eu poderia ajudar com a minha experiência, liderança e comando. Só que a gente precisa de três a quatro jogos para pegar o ritmo, e não temos esse tempo. É o momento de o Diego voltar", afirmou, sincero. "É difícil admitir que você não está em boas condições de jogar. Estou há dois ou três dias sem dormir. Tenho de fazer o que meu coração manda. Cheguei cedo para conversar com o Jair. Quis reparar um erro que foi a saída do Diego Cavalieri do time", confessou Marcos, prometendo que estaria 100% no início da pré-temporada, em janeiro. Picerni acatou a decisão. "O atleta tem de estar de bem com a vida. Ele não se sentiu bem nos dois jogos e vamos dar um tempo para ele."

Nos cinco encontros seguintes, o Verdão venceu dois, perdeu dois e empatou um, campanha mediana porém suficiente para escapar da Série B na bacia das almas – a equipe acabou em 16º lugar, à frente apenas dos rebaixados Ponte Preta, Fortaleza, São Caetano e Santa Cruz.

Na derradeira partida do campeonato, empate de 1 a 1 com o Fluminense no Maracanã, em 2 de dezembro, o goleiro Sérgio entrava em campo para substituir Diego, que havia se machucado no duelo anterior. Era a despedida do veterano com a camisa alviverde. Seu contrato venceria no fim do ano e a diretoria anunciou pela imprensa que não renovaria o vínculo, sem ao menos ter o respeito e a decência de agradecer o arqueiro pelos 15 anos de bons serviços prestados ao clube. "Deixo o Palmeiras com a sensação de dever cumprido", afirmou o veterano, lamentando apenas a situação do time que defendera em 337 oportunidades. "Acho que tem muitas coisas que precisam ser revistas e mudadas."

As mudanças não tardaram a acontecer. Logo após o final do campeonato, o atrapalhado diretor de futebol Salvador Hugo Palaia, bombardeado por todos os lados, pediu licença médica e foi substituído por Gilberto Cipullo, que por anos militara na oposição palestrina. Em 9 de dezembro, Picerni foi demitido e deu lugar a Caio Júnior, em alta depois de levar o Paraná Clube ao quinto posto no Brasileiro e a uma vaga na Copa Libertadores. Destaque da nova geração de treinadores, o paranaense de 41 anos, ex-jogador do Grêmio, considerava que o cargo de técnico de futebol exigia um domínio das áreas tática, técnica, física, psicológica e até acadêmica. Esse verniz estudioso e moderno o credenciava para comandar a renovação no Palestra Itália – a ser iniciada, de acordo com ele, por uma mudança de mentalidade. "Tenho que conscientizar os jogadores que vamos ganhar um título. Não sei qual, mas vamos", declarou em sua apresentação oficial, no dia 11 de dezembro.

Por seu físico franzino, sua cabeleira avolumada e seus óculos transados, Caio Júnior logo recebeu da torcida o apelido de Harry Potter – e era bom que o treinador aprendesse alguns truques com o bruxinho, já que reerguer o novamente desacreditado Palmeiras não seria tarefa fácil. Na reformulação, os medalhões Juninho, Gamarra e Marcinho deixaram o clube, que recebia promessas como o zagueiro Gustavo, do Schalke-04 da Alemanha, o meia Caio, do Internacional, e um trio vindo do Paraná Clube – o zagueiro Edmílson, o volante Pierre e o atacante Cristiano, homens de confiança do professor. O veterano Edmundo permanecia na equipe, mas Caio Júnior vislumbrava em um chileno contratado no ano anterior o novo maestro da equipe: Valdivia. Marcos, prestigiado pelo treinador, não só recuperara o status de titular como ainda recebia a faixa de capitão.

Repetindo o filme do ano anterior, o alviverde começou bem o campeonato estadual, com três vitórias consecutivas, diante de Paulista, Rio Branco e Santo André. Mas na 11ª rodada, quando a tabela determinava o encontro com o Corinthians, o time de Caio Júnior já havia caído para a posição intermediária da classificação – com quatro vitórias, quatro empates e duas derrotas, estava em nono lugar, a cinco pontos da zona de classificação. Esperto, o treinador levou o elenco para uma preparação em Águas de Lindoia, a fim de afastá-lo da pressão da torcida. Funcionou: com Valdivia e Edmundo atuando juntos pela primeira vez, o Palmeiras massacrou o time da Fazendinha por 3 a 0, dois do Animal e um de Osmar. Apesar de não ter marcado gols, Valdivia fez a alegria dos palestrinos com seus dribles insinuantes, para irritação do técnico adversário. "Esse é meu jeito de jogar. Se o Leão não gostou, é problema dele", respondeu o camisa 10.

No domingo seguinte, 11 de março, o Palmeiras recebia o Juventus no Parque Antarctica. Aos 25 minutos, quando o placar já mostrava 1 a 0 para o Palestra, Marcos subiu para cortar um cruzamento e acabou atingido pelo zagueiro Reginaldo, do Moleque Travesso. Com muitas dores no braço esquerdo, foi substituído por Diego. "Foi uma cabeçada no braço. Subo para acertar a bola e me ferro. Acho que terei de começar a pular com o joelho ou o cotovelo na frente... Não consigo nem mexer o braço", reclamou, na saída de campo. Enquanto a equipe, com novo show da dupla Edmundo e Valdivia, batia o Juventus por 4 a 1, o pentacampeão chegava ao Hospital São Camilo, a fim de fazer uma radiografia para constatar a gravidade do caso. Quando foi informado pelos médicos do diagnóstico, Marcos caiu em prantos. Fratura no antebraço. Ao menos 45 dias com o braço imobilizado.

O goleiro então retornou ao estádio para conversar com os companheiros, e a notícia acabou com o clima festivo do vestiário. "Vamos ter de ajudá-lo muito. Além de ser um grande jogador, ele é

# O longo calvário

*Entre uma lesão e outra, o goleiro conversa com o técnico Caio Júnior*

importante como pessoa", afirmou Caio Júnior, preocupado com o visível abatimento do ídolo. Já o médico Vinícius Martins não se conformava com o azar do atleta. "Confesso que não estou lembrado de já ter visto fratura no antebraço. Já vi várias fraturas na mão, mas no antebraço não", afirmou.

Pela enésima vez, Marcos entrava na sala de operações, agora para receber uma placa de liga de titânio, que ajudaria na compressão e fixação do osso fraturado. Mas a fase ruim parecia não ter fim: a peça implantada apresentou uma "deformidade anatômica", de acordo com o doutor Martins, e precisou ser trocada. Assim, no dia 15 de maio, o goleiro voltou ao Hospital Santa Catarina para a cirurgia de substituição do material – a nova placa, que ficaria definitivamente no local, tinha 11 centímetros de comprimento, 1,5 milímetro de espessura e oito parafusos de sustentação. O prazo para a volta aos campos era de dois a três meses, mas o homem do braço de titânio já fazia um alerta aos adversários. "Cansei de ser bonzinho. Agora vou sempre sair do gol com o joelho erguido, para me proteger", declarou Marcos, que prometia adotar como modelo o arqueiro Fábio Costa, do Santos, conhecido por não aliviar nas saídas de gol. "Ele é que está certo. Imagina se iriam dividir com ele como fazem comigo. Preciso mudar essa minha fama, ser mais maldoso. Sempre achei que precisava ir só na bola, tentando evitar o choque. Mas, infelizmente, não pensaram assim comigo", disse.

Quatro longos meses se passaram, até que, em 23 de setembro, o goleiro de Oriente foi relacionado para uma partida oficial novamente – ficaria na suplência de Diego Cavalieri na batalha contra o Corinthians, pela 27ª rodada do Campeonato Brasileiro. A vitória por 1 a 0 no Derby, gol solitário do zagueiro Nen, foi muito comemorada por time e torcida: o resultado colocou o Palmeiras no grupo de classificação para a Libertadores e empurrou o Corinthians para a zona do rebaixamento. "Foi uma experiência inesquecível. Além de vencer o jogo, comemorei com o Marcos no banco. Foi histórico", exclamou Caio Júnior na *Folha de S.Paulo* de 24 de setembro.

Mas o calvário de Marcos não havia chegado ao fim. Em 18 de outubro, pouco mais de três semanas de seu retorno ao banco de reservas, o goleiro, inacreditavelmente, fraturou de novo o antebraço esquerdo, após choque com o atacante Rodrigão em um coletivo na Academia de Futebol – dessa vez, em um local mais próximo da mão do que o trauma anterior. Apesar do baque, o atleta fez questão de afastar os boatos de aposentadoria. "Não vou encerrar a carreira. Algumas pessoas sempre falam isso quando sofro alguma lesão, mas não tenho motivos para desanimar. Faço parte de um clube estruturado e só tenho amigos aqui. Graças a Deus, minha família esteve sempre do meu lado e vivo cercado de pessoas positivas. E é justamente esse clima que me dá forças para continuar e ter esperança de voltar a jogar bem", afirmou em entrevista ao site oficial do Palmeiras, no dia 26 de outubro. Marcos ficaria com o braço imobilizado por seis semanas e só deveria retornar aos treinos na pré-temporada de 2008.

Para o Verdão, o ano terminaria de forma igualmente frustrante. No dia 2 de dezembro, a equipe só precisava de uma vitória contra o Atlético Mineiro, em casa, para assegurar a tão esperada vaga na Copa Libertadores de 2008. Mas, diante de um Parque Antarctica repleto, o Palmeiras morreu na praia: derrota por 3 a 1 para o mediano Galo. O fiasco decretou o fim da linha para Caio Júnior, que, no meio da semana seguinte, em decisão de comum acordo com a diretoria, anunciou sua despedida do clube. "Foi um trabalho importante de reformulação e de formação de uma equipe. Recuperamos a autoestima e o respeito do Palmeiras. Sei que o trabalho teve reconhecimento, mas acredito que, em função da não classificação para a Libertadores, houve um desgaste. Achamos melhor não dar sequência ao trabalho", declarou.

O Natal da torcida só não foi mais triste porque o arquirrival Corinthians acabou rebaixado para a segunda divisão, permitindo assim a vingança por todas as piadinhas de 2002. Mas o palestrino não conseguia esquecer a própria miséria. As quatro últimas temporadas haviam sido sofríveis: fora da briga por títulos, o Verdão começava a trilhar o perigoso caminho dos anos 1980, a década perdida, em que o gigante alviverde se tornara praticamente um mero coadjuvante na elite do futebol.

Para reverter o agonizante quadro, a diretoria optou por um arriscado tratamento. Buscou na prateleira uma receita antiga, eficaz nos anos 1990, mas que provocara um revertério danado em sua última aplicação, em 2002.

Dessa vez, seria um santo remédio – São Marcos que o diga.

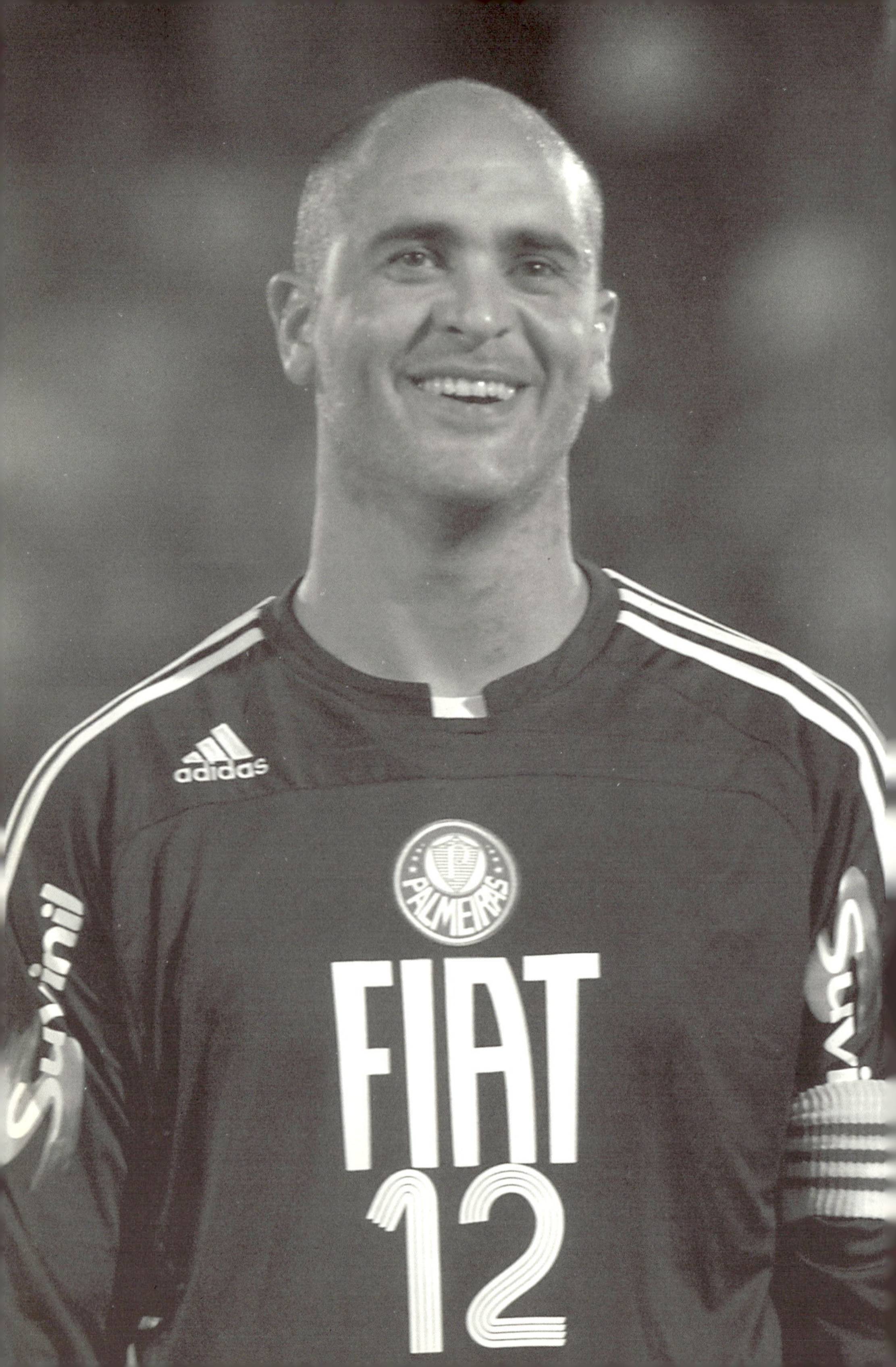
adidas
PALMEIRAS
FIAT
12
Suvinil

# 14

# A ressurreição do santo

Quando o Palmeiras apresentou Wanderley Luxemburgo como técnico da equipe para a temporada de 2008, a torcida não sabia se ria ou se chorava. Afinal, se havia um nome capaz de armar uma equipe vencedora, esse alguém era Luxemburgo, então bicampeão paulista com o Santos e comprovadamente um dos melhores do ramo. Mas ainda estava viva na memória dos palestrinos sua última passagem pelo clube, em 2002, quando foi seduzido por uma proposta do Cruzeiro e abandonou o barco no comecinho do Campeonato Brasileiro – primeiro percalço na traumática campanha que levaria o alviverde à Série B. Não à toa, em cada uma das vezes que o treinador voltou ao

◄ *De novo com a camisa 12, o recuperado Marcos volta a sorrir*

Parque Antarctica para enfrentar o Palmeiras, os implacáveis gritos de "mercenário" o acompanharam durante os 90 minutos.

Antes de começar seu quarto mandato à frente do Verdão, Luxemburgo tentou esclarecer o ocorrido para reconquistar a simpatia das arquibancadas – ou pelo menos aplacar sua ira. "Quando eu saí do Palmeiras, as pessoas me deram muita pancada e me jogaram uma responsabilidade que não me pertencia. Eu saí por não concordar com o pensamento do pessoal que estava aqui", afirmou, em 18 de dezembro de 2007, na sala de imprensa da Academia de Futebol. Preocupado em fazer média também com a direção, elogiou a estrutura do clube e prometeu trabalho e seriedade. "É uma satisfação enorme retornar ao Palmeiras. Volto ao clube que me projetou, e num momento nobre, quando a equipe faz uma projeção de grandeza."

Com o apoio da Traffic, empresa de marketing esportivo que se aliara ao Palestra e anunciava o investimento de um caminhão de dinheiro no time, Luxemburgo trouxe reforços a granel. A mais bombástica das contratações foi a do meia Diego Souza, que fizera uma excelente temporada no Grêmio vice-campeão da América e teve seus direitos adquiridos do Benfica por nada menos do que € 3,7 milhões. Bom de bola e ruim de cabeça, o atleta, não por acaso, herdou a camisa 7 de Edmundo, que se despedira do clube no final do ano anterior. Também chegaram os atacantes Alex Mineiro, Lenny e Jorge Preá, o lateral Élder Granja, o meia Léo Lima e o zagueiro Henrique. Com o campeonato já em andamento, mais dois nomes de peso se juntaram ao elenco: o pentacampeão Denílson, que estava no FC Dallas dos Estados Unidos, e o atacante Kléber, ex-São Paulo, de volta ao Brasil depois de uma passagem pelo Dínamo de Kiev, da Ucrânia.

O primeiro desafio da temporada era o Campeonato Paulista, e o time milionário, inicialmente, não deu liga. Sem entrosamento, o Verdão começou mal e entrou na sétima rodada amargando a 11ª posição,

## A ressurreição do santo

com apenas oito pontos em seis jogos – duas vitórias, dois empates e duas derrotas, pior retrospecto em um início de temporada do clube desde 1992. Para dificultar mais as coisas, o duelo de 6 de fevereiro opunha o alviverde ao time sensação do campeonato, o caçula mas já líder Guaratinguetá. Com o Parque Antarctica em obras, a diretoria decidiu levar a partida para o estádio Teixeirão, em São José do Rio Preto. Outra novidade para o confronto era o retorno de Marcos, que viajou com a delegação pela primeira vez no ano. Depois de tanto sofrimento, voltar ao banco de reservas já seria uma vitória. Luxemburgo, porém, surpreenderia a todos ao sacar abruptamente Diego Cavalieri da equipe e entregar ao goleiro de 34 anos a titularidade e a faixa de capitão.

*O retorno do capitão: Palmeiras e Guaratinguetá, fevereiro de 2008*

Inscrito no estadual com a camisa 12, o pentacampeão celebrava assim seu retorno aos gramados depois de quase um ano de ausência. Mas esse seria seu único motivo de comemoração naquela noite de quarta-feira. Em uma partida na qual dominou amplamente as ações na etapa inicial, o Palmeiras foi castigado por perder uma montanha de oportunidades e levou dois gols nas duas únicas descidas do adversário – o segundo tento em falha de Marcos, que escorregou e deixou a bola passar na cobrança de falta de Alê. O *script* se repetiu no segundo tempo: a blitz palestrina foi improdutiva e o Guará marcou mais um, sacramentando o placar em 3 a 0. Ainda no gramado, Marcos tentava explicar o ocorrido. "Fizemos contratações, o Palmeiras será forte. Mas, por enquanto, ainda é um amontoado de jogadores. O Wanderley vai fazer disso um time, mas leva tempo."

Com a derrota, a terceira consecutiva, o Palmeiras caía para a 14ª posição entre os 20 colocados – ao final do turno único, apenas os quatro primeiros se classificariam para as semifinais. Mesmo no olho do furacão, Luxemburgo fazia questão de mostrar tranquilidade e confiança, soando até um tanto maluco ao pronunciar, depois de um chocolate de 3 a 0, uma frase tão otimista. "A torcida pode ter certeza que vai sorrir com este time."

♛

**O duelo** contra o Guarani, no dia 9 de fevereiro, de novo em São José do Rio Preto, ganhou ares de decisão para o Palmeiras e para Marcos. Expert em crises, o arqueiro já previa: "Quanto mais passa o tempo, mais aumenta a cobrança. Temos de ganhar neste final de semana. Se a vitória não vier, a situação pode se complicar". De sua parte, assumiu a responsabilidade pela má atuação na partida anterior e garantiu que em breve retornaria à velha forma. "Superar uma parada de um ano é muito mais difícil do que sair de férias. Estou legal, me sentindo bem. Só peço paciência para a torcida e para a imprensa. Não adianta eu ficar fazendo jogo-treino na Academia para entrar em forma. Preciso jogar. Só assim pegarei ritmo", afirmou no *Diário de S. Paulo* do dia da partida.

Pois Marcos não poderia mais reclamar de inatividade: exigido à exaustão pelo ataque bugrino na primeira etapa, o pentacampeão operou dois milagres e manteve o empate sem gols até o intervalo. No segundo tempo, Luxemburgo colocou Martinez e Lenny e a máquina desemperrou, com Alex Mineiro anotando os três gols da vitória palestrina. Agora de cabeça erguida, Marcos aproveitou para fazer o discurso que havia ensaiado para o dia da reestreia – mas que os 3 a 0 no cocuruto não deixaram ir ao ar. "Quero aproveitar para agradecer quem me ajudou nessa volta. O departamento médico, o Filé *(Nilton Petrone, fisioterapeuta)*, o Rosan *(fisioterapeuta)*, a diretoria, que sempre confiou na minha volta, a minha família, que nunca me deixou abaixar a cabeça. O Luxemburgo e o Pracidelli, lógico, mas especialmente ao Diego. No dia que ele soube que deixaria o time, foi ao meu quarto, me deu apoio e ajudou a escolher as luvas e as chuteiras."

Na partida seguinte, goleada contra o Juventus, 4 a 0, em grande atuação coletiva – democraticamente, Diego Souza, Alex Mineiro, Valdivia e o zagueiro David marcaram. Quando todos achavam que o time finalmente embalaria, a nau palmeirense encalhou no Rio Claro e no Rio Preto, empates de 1 a 1 que fizeram o alviverde estacionar no 9º lugar. A sorte é que o próximo adversário seria o velho freguês Corinthians – o rival não marcava um gol no Palestra desde 2006 e vinha de três derrotas no maior clássico da cidade. Mais de 48 mil pessoas pagaram ingresso no Morumbi para ver, de novo, mais um triunfo verde: 1 a 0 em tarde do Mago Valdivia e sua comemoração do "chororô", resposta às críticas que sofrera dos ri-

*Chororô: Valdivia derruba o Corinthians e Palmeiras embala no Paulistão*

vais na véspera do Derby. "É ruim falar antes do jogo. Falaram que o Valdivia era chorão. Que deveria deixar de chorar. Agora estou chorando. De alegria", explodiu o chileno.

Depois disso, o Palmeiras embalou de vez. Nos sete jogos restantes da primeira fase, sete vitórias – incluindo um massacre sobre o São Paulo no pantanoso campo do estádio Santa Cruz, em Ribeirão Preto, no dia 16 de março. Em jogo nervoso, o Tricolor abriu o placar com Adriano, aos 39 minutos da etapa inicial. Mas a equipe de Muricy Ramalho nem pôde comemorar muito. Aos 44, Kleber recebeu na meialua, deu um corte seco que fez o zagueiro Juninho sumir do mapa e bateu no canto direito de Rogério Ceni. 1 a 1. No segundo tempo, baile do Palestra. Com três gols de pênalti, cobrados por Denílson, Valdivia e Diego Souza, o alviverde fechou o placar em incontestáveis

4 a 1, sob os gritos de olé da arquibancada, e quebrou um incômodo tabu de 11 anos sem vitórias no estadual contra o São Paulo.

"Hoje temos esperança de ser campeões. Ou, no mínimo, de lutar de igual para igual com os outros. Não tínhamos isso aqui havia algum tempo. A gente falava em ser campeão, mas sabia, dentro do grupo, que não tinha time para isso", confessou Marcos na *Folha de S.Paulo* de 4 de abril. A primeira fase se encerrou dois dias depois, com Guaratinguetá e Palmeiras empatados na ponta, 37 pontos para cada – no desempate, o time do interior levou vantagem, por ter 12 vitórias contra 11 do alviverde. Assim, nas semifinais, o Guará pegaria a Ponte Preta, quarta colocada, e o Palestra faria o clássico contra o São Paulo, que terminou em terceiro.

O reencontro dos rivais paulistanos seria apimentado. A batalha de Ribeirão ainda despertava animosidade nos dois lados – são-paulinos inconformados com a cotovelada de Kléber em André Dias, que rendeu três partidas de suspensão ao camisa 30 e seis pontos no supercílio do zagueiro, e palmeirenses reclamando da joelhada de Jorge Wagner em Valdivia, agressão punida com um jogo de suspensão. Dirigentes tricolores fizeram de tudo para tirar a segunda e decisiva partida do Parque Antarctica; contudo, o Palmeiras venceu o braço de ferro nos bastidores e fez prevalecer a vantagem ganha dentro de campo.

Para a primeira semifinal, no Morumbi, o Verdão dedicava atenção total à estrela maior do São Paulo, o atacante Adriano, recuperado depois de atingir o ostracismo na Europa. Ao *Diário de S. Paulo* de 13 de abril, data do jogo, o meio-campo Léo Lima avisava: "Temos de buscar a antecipação nas jogadas e não deixá-lo usar a perna esquerda, já que o Adriano tem uma bomba nos pés". Na teoria, a zaga palmeirense não precisaria se preocupar com a mão do Imperador – mas, em uma partida apitada por Paulo César de Oliveira, a prática sempre poderia ser diferente.

Logo aos 12 minutos, Jorge Wagner cruzou para a área, Adriano mergulhou e empurrou com o braço direito a bola para o fundo das redes de Marcos. Até o presidente tricolor Juvenal Juvêncio ficaria constrangido em validar o gol, claramente irregular. O árbitro e a auxiliar Maria Elisa Barbosa, porém, correram saltitantes para o centro do campo. "Nossa interpretação foi de jogada normal. Não houve a intenção do toque de mão", explicou Paulo César, desafiando a razão e provocando a ira dos palmeirenses. Marcos tentou não comentar, mas não resistiu. "Não vou chorar, até porque quem costuma botar sempre a culpa na arbitragem não é o Palmeiras, mas outro clube", alfinetou. "Acho que todos os assistentes que atuam no Campeonato Paulista são são-paulinos."

Com os pés, o placar foi de 1 a 1 – Adriano marcou aos 2 minutos do segundo tempo e Alex Mineiro aos 31, cobrando pênalti sofrido por Lenny. Somados os resultados do jogo de futebol com o de vôlei, o Tricolor venceu por 2 a 1 e reverteu a vantagem do Verdão – o empate no Parque Antarctica agora classificava a equipe de Muricy Ramalho. O Palmeiras precisava de uma vitória simples.

Uma semana depois, em 20 de abril, apesar do domingo chuvoso, o clima era quente no Palestra Itália lotado. Precisando da vitória, o Palmeiras se lançou à frente e foi recompensado logo aos 22 minutos. Léo Lima chutou da intermediária, rasante, no meio do gol; Rogério Ceni caiu errado, para a esquerda, e viu a bola passar rente a suas pernas. Dose dupla de comemoração para a torcida alviverde: "Frangueiro!", gritava o estádio. O placar de 1 a 0 aliviava a pressão das costas dos comandados de Luxemburgo, que, entretanto, não se acomodaram com o resultado. As duas equipes procuravam o gol, mas a rede só seria balançada de novo aos 38 do segundo tempo, depois de muito trabalho para ambos os goleiros. Pela esquerda, Lenny lançou Wendel, que puxou o contra-ataque e serviu com açúcar para Valdivia, sozinho na área, cumprimentar para o

*Soberano: Marcos segura a vitória do Palestra contra o São Paulo na Batalha do Gás*

gol. Festa no chiqueiro: Palmeiras 2, São Paulo 0 – nove anos depois, o Verdão voltava a uma decisão de Campeonato Paulista.

Fora de campo, um incidente provocou polêmica nos dias subsequentes: durante o intervalo da partida, um misterioso gás foi jogado no vestiário da equipe do Morumbi, obrigando atletas e comissão técnica, alguns com irritação nos olhos e nas narinas, a voltar para o gramado. Enquanto os cartolas tricolores vociferavam contra a estrutura do Parque Antarctica e acusavam uma criminosa sabotagem dos anfitriões, a polícia, sem sucesso, tentava descobrir os responsáveis pelo ocorrido. Já os palmeirenses, negando qualquer envolvimento no caso, levantavam a possibilidade de armação são-paulina. Precedente para isso havia, como lembraram Gilberto Cipullo e Wanderley Luxemburgo: no Choque-Rei do ano anterior, pelo Brasileiro, o goleiro reserva Bosco pegara uma pilha no gramado do Palestra e fingira ter sido atingido – mais tarde, imagens de um cinegrafista amador revelaram a patética farsa e o fanfarrão foi punido pelo Supremo Tribunal de Justiça Desportiva com um jogo de suspensão.

Hostilidade assumida mesmo, apenas entre as arqui-inimigas torcidas. Obra de palmeirenses provocadores, os postes próximos ao portão de entrada dos visitantes haviam sido pintados de rosa antes do jogo, com uma sinalização extra pichada ao lado do setor reservado aos são-paulinos: "Entrada das meninas". Não houve reclamações oficiais.

☬

**Para a decisão** contra a Ponte Preta, que despachara o Guaratinguetá com duas vitórias, o Palmeiras era o favorito disparadíssimo – só que a torcida, ressabiada com o histórico do time em jogos decisivos contra forças do segundo escalão, preferiu não cantar vitória antes do tempo. Dessa vez, contudo, não haveria problema: o Porco faria barba e cabelo na Macaca. Em Campinas, em 27 de abril, 1 a 0, gol de Kléber. Uma semana depois, no dia 5 de maio de 2008, um domingo ensolarado em São Paulo, nirvana no Palestra Itália. Não havia forma melhor de comemorar um título do que ao lado da massa alviverde, com uma acachapante goleada de 5 a 0 – três de Alex Mineiro, um de Valdivia e um contra de Ricardo Conceição.

Ovacionado pela torcida e saudado pelos companheiros, Marcos redimiu-se do rosário de contusões e experimentou o gostinho de conquistar pela primeira vez um Campeonato Paulista como titular. Antes da subida para o gramado, no túnel do vestiário do Palestra, o camisa 12 fez uma tocante preleção aos companheiros. "O tanto de tempo que a gente ficou concentrado. O tanto de tempo que eu fiquei quebrado no vestiário, fazendo tratamento lá, pra vol-

Na final do Paulistão de 2008, o Palmeiras massacra a Ponte Preta e Marcos levanta a taça

tar. Eu me quebro tudo de novo. Eu me quebro tudo de novo, juro por Deus, mas eu não vou perder para essa Ponte Preta nem a pau. Nem a pau. Quebro minha perna, quebro meu pescoço se tiver que quebrar dentro dessa porra, mas não vou perder. Porque eu sei o que sofri para estar aqui. Eu sei o que vocês sofreram também. Então, véio, eu não vou ter medo de errar. Se eu errar, foda-se, mas eu vou arriscar, véio. Vou arriscar, que nem contra o São Paulo. Se tiver que jogar de líbero, eu jogo nessa porra. Mas eu não vou perder. Nós não vamos perder, porque a gente sabe o que a gente fez para estar aqui, porra", afirmou, sem conter as lágrimas.

"Vi o Marcos chorando e percebi quanto o título estadual é importante para nós. O Marcos é nosso ídolo dentro do elenco", revelou o lateral esquerdo Leandro após a partida. Para o goleiro, porém, era hora de exaltar outros nomes. "Ídolo é o Valdivia. A torcida estava precisando de um camisa 10, bom de bola e irreverente. Essa renovação é importante para o clube", declarou o pentacampeão, que também não se cansou de elogiar o reserva, Diego Cavalieri, em sua opinião o futuro da meta do Palmeiras.

Ao fazer um rápido resumo de seus últimos meses, ainda no gramado do Parque Antarctica, o santo revelou gratidão à torcida e à comissão técnica. "No ano passado, eu já dava entrevista como ex-jogador. Quando voltei, fiz um jogo contra o Guaratinguetá e tomei três gols. Pedi paciência aos torcedores. E agora estou agradecendo a eles", comemorou, fazendo questão de mencionar a confiança nele depositada pelo treinador. "Eu estava na areia movediça, só com os olhinhos para fora, quando o Wanderley me pegou", emocionou-se o camisa 12. "Estava me preparando para o showbol e agora estou ganhando o título paulista." Sorte do Palmeiras, azar da trupe dos velhinhos barrigudos.

"Vamos atrás do título nacional. Se não der, o objetivo é garantir ao menos um lugar na Libertadores", sentenciava Luxemburgo logo após a decisão do estadual. Até a reta final do Campeonato Brasileiro, iniciado em 10 de maio, parecia realmente que o Palmeiras poderia levantar o caneco. Equilibradíssimo, o campeonato viu três times se revezarem na liderança até a 33ª de suas 38 rodadas. O Flamengo começou forte, mas perdeu na 10ª rodada o posto para o Grêmio. Os gaúchos mantiveram a posição até a 26ª rodada, quando foram ultrapassados pelo Palmeiras. Mas o alviverde só ficou na frente por dois jogos; logo os gaúchos retomaram o topo da tabela, dando mostras de que de lá não mais sairiam. Entretanto, uma série de tropeços gremistas permitiu ao São Paulo, que corria por fora, chegar à liderança na 33ª rodada – e, uma vez segurando a ponta, os tricolores não a largariam mais.

Com a briga pelo título restrita a São Paulo e Grêmio, restava ao Palestra o consolo da classificação para a Libertadores, considerada obrigatória por diretoria e torcida. Mas foi por pouco, por muito pouco, que o fiasco de 2007 não se repetiu e o ano acabou em nova tragédia no Parque Antarctica.

No último jogo, o calendário opunha o alviverde ao desmotivado Botafogo, nono colocado na tabela, que vinha de seis partidas sem vitórias no torneio. Em terceiro lugar, com 65 pontos, o Palmeiras precisava ganhar para evitar a ultrapassagem de Flamengo e Cruzeiro – ambos tinham 64 pontos e chegariam a 67 caso triunfassem em seus jogos. Pois o Verdão conseguiu perder para o Fogão por 1 a 0 e só não ficou fora da Libertadores porque o Flamengo também refugou – os cariocas apanharam de 5 a 3 do Atlético Paranaense, em Curitiba. Com a vitória do Cruzeiro sobre Portuguesa, o Palestra caiu para a quarta posição e ficou com vaga para a competição continental. "Foi de um jeito triste, mas pelo menos conseguimos a classificação. Não vou dizer que fica uma decepção, porque a sensação é de dever cumprido" declarou o treinador, com sorriso amarelo.

Diversos problemas acumulados durante o segundo semestre contribuíram para a derrocada palmeirense na reta final do torneio. Em primeiro lugar, a falta de reforços de qualidade – para o lugar de Valdivia, negociado com o Al-Ain dos Emirados Árabes, chegou o ineficiente meia Evandro. Fabinho Capixaba, Jumar e Jeci, entre outros nomes recomendados por Luxemburgo, também não deram conta do recado e ajudaram a acelerar o fim da lua de mel da torcida com o técnico. Em novembro, a Mancha Alviverde arquitetou e executou uma emboscada contra Luxemburgo no aeroporto de Congonhas, às vésperas do embarque para o jogo contra o Flamengo, provocando uma luxação no braço direito do comandante. Covarde e irracional, o ato abalou o elenco e prejudicou o desempenho da equipe – que, àquelas alturas, já não era grande coisa. Medalhões como Kléber, Alex Mineiro e Diego Souza desapareciam sistematicamente nas partidas decisivas e afundavam os palestrinos na desesperança.

Nenhum episódio, porém, foi tão revelador do nervosismo que se abateu sobre o Palmeiras quanto as descontroladas descidas de Marcos para o ataque no segundo tempo do jogo de vida ou morte contra o Grêmio, no dia 9 de novembro. A partir dos 30 minutos da etapa final, toda vez que o ataque preparava-se para cruzar uma bola parada na área gremista, o camisa 12, aplaudido pela torcida, atravessava o campo em desabalada carreira para tentar o gol de empate – ignorando solenemente os gritos de Luxemburgo, que o ordenava a ficar guardando a meta.

Irado, o treinador disparou contra o capitão na entrevista coletiva. "Ele saiu mais uma vez como São Marcos e isso mostra que foi aprovado pelo torcedor. Mas não sei se isso ocorreu internamente." Jogando de luto pelo falecimento de seu pai, seu Ladislau, ocorrido dias antes, o goleiro deixou o estádio assim que acabou o duelo, sem

# A ressurreição do santo

*Coração manda: Marcos sobe ao ataque na metade do segundo tempo para tentar o gol de empate contra o Grêmio. Luxemburgo não se conforma*

conversar com a imprensa. Dois dias depois, contudo, veio a público para se explicar e pedir desculpas. "Foi ridículo. Fiz confusão com o tempo. Achei que faltavam sete minutos, não mais de 15... Pensei, 'perdido por um, perdido por mil'. E aí fui para o ataque. Não quis passar por cima do Wanderley ou criticar meus colegas de time. Só queria ajudar", justificou. "Com 16 anos de clube, não dá mais para ser só profissional. Deixei de ser só profissional quando recusei os milhões do Arsenal para jogar a Série B. Ali já falei com o coração."

(Sobre sua identificação com os palmeirenses, Marcos apresentou uma curiosa tese. "A torcida grita meu nome porque eu sou meio xarope", garantiu. "A moral que eu tenho não é porque faço churrasco ou dou dinheiro para alguém. É pelas fraturas que eu ganhei me jogando nos pés dos outros, quebrando clavícula, batendo a cabeça na trave. Tudo para defender o Palmeiras.")

Como saldo do melancólico final de Campenato Brasileiro, o clube promoveria uma renovação no elenco, desfazendo-se de nada menos do que 12 jogadores – entre eles os experientes Denílson, Alex Mineiro, Martinez e Léo Lima. Com tantas mudanças, o planejamento tão decantado por Wanderley Luxemburgo foi para o espaço: a temporada de 2009 nem havia começado e o Palmeiras já precisava correr atrás do prejuízo.

ꙮ

**Para compor** a nova base do Palestra, chegavam os zagueiros Danilo e Maurício Ramos, o lateral esquerdo colombiano Pablo Armero, os meias Cleiton Xavier, Willians e Marquinhos e o centroavante Keirrison. Jovens e talentosos, todos haviam aparecido bem em seus clubes no ano anterior – mas assumir a responsabilidade de vestir a pesada camisa verde em ano de Libertadores era uma coisa bem diferente. Por isso, enquanto os rivais sorriam de orelha a orelha com a chegada de peso-pesados como Ronaldo Fenômeno, apresentado com pompa e circunstância no Corinthians, e Washington, que chegou para reforçar o tricampeão brasileiro São Paulo, os palmeirenses mantinham-se um tanto ressabiados com sua nova esquadra. Melhor seria esperar o início do Campeonato Paulista para ver qual era a do novo Verdão – cujos resultados na pré-temporada em Atibaia não haviam sido nada animadores: derrotas por 3 a 0 para o Rio Claro e 1 a 0 para o União São João.

Mais comemorada foi a eleição, no dia 26 de janeiro de 2009, de Luiz Gonzaga de Mello Belluzzo como novo presidente do Palmeiras. Então diretor de planejamento do clube, o economista bateu o advogado e comerciante Roberto Frizzo em votação apertada, 145 a 123. Um dos responsáveis pela chegada da Parmalat ao clube, nos anos 1990, acadêmico respeitado e com trânsito nas esferas públicas estaduais e federais, consultor pessoal do presidente Luiz Inácio Lula da Silva, Belluzzo era a grande esperança de uma gestão inteligente, equilibrada e profissional para a agremiação de política mais conturbada de São Paulo. Com discurso conciliador, pegou pela mão o candidato derrotado e o levou para saudar a torcida que acompanhava o pleito na rua Turiaçu. "Trouxe o Frizzo como símbolo da minha administração. Vamos trabalhar com calma e remar para o mesmo lado", declarou à *Folha de S.Paulo*.

A esperança que tomou conta da nação alviverde pareceu ter contagiado o time: reforçado pelo experiente pentacampeão Edmilson, o novo Palmeiras mostrou força e terminou a primeira fase do Paulista na ponta da tabela, com 13 vitórias, cinco empates e apenas uma derrota. As semifinais seriam contra o Santos, quarto colocado, nos dias 11 e 18 de abril.

Entretanto, se no estadual o Verdão sobrava, na Libertadores a molecada patinava. Nas duas primeiras partidas pela fase de grupos da competição, duas derrotas, contra LDU, no Equador, em 17 de fevereiro, 3 a 2, e Colo-Colo, no Parque Antarctica, em 3 de março, 2 a 1. Na sequência, viriam dois duelos contra o Sport Recife, um jogo contra a LDU e um contra o Colo-Colo, todos ainda em abril – mais um simples insucesso e o Palmeiras estaria praticamente eliminado do torneio continental. Com decisões em duas frentes de batalha, o quarto mês do ano, portanto, seria uma prova de fogo para o time e, especialmente, para Luxemburgo: uma eliminação dupla certamente resultaria na defenestração do treinador.

No Paulistão, a bela campanha foi por água abaixo com duas derrotas para o Peixe da jovem sensação Neymar, 2 a 1 na Vila Belmiro e no Palestra. Na Libertadores, em meio aos protestos da torcida – que não engolia nomes como Marquinhos, Evandro e Jumar, insistentemente utilizados por Wanderley Luxemburgo –, o clube foi sobrevivendo. Uma bela vitória contra o Sport Recife na Ilha do Retiro, um chocho empate com os pernambucanos em casa e um suado triunfo sobre a LDU levaram à decisão da vaga em um confronto direto com o Colo-Colo, no Chile. Ambas as equipes tinham sete pontos, mas os Caciques, com um golzinho a mais de saldo, desfrutavam da vantagem de jogar pelo empate.

Em 29 de abril, valendo um lugar nas oitavas de final da Libertadores, o Palmeiras subiu ao gramado do estádio Monumental para a batalha de Santiago. Necessitando da vitória a qualquer preço, o alviverde encurralou o Colo-Colo e teve grandes oportunidades no primeiro tempo, em dois chutes de Keirrison que explodiram nas traves do goleiro Muñoz – coincidência ou não, o centroavante já começava a carregar a incômoda fama de não conseguir resolver nos momentos decisivos. Segura, a marcação no meio-campo, comandada pelo guerreiro Pierre, funcionava bem e dava tranquilidade ao ataque. Na segunda etapa, a história se repetiu. Nem a expulsão do zagueiro Marcão, aos 17 minutos, mudou o panorama do jogo: o problema era mesmo a falta de pontaria do setor ofensivo. O empate sem gols prosseguia. Com o relógio se aproximando dos 40 minutos, a equipe criou boas chances pelos pés de Willians e pela cabeça de Maurício Ramos, mas a bola teimava em não entrar. Até os 42 minutos.

Em meio ao apitaço da torcida chilena, Cleiton Xavier recebe passe de Willians na meia esquerda. Retrocede alguns metros e fica de frente para o gol, na intermediária. Arturo Sanhueza cerca e bloqueia o caminho do palmeirense. O camisa 10 puxa para a esquerda e chama o marcador para dançar, mas logo empurra a bola de volta para a direita, enganando o chileno. Está aberto o espaço para o chute. A 40 metros de distância, o palmeirense fuzila de direita. A bola voa forte, reta, milimétrica. Na gaveta. Silêncio monumental no estádio. Gol monumental de Cleiton Xavier. Palmeiras 1, Colo-Colo 0 – a vaga é alviverde.

"Uma hora eu vou ter um enfarto dentro do campo e morrer", exclamou o capitão Marcos ao *Diário de S. Paulo* de 1º de maio, quando perguntado da sensação provocada pelo golaço e pela classificação. De fato, era a maior emoção a que os palestrinos haviam sido submetidos em muito tempo.

Antes das oitavas de final.

♕

Por obra e graça do sistema de emparelhamento da Confederação Sul-Americana de Futebol, Palmeiras e Sport Recife, companheiros de chave na fase de grupos, voltariam a se enfrentar já no primeiro mata-mata da Copa Libertadores da América.

Apesar de ser um estranho no ninho no torneio mais importante do continente – apenas duas participações, contra 13 do alviverde –, o Leão chegava empertigado para o duelo contra o Porco. Uma ótima temporada no ano anterior, com direito ao título da

Copa do Brasil e três vitórias consecutivas sobre o poderoso Palmeiras, fizera a torcida acreditar que o Sport chegara ao nível dos grandes clubes do futebol mundial. A ilusão continuou em 2009, com a boa campanha no Grupo 1 da Libertadores, em que os pernambucanos terminaram em primeiro lugar – sem, contudo, vencer o Palestra, que demonstrou sua força ao vencer por 2 a 0 na Ilha do Retiro e quebrar uma invencibilidade de 25 jogos do adversário. O entusiasmo do rubro-negro, porém, era compreensível. Para um time de glórias modestas, nada melhor do que bater o alviverde imponente para aparecer bonito no cenário internacional. O Sport estava incrivelmente confiante.

*Monumental: pintura de Cleiton Xavier coloca o renovado Verdão nas oitavas da Libertadores*

Os primeiros 90 minutos do duelo foram disputados em 5 de maio, no Parque Antarctica. E foi quase um ataque contra defesa – no qual o Palmeiras, depois de perder chance atrás de chance, de acertar bolas na trave com Keirrison e Diego Souza, só conseguiu anotar um tento, sofrido, aos 30 da etapa final. O paraguaio Ortigoza, ao substituir o inerte Marquinhos, fez em 60 segundos mais do que o baiano em toda sua carreira no Palestra: entrou, puxou um contra-ataque, levou a falta que provocou a expulsão de Hamilton e, na cobrança do tiro livre, desviou para as redes com um leve toque de cabeça. 1 a 0, e só.

O esquálido placar foi muito comemorado pelos pernambucanos. "Tenho certeza de que o Palmeiras está chorando este resultado. Vamos lotar a Ilha com 40 mil pessoas para ver se eles também aguentam a pressão", desafiou, no relato do site *MeuSport.com*, o vice-presidente de futebol Guilherme Beltrão, que havia tido seus 15 minutos de fama no ano anterior ao trocar farpas e grosserias com Wanderley Luxemburgo. "O Sport está acostumado à adversidade, e eu não tenho a menor dúvida que nós vamos conseguir passar. É um jogo de 180 minutos, e na Ilha do Retiro a coisa pega."

Por "coisa" o cartola deveria estar se referindo à muralha verde.

Exatamente dez anos depois de sua aparição para defender o pênalti de Vampeta, no duelo decisivo contra o Corinthians pela Libertadores de 1999, São Marcos desceu à Terra novamente – agora para pegar tudo e mais um pouco na partida de volta das oitavas de final, no dia 12 de maio de 2009, em Recife.

Com a vantagem do empate, Luxemburgo armou o Verdão para jogar no contragolpe. Mas a equipe não conseguiu sair do sufoco e passou praticamente todo o tempo no campo de defesa. Nos primeiros 45 minutos, Marcos sofreu um verdadeiro bombardeio. O gol só não aconteceu porque o camisa 12 operou dois milagres, ambos em finalizações de Paulo Baier. O primeiro, aos 9 minutos, impressionante defesa com o braço esquerdo numa cabeçada à queima-roupa; depois, aos 31, o goleiro saiu de forma arrojada e parou, com os pés, o arremate do experiente meia, completamente livre na entrada da pequena área. Nunca um grito de gol esteve tão entalado na Ilha do Retiro.

Na volta do intervalo, o Palestra estava ligeiramente melhor, mas ainda não o bastante para equilibrar o jogo. O Sport continuou martelando e obrigando Marcos a trabalhar como há tempos o pentacampeão não trabalhava. De tanto insistir, os pernambucanos finalmente conseguiram transpor a muralha: aos 37 minutos, em belíssima jogada individual, Luciano Henrique driblou três zagueiros, invadiu a área e cruzou para Wilson completar. Sport 1 a 0. O caldeirão fervia: os últimos minutos seriam quentes para o alviverde. Contudo, graças à intercessão de São Marcos e à trave – que empurrou para fora, no último minuto, um chute de Ciro espalmado pelo arqueiro –, o resultado se manteve. Com uma vitória igual para cada lado, a vaga seria decidida nos pênaltis.

Defendendo a meta rubro-negra estava o bom e regular Magrão – ágil, alto e esguio como manda o figurino de um bom catador de tiros livres. Defendendo a meta alviverde estava um santo.

Começam as penalidades. Magrão logo mostra sua qualidade ao voar para o canto esquerdo e pegar o chute do desafinado Mozart. Mas Marcos também bloqueia o tiro de Luciano Henrique, na mesma direção. Ninguém marca na primeira série.

Na segunda, Marcão e Igor convertem. 1 a 1.

Danilo dá início à terceira série com tranquilidade: bola de um lado, Magrão de outro. Fumagalli chega para bater. O camisa 7 rubro-negro chuta rasteiro, no canto esquerdo. Marcos pula certo – e agarra o pênalti. O santo beija a bola e a ergue para os céus. Palestra na frente, 2 a 1.

A quarta série começa com uma surpresa. Pablo Armero, que depois confessaria nunca ter batido um pênalti em sua carreira, vai para a marca da cal. E cobra como se fosse Ademir da Guia: de perna esquerda, o colombiano coloca forte no ângulo superior direito, indefensável para Magrão. Palmeiras 3 a 1.

É a vez de Dutra. O lateral pega a bola, toma distância e respira fundo. Se ele errar, o Sport morre na Ilha. Chute forte, à meia-altura, bem no canto direito. Quem está lá?

"Maaaaaaaaaaaarcos! Acabooou! O Palmeiras está classificado para as quartas de final! E São Marcos está de volta!"

Um monstro na Ilha: Marcos pega três pênaltis e classifica o Palmeiras

Abafados pelos próprios gritos, poucos palmeirenses ouvem a voz de Milton Leite, na narração ao vivo do canal SporTV. Marcos aponta e corre para a torcida palmeirense – onde estava, por sinal, o presidente Belluzzo, que havia dispensado o camarote oferecido pela diretoria rubro-negra para sofrer junto com a massa. Abraçado e festejado pelos palestrinos da arquibancada, o economista não disfarçava a euforia. "Eu tenho de escrever um artigo para uma revista que comemora 15 anos. Mas desse jeito vai ser difícil. Acho que vou sugerir colocar o Marcos como presidente do Banco Central", delirou o professor no *Globoesporte.com*.

O herói da noite ainda permaneceu no gramado da Ilha do Retiro por muito tempo, explicando pacientemente a todos os repórteres suas proezas. "Não é todo dia que se faz um jogo desses", comemorou.

Sobre qual teria sido a defesa mais difícil, foi direto: todas. "Com 36 anos, toda defesa é difícil. Tudo te dói alguma coisa." Sobre os três pênaltis defendidos, Marcos garantiu que não era apenas sorte – havia ali trabalho e treinamento. E lembrou-se da mãe, da mulher, dos filhos e do falecido pai, seu Ladislau, a quem dedicou a emocionante vitória.

"Onde ele estiver hoje, tenho certeza de que ele está orgulhoso do filho dele."

♛

**Utilizado em excesso** nas quase sobrenaturais classificações da Libertadores, o estoque de milagres do Palmeiras para aquele ano finalmente se esgotou. Nas quartas de final, o alviverde foi despachado pelo Nacional do Uruguai no critério de gols marcados fora de casa – 1 a 1 no Parque Antarctica, em 28 de maio, e 0 a 0 no Centenário, em 17 de junho. Com a eliminação, desenhava-se a caveira de Luxemburgo, criticado pela torcida, que reclamava da falta de comprometimento com o clube diante de suas múltiplas atividades profissionais paralelas, e pelos dirigentes, que consideravam altíssimo o custo-benefício de sua comissão técnica. O treinador, porém, garantiu que não saía e já falava no planejamento para a Libertadores de 2010. Belluzzo também se irritou com as cobranças e, batendo na mesa, afirmou que não demitiria o comandante.

Menos de duas semanas depois, a diretoria do Verdão mandava embora Wanderley Luxemburgo – pelo único motivo que não deveria tê-lo feito.

♛

**Em 26 de junho,** o centroavante Keirrison, que já vinha dando sinais de pouco comprometimento com o grupo depois de ter seu nome envolvido em uma negociação com o Barcelona, faltou ao treinamento sem dar satisfações à comissão técnica. Luxemburgo soltou os cachorros e afirmou que o camisa 9, cujos sumiços em campo já haviam popularizado o apelido Pipo-Keirrison entre a torcida, nem precisava mais voltar: não jogaria mais pelo Palestra. Mais um dos inúmeros casos de jogadores mal orientados por empresários, o atacante forçava escancaradamente sua saída do Brasil, sem se importar em atropelar a instituição Sociedade Esportiva Palmeiras no caminho. Enquadrar o atleta nada mais era do que uma obrigação do próprio clube; os cartolas, contudo, preferiram ver a atitude do treinador como uma suposta "quebra de hierarquia" e usaram-na como pretexto para demitir o questionado Luxemburgo.

Com o Campenato Brasileiro de 2009 já na sétima rodada, o auxiliar técnico Jorginho tomou posse como interino. Querido pelos jogadores e pela torcida, o novo chefe, ex-jogador do Palestra na década de 1980, mostrou ter competência. Em um mês à frente do clube, Jorginho registrou cinco vitórias, um empate e uma derrota, fazendo o time pular da quinta posição para o segundo posto, com o mesmo número de pontos e vitórias do líder Atlético Mineiro – o Verdão só estava um gol atrás no saldo. Tão importante quanto a subida na tabela, o treinador prata da casa devolveu a empolgação às arquibancadas: a cereja no bolo foi a traulitada de 3 a 0 no Corinthians, em 26 de julho, três gols do centroavante Obina.

Não eram poucos os atletas que sinalizavam sua preferência pela efetivação de Jorginho; a diretoria, entretanto, não acreditava que o aprendiz pudesse segurar a bucha no longo prazo. E assim o Palmeiras abriu o cofre para trazer o peso-pesado Muricy Ramalho, demitido do Morumbi após a quarta eliminação consecutiva da Libertadores. Considerado por muitos o melhor treinador em atividade no país, o ex-são paulino fez um doce enorme antes de dizer sim ao alviverde. Recusou a primeira proposta, levando Belluzzo a anunciar o fracasso da negociação. Mas o teimoso presidente voltou à carga dias depois e conseguiu seduzir o ranzinza, que chegou elogiando o trabalho de Jorginho e buscando deixar para trás a identificação com o antigo clube. "Darei o sangue pelo Palmeiras. Agora até meus filhos são palmeirenses", declarou à *Folha de S.Paulo*, sem convencer muita gente.

Muricy foi ao banco pela primeira vez em 29 de julho, vitória por 1 a 0 contra o Fluminense no Parque Antarctica – que colocou, na 15ª rodada, o Palestra na liderança isolada do campeonato. Empolgado, o presidente continuou gastando o que tinha e o que não tinha para reforçar a equipe e garantir o primeiro título brasileiro desde 1994. No final de agosto, concretizando um sonho antigo, o clube repatriou o ídolo Vagner Love, desde 2004 no CSKA da Rússia. A diretoria também fez um colossal esforço financeiro e segurou o volante Pierre, xodó da torcida e símbolo da raça alviverde, que tinha excelentes propostas do Espanyol, de Barcelona, e do Al

Shabab, dos Emirados Árabes. E não só ele: Belluzzo bateu no peito e garantiu que ninguém sairia – e, de fato, ninguém saiu.

A dez rodadas para o término do campeonato, o Verdão abrira uma diferença de cinco pontos para o segundo colocado, o São Paulo. De tão confortável, a vantagem até permitiria um tropeço aqui ou outro ali, sem colocar em risco a liderança. O caneco parecia questão de tempo. Parecia.

Foi quando de repente, não mais que de repente, uma supersônica decadência acometeu o time do Palmeiras. Nas seis partidas seguintes, os comandados de Muricy maltrataram a bola e torturaram a torcida ao somar quatro míseros pontos em 24 disputados – quatro derrotas, uma vitória e um empate. Jamais o Verdão foi tão amarelo.

Assim, a apenas quatro jogos do final do Brasileirão, o Palmeiras entregava a liderança ao São Paulo. É bem verdade que a derrota para o Fluminense por 1 a 0 no Maracanã, que decretou a queda na tabela, deve ser creditada à hedionda atuação do árbitro Carlos Eugênio Simon: o apitador anulou um gol de Obina, para surpresa até dos cariocas, e manteve o caminho livre para o pó de arroz fazer 1 a 0 e respirar em sua luta para fugir da degola. Indignado como todo palestrino, Belluzzo fez o que um torcedor, e não um presidente, devia fazer. Em exaltada entrevista ao *Lancenet!*, na noite de 8 de novembro, xingou o árbitro de "crápula", "safado" e "vigarista" e declarou que o juiz estava na gaveta. "O Simon assaltou o Palmeiras! Não tinha nenhum motivo para anular o gol. Foi má-fé, foi roubo!", exclamou, acrescentando que não protestaria formalmente contra a arbitragem na CBF. "A única coisa que se pode fazer é encher o cara de porrada depois de um assalto desse. Tenho 67 anos e, se encontrar o Simon na rua, eu dou uns tapas nesse vagabundo."

Quando a porção monstro tomou conta do ponderado professor Belluzzo, a torcida viu que a vaca já tinha ido para o brejo.

*Contratado a peso de ouro, o badalado Muricy Ramalho não justifica o investimento...*

    Dentro e fora de campo, o milionário Palmeiras se estilhaçava a olhos vistos, em uma soma fatal de infortúnio, destempero, ciúme e incompetência. As lesões de Pierre, em setembro, e de Cleiton Xavier, em outubro, haviam deixado a equipe sem dois pilares do meio-campo; com responsabilidade dobrada, o outrora aguerrido Diego Souza tornara-se um zumbi de chuteiras, fazendo jus ao apelido Diego Sono. Em péssima forma física e técnica, Vagner Love não chegou nem perto de justificar a bolada gasta com sua contratação – investimento, por sinal, criticado reservadamente pelos líderes do elenco, que consideravam mais correto usar o dinheiro para ajustar alguns salários defasados. Coroando tudo isso, o mal-humorado Muricy também não correspondeu ao salário ou à fama. Mesmo na época de ventos favoráveis, o Palmeiras jamais encontrou um padrão de jogo condizente com um time campeão – aos poucos, seu esquema tático obtuso e retranqueiro esgotou a paciência da torcida, que voltou a transformar o Parque Antarctica em uma panela de pressão.

*...e o Verdão, com os nervos em pandarecos, se desmantela no Campeonato Brasileiro*

Em uma demonstração cabal de que os nervos dos atletas também estavam em pandarecos, o atacante Obina e o zagueiro Maurício trocaram sopapos no final do primeiro tempo da partida contra o Grêmio, em 18 de novembro, e foram afastados definitivamente do clube ainda em Porto Alegre pelo diretor de futebol Gilberto Cipullo. Precipitada, a decisão da cartolagem minou ainda mais a equipe, privada de seu homem de frente mais eficaz e de seu beque promissor.

Mesmo com a overdose de problemas, esperava-se que o Verdão ainda assegurasse uma vaga na Libertadores – mas a derrota por 2 a 1 para o Botafogo na derradeira partida da temporada, em 6 de dezembro, fechou o caixão do Palmeiras de Muricy Ramalho. Depois passar quase metade do campeonato na liderança, o time morreu na quinta posição, perdendo o passaporte para a América e deixando a nação alviverde em um estado de choque só comparável ao do rebaixamento. O baque não era apenas moral e esportivo: a perda do Brasileirão e a ausência na principal competição do continente representavam uma tragédia financeira para o clube, uma vez que a gastança promovida por Belluzzo, pelos planos do departamento financeiro, seria recuperada com o dinheiro que entraria com o título brasileiro e com a participação na Libertadores.

Diante do apocalipse, não demorou para que os mandachuvas começassem o jogo de empurra. A diretoria admitiu que trocar de treinador durante o torneio havia sido um erro; na *Folha de S.Paulo* de 8 de dezembro, Muricy se justificou dizendo que lhe faltaram peças de reposição, cutucando o treinador anterior. "O que acontece, e é bom o Wanderley ouvir isso, é que o time caiu porque não tinha jogadores parecidos. Isso é uma preocupação que não acontecerá no ano que vem."

Ano que vem? Ninguém queria ouvir falar disso.

♛

**Poucos jogadores** manifestaram-se depois do vexame do Engenhão. Marcos nem precisava: já havia dado seu recado quase um mês antes, em 11 de novembro, quando o Palmeiras praticamente disse adeus ao título ao tropeçar em casa no moribundo time do Sport Recife – após a eliminação na Libertadores, os rubro-negros foram à pique no Brasileirão e acabaram rebaixados à Série B com o empate em 2 a 2 no Palestra Itália. "Para formar um time competitivo, três coisas são fundamentais: treinamento, concentração e personalidade. Algum desses três pontos está faltando ao time neste momento. Eu tento fazer várias coisas pra levantar os caras. Mas não são todos que a gente consegue", resignou-se o goleiro.

De cabeça quente, o camisa 12 não deixou pedra sobre pedra. "Tem cara que ganha R$ 40 mil, R$ 50 mil, fica rico e vai pegar um monte de menininha por aí. Se tem capacidade para fazer filho, tem de ter capacidade também para suportar a pressão que é estar no

## A ressurreição do santo

Palmeiras", disparou, sem fechar a matraca. "Ficou muito fácil ser jogador. Com 20 anos, se não ganhar agora, amanhã pode se transferir para o Corinthians ou outro clube. Não faltam times. Mas para mim, com 36 anos, ver um título ficar tão distante não é fácil. Eu não terei tantas outras oportunidades. Será uma das maiores decepções da minha carreira. Estou me cansando, me esgotando disso tudo."

Apesar de o contrato do pentacampeão ter validade apenas até dezembro de 2009, não havia espaço para o aborrecido veterano pensar em aposentadoria. Isso porque, no início do Brasileirão, Palmeiras e Marcos haviam anunciado a extensão do vínculo por mais cinco anos. Era uma renovação com inovação: dois anos de contrato como goleiro e depois mais três anos para trabalhar na comissão técnica ou na diretoria, em função ainda a ser definida. A única certeza é que seria mesmo longe da meta, pelo bem da sobrevivência dos goleiros reservas. "Se eu falar que jogo os cinco anos, o Bruno e Deola se suicidam", brincou – o antigo suplente Diego Cavalieri havia se cansado de esperar nova oportunidade e aceitara uma proposta do Liverpool, da Inglaterra, em julho de 2008.

Agradecendo o reconhecimento, Marcos comemorou a renovação. "Há dois anos, eu nem esperava que isso pudesse acontecer, devido a tantas contusões. Fiquei feliz com essa preocupação do Palmeiras, até porque era uma preocupação que eu tinha: depois que eu parar, vou fazer o quê? Para onde eu vou? A diretoria me deixou muito tranquilo quanto a isso, e estou muito grato", afirmou, satisfeito por poder seguir sua vida no clube mesmo depois de parar de jogar. "É o que eu mais gosto de fazer, é minha primeira casa – fico mais aqui do que em casa. Se puder permanecer até morrer no Palmeiras, vai ser assim."

Se dependesse da torcida, também. Mas não dependia. Começava a contagem regressiva para o dia em que o santo penduraria as luvas.

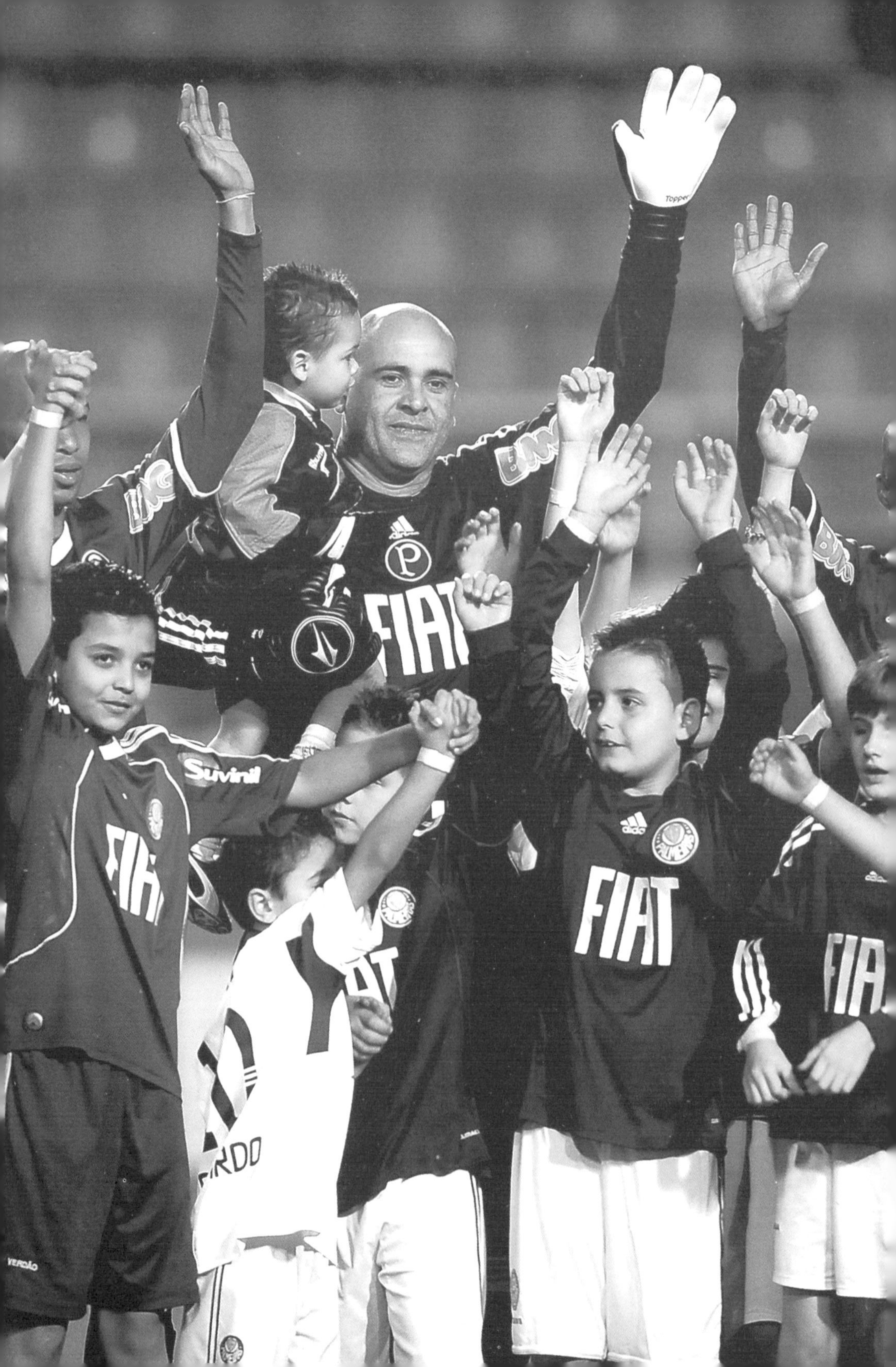
FIAT
Suvinil
FIAT
FIAT

# 15

# Ciao!

Em 16 de janeiro de 2010, na arrancada daquela que prometia ser sua penúltima temporada como jogador profissional, Marcos Roberto Silveira Reis, 36 anos de idade, 18 de Palmeiras e um sem-número de contusões na carreira, subia as escadas do Palestra Itália para completar seu 470º jogo com a camisa alviverde. Dali a algumas semanas, o goleiro se tornaria o décimo atleta com maior número de partidas pelo clube, ultrapassando Edu, com 472 partidas, e Galeano, com 474. "O tempo vai passando e novos recordes vão surgindo. Minha preocupação está mais com o que acontece dentro de campo, mas é claro que essas marcas entram para a história e me dão mais motivação para continuar jogando."

◄ *Alma palestrina: Marcos recebe o carinho dos mascotes verdes, em julho de 2011*

Já o time do Palmeiras... Que desânimo. A goleada por 5 a 1 na partida de estreia contra o Mogi Mirim no Parque Antarctica foi só uma miragem; logo o alviverde voltou à velha forma e recuperou o péssimo futebol do ano anterior. Em 17 de fevereiro, após uma humilhante derrota em casa para o São Caetano, 4 a 1, os gritos de "time sem vergonha" ecoaram pelo clube e foram parar nos ouvidos da diretoria, que demitiu, no dia seguinte, Muricy Ramalho. O carrancudo treinador saiu com retrospecto de iniciante – 13 vitórias, 11 empates e dez derrotas – e deixou o time na oitava colocação no estadual. Em seu lugar, chegou um iniciante de fato: o ex-zagueiro Antônio Carlos Zago, que começara a carreira de técnico havia apenas oito meses, no São Caetano, depois de um período como diretor técnico do Corinthians – de onde foi demitido por patrocinar uma noitada de Ronaldo Fenômeno na célebre boate Pop's Drinks, na cidade de Presidente Prudente.

Com essas credenciais, não é de estranhar que o aprendiz tenha durado apenas três meses à frente do Palmeiras. Celebrado pelos dirigentes por falar a linguagem dos jogadores, Antônio Carlos exagerou e quase saiu no tapa com o atacante Robert, no ônibus da delegação. Foi demitido em 18 de maio.

Durante seu mandato, o Verdão teve um único grande momento: a emocionante virada por 4 a 3 sobre o Santos, futuro campeão paulista e da Copa do Brasil, em 15 de março, na Vila Belmiro. Até a torcida peixeira teve de se render à performance do valoroso Palestra e, principalmente, do lateral esquerdo/bailarino pop Pablo Armero: o colombiano entrou para a história da vila famosa ao comemorar um dos gols alviverdes com uma alucinante performance coreográfica, o "Armeration", levando a massa ao delírio e rebaixando as celebrações lideradas por Robinho e Neymar a ridículas e insossas brincadeiras de criança.

Mas, à exceção desse show contra o Santos, o Palmeiras só dançou no primeiro semestre. Antônio Carlos não conseguiu erguer o

O lateral e bailarino Pablo Armero comanda o "Armeration" na histórica virada palmeirense contra o Santos de Robinho, Neymar e Ganso, 4 a 3 na Vila Belmiro em março de 2010

time no Paulistão e ainda o afundou um pouco mais: o alviverde terminou o torneio no 11º posto. Na Copa do Brasil, mais vexame. Nas quartas de final da competição, a equipe foi desonrosamente eliminada pelo nanico Atlético Goianiense, em 5 de maio, no Serra Dourada. Antônio Carlos saiu atirando contra a diretoria, afirmando que fora uma vítima da briga política que consumia o clube. "Há pessoas que trabalham no clube e ficam vazando informações e inventando notícias para desestabilizar o trabalho que é feito", declarou à *Folha de S.Paulo* de 19 de maio, em uma constatação incontestável.

Tantas turbulências no semestre minaram a resistência do antes motivado Marcos, deixando o goleiro no limite. No intervalo da partida contra o Santo André, em 3 de março, o camisa 12 já afirmava que poderia antecipar sua despedida. "A torcida do Palmeiras pode ficar tranquila porque o sofrimento comigo em campo só vai até o fim do ano", declarou, de cabeça quente. De qualquer forma, no dia seguinte, na Academia de Futebol, o veterano confirmou estar pensando em parar em janeiro de 2011. "Isso se minha paciência deixar." A desclassificação da Copa do Brasil certamente não melhorou em nada a situação, ainda mais pelas circunstâncias. Com uma vitória de 1 a 0 para cada lado, a decisão da vaga na semifinal foi para os pênaltis. Em grande forma, o pentacampeão pegou três cobranças – mas os atletas palmeirenses conseguiram perder quatro. Nem São Marcos tinha remédio para tanta ruindade.

No início de junho, a parada de um mês no certame para a disputa da Copa do Mundo da África do Sul ofereceu uma pausa no sofrimento verde. Treinado pelo interino Jorge Parraga, o time ocupava a décima colocação do Campeonato Brasileiro, com duas vitórias, três empates e duas derrotas. Calejados, os torcedores já se preparavam para, na volta do torneio, em julho, resgatar o bandeirão de Nossa Senhora Aparecida – a situação pedia um milagre.

E ele veio. Ou melhor: ele voltou.

♛

**No dia 13 de junho de 2010,** a pedidos, milhares e milhares de beliscões foram dados em palmeirenses, que, felizes da vida, perceberam que não estavam sonhando: Luiz Felipe Scolari retornava, de fato, ao comando do Palmeiras. Depois de um elogiado ciclo na Seleção Portuguesa, de uma conturbada passagem pelo badalado Chelsea, da Inglaterra, e de uma lucrativa estadia no Bunyodkor, do Uzbequistão, o pentacampeão mundial realizava seu plano de volver ao Brasil depois de oito anos no exterior – e acolhia a proposta feita pelo presidente Luiz Gonzaga Belluzzo e pelo vice-presidente de futebol Gilberto Cipullo, deixando Flamengo e Internacional a ver navios.

Contratado por uma emissora de televisão sul-africana para comentar a Copa, o sargentão chegaria apenas após o mundial – sua apresentação foi anunciada para o dia 15 de julho. Só que a torcida já estava a mil: enquanto a Seleção Brasileira de Dunga fazia papelão na África, os palmeirenses, radiantes, ainda celebraram as boas-vindas a outro ídolo repatriado, o atacante Kleber, que partira para o Cruzeiro no início de 2009. Os boatos do retorno de Valdivia, em ação com a seleção chilena na Copa do Mundo, também ficavam cada vez mais fortes – e se provariam reais em agosto, quando o Mago finalmente desembarcou para ocupar a camisa 10, vaga desde a ida de Cleiton Xavier para o Metalist, da Ucrânia.

Entretanto, tão ou mais importante quanto os dois novos velhos reforços, as chegadas de Scolari e do preparador de goleiros Carlos Pracidelli fizeram o capitão Marcos esquecer os planos de acelerar a aposentadoria. "Não penso nisso agora. Quando for parar, eu falo. Quero me recuperar e voltar a jogar bem para ajudar a comissão técnica", avisou o santo, na *Folha de S.Paulo* de 20 de junho, dois dias depois de passar por uma artroscopia no joelho esquerdo – procedimento cirúrgico simples e rápido, para amenizar e prevenir dores no local. Pracidelli confirmou que a nova comissão técnica não abria mão do camisa 12. "O assunto aposentadoria não apareceu. Só falamos do futuro, da disputa por títulos. Ele está motivado."

Em 9 de julho, Marcos, ainda convalescente, não pôde participar do jogo de despedida do estádio Palestra Itália, contra o Boca Juniors – a já saudosa casa do Palmeiras seria demolida para dar lugar à moderna Arena Palestra, prevista para ser inaugurada em 2013. Antes da partida, entretanto, o arqueiro foi homenageado com uma placa entregue pelo mestre Valdir Joaquim de Morais por um recorde que será para sempre seu: com 211 jogos no estádio, Marcos é o atleta que mais vezes atuou no histórico palco da conquista da Copa Libertadores de 1999 – à frente de Ademir da Guia, com 184. "Vou ser o que mais atuou no velho Palestra, mas ainda não sei se vou jogar na nova Arena. É muito tempo até lá, mas isso eu penso depois. O importante é que o Palmeiras está pensando grande e procurando se modernizar cada vez mais. Mas que o velho Palestra vai deixar saudades, isso vai", garantiu.

No segundo semestre de 2010, Felipão e o Palmeiras optaram por privilegiar a Copa Sul-Americana, caminho mais curto e fácil para a Libertadores – até porque, no Brasileirão, a vida tinha ficado mais difícil. Quando a equipe entrou em campo para pegar o Vitória, em 11 de agosto, nas oitavas de final da competição continental, o alviverde vinha de cinco jogos sem vencer no nacional – justamente as cinco primeiras de Scolari em seu retorno ao banco de reservas palestrino. A derrota por 2 a 0 para os baianos, em Salvador, complicaria as coisas também na Sul-Americana: para avançar à próxima fase sem passar pelas penalidades, o Verdão precisava vencer em casa por 3 a 0, no mínimo – e, em 41 jogos na temporada, o time só havia vencido por dois gols de diferença em quatro oportunidades.

Ciao! 283

*São Marcos de Palestra.Itália: mestre Valdir homenageia o pupilo*

Antes do jogo de volta, Felipão enfim venceria sua primeira partida, 2 a 0 contra o Atlético Paranaense pelo Brasileirão, em 15 de agosto. Recuperado da cirurgia no joelho, Marcos completou, no triunfo contra o Furacão, seu 499º jogo pelo Palmeiras. No próximo, viria a festa… Ou não.

Temendo que os baianos jogassem dendê em sua macarronada, Marcos queria as homenagens só depois dos 90 minutos. "É uma responsabilidade ainda maior completar 500 jogos num jogo tão difícil. Esta partida contra o Vitória não é um jogo que dá para ganhar só de 1 a 0", declarou, na véspera do duelo decisivo pela Copa Sul-Americana. Felipão, porém, fez questão de se antecipar e louvar a marca histórica. "Tem de comemorar sim. Quinhentos jogos na vida poucos conseguiram fazer por um time profissional",

*De bem com o chefe: Felipão celebra a marca de 500 jogos de Marcos pelo Palmeiras*

*De bem com a torcida: fãs agradecem o ídolo com belo mosaico no Pacaembu*

afirmou o treinador, que entregou ao craque um troféu com luvas douradas, um boneco em miniatura e uma camisa especial com a inscrição "500 partidas honrando o Palmeiras" e o número 500 nas costas. Como não poderia deixar de ser, o chefe deu aquela cobradinha: "E fecha o gol amanhã!"

No dia seguinte, 19 de agosto, foi a vez de a torcida realizar seu tributo ao herói, com um belo mosaico nas arquibancadas do Pacaembu. Com a bola rolando, Marcos não sofreu muito com os ataques do Vitória – só sofreu, como todo palmeirense, com as dificuldades do ataque alviverde de transformar em gols a pressão exercida no rubro-negro. Os tentos acabaram saindo, ambos pelos pés de Tadeu, aos 48 minutos do primeiro tempo e aos 13 do segundo – este graças a uma lambança do arqueiro rival, Viáfara, que quis sair driblando e acabou por oferecer a rapadura ao adversário. Com 2 a 0 no placar, a decisão iria para os pênaltis – e para as mãos do santo, por consequência. Mas eis que o volante Marcos Assunção, com uma milimétrica cobrança de falta da intermediária, na última volta do ponteiro, decretou o 3 a 0 e a classificação alviverde.

"Presentaço, né?", comemorou o camisa 12, aliviado com o golaço do xará. "Eu estava desesperado ali atrás. Falei, 'pô, vai ficar 2 a 0 e vai sobrar nos pênaltis. Aí o Viáfara pega tudo, eu não pego nenhum, e os caras saem todos decepcionados", brincou, ainda no gramado.

Raça, sufoco, drama, emoção – e vitória suada. Exatamente como na primeira Era Felipão. A esperança se pintava de verde.

Mas a máquina do tempo entrou em pane.

※

A péssima campanha no Brasileirão vinha sendo ignorada pela torcida devido ao avanço na Sul-Americana. Depois de passar por Universitário de Sucre, da Bolívia, e Atlético Mineiro, o Palmeiras estreou nas semifinais batendo o Goiás por 1 a 0 em Goiânia. Para o jogo de volta, em 24 de novembro, diante de um Pacaembu superlotado de palestrinos, bastava empatar para garantir a vaga na final. A torcida, claro, esperava uma vitória para completar a festa – missão até certo ponto suave, uma vez que o adversário fazia uma temporada capenga e já estava até matematicamente rebaixado no Campeonato Brasileiro. Mas, para desespero de 35 mil sofredores, o Verdão protagonizou mais um daqueles colapsos tão trágicos e indecorosos quanto inexplicáveis: deu Goiás, de virada, 2 a 1, com o time do cerrado classificado no critério de gols marcados fora. "Os torcedores têm razão. Foi um fracasso, vexame. É a palavra deles. Não vamos esconder nada. Foi mesmo vergonhoso", confessou Felipão.

Da parte de Marcos, não houve declarações bombásticas ou polêmicas – mas certamente apenas porque o goleiro não estava em campo. Dois meses e meio antes, no dia 9 de setembro, em um cho-

*Passando o bastão: Marcos orienta Deola, em treinamento na Academia*

que com o atacante Farías, do Cruzeiro, o pentacampeão sofrera um corte no joelho esquerdo, o mesmo da artroscopia; com o local inchado e dolorido, teve de ingressar no departamento médico para iniciar outro trabalho de recuperação. Esperava-se sua volta aos treinamentos em uma ou duas semanas, mas o camisa 12 só retornou depois de um mês, em outubro. Os médicos ainda previam mais um mês de trabalho até que Scolari finalmente pudesse escalar o ídolo novamente – ou seja, em meados de novembro, quando a temporada já estaria em plena reta final. Diante da ótima fase do substituto Deola, Marcos preferiu evitar uma repetição do erro de 2006 e decidiu retornar apenas no ano seguinte – que, pelos termos de seu contrato com o Palmeiras, deveria ser o da aposentadoria.

No dia 14 de dezembro, ao site oficial do Palmeiras, Marcos confirmava que o 2011 vindouro seria seu último ano com a camisa alviverde. "Todo mundo sabe que não tenho mais condições de jogar 70 partidas por ano, mas como será meu ano de despedida, espero terminar por cima, com títulos e boas partidas. Estou consciente das minhas condições, e, as partidas que eu jogar, vou tentar dar o máximo."

O ano de 2010, assim, chegava ao fim, e o Palmeiras fechava a primeira década do novo milênio com apenas dois títulos – o Brasileiro da Série B, em 2003, e o Paulista, em 2008. Muito pouco para uma torcida que, nos anos 1990, acostumou-se a celebrar títulos nacionais e internacionais de primeira grandeza. Marcos admitiu que a ansiedade atrapalhara o time naquela temporada e pediu a contratação de jogadores à altura do desafio de levar o Palestra novamente ao topo.

"Sou palmeirense desde moleque, acompanhei os tempos de fila. Para sair daquele jejum, foi preciso montar uma seleção. Contra o Goiás, entramos em campo precisando ganhar e o adversário não tinha responsabilidade nenhuma. Quando levamos o primeiro gol, deu um baixo-astral geral, aquele medo do tipo 'perdemos'. Aconteceu isso em 2009 e 2010. Precisamos de jogadores que aguentem esse tranco, pois a responsabilidade só aumenta com o tempo. Precisamos de jogadores que cresçam e batam a mão no peito. A cobrança com certeza será cada vez maior. E a preocupação agora é que esse jejum atrapalhe. Tomara que isso mude, que 2011 seja diferente."

♛

**No dia 19 de janeiro de 2011,** os conselheiros se reuniriam para mais uma eleição presidencial no Palestra Itália. Desiludido com o mundo do futebol e ainda padecendo de um grave problema de saúde – em setembro do ano anterior, precisou passar por uma cirurgia cardíaca e ficou durante algumas semanas internado no

Hospital Sírio-Libanês –, Luiz Gonzaga Belluzzo não se candidatou à reeleição. E nem teria apoio para continuar: sua gestão à frente do Palmeiras foi uma gigantesca decepção, de todos os pontos de vista. O apaixonado palestrino Belluzzo falhou em sua missão de dar um título de expressão para recolocar o Palmeiras na vitrine do futebol nacional. O experiente economista Belluzzo não conseguiu equilibrar as contas do clube – ao contrário, aumentou ainda mais o buraco no cofre alviverde. E o ponderado acadêmico Belluzzo provou-se muitas vezes um mandatário desvairado, mergulhando na vala comum da cartolagem ao atropelar a compostura exigida pelo cargo.

A exemplo de Marcos, a torcida alviverde clamava por mudanças – o problema era saber em quem apostar as fichas. Eram três os candidatos à cadeira de presidente. O inacabável Salvador Hugo Palaia, inventor da autoentrevista, ficou na lanterna, com 21 votos. Paulo Nobre, apoiado por Belluzzo e força ascendente na política do clube, conseguiu 96 votos. A vitória ficou com Arnaldo Luiz de Albuquerque Tirone, representante da oposição, que amealhou 158 votos. Aos 60 anos de idade, o novo mandatário, empresário da construção civil, carregava o singelo apelido de Pituca e era filho de Arnaldo Tirone, um dos responsáveis pela montagem da equipe que fez história no clube nos anos 1970. Seu grupo fez barba, cabelo e bigode, elegendo também os quatro vice-presidentes e ganhando assim o direito de nadar de braçada na administração do clube nos dois anos seguintes.

Um detalhe. A ascensão de Pituca à presidência teve a bênção e o patrocínio de três ex-presidentes do clube: Carlos Facchina Nunes, Affonso Della Monica e Mustafá Contursi.

Mudanças?

## São Marcos

Em 2011, naquele que se anunciava o último ano de carreira de Marcos, os jogadores de personalidade com que o goleiro sonhava para completar o elenco não vieram. Para piorar, ao longo da temporada, dois dos maiores nomes da equipe provaram-se legítimos ídolos de barro: mais preocupados com polêmicas e atividades extracampo, Kleber e Valdivia pouco produziram e deixaram a responsabilidade de conduzir a linha atacante de raça de jogadores que em condições normais de pressão e temperatura seriam apenas carregadores de piano, como Luan, ou coadjuvantes de luxo, como o veterano Marcos Assunção.

Não à toa, o time, mais uma vez, não chegaria a lugar algum – nem no Paulista (eliminação nos pênaltis para o Corinthians, nas semifinais), nem na Copa do Brasil (queda nas quartas de final para o Coritiba), nem na Sul-Americana (derrota para um mistão do Vasco da Gama, na primeira fase) e muito menos no Brasileirão, no qual, para desespero de 15 milhões de fanáticos, o fantasma do rebaixamento voltou a rondar a equipe.

Ao mesmo tempo causa e consequência do fracasso dentro das quatro linhas, a cena política no Palestra Itália fervilhou como nunca. Diretores, conselheiros, torcedores organizados e empresários alimentaram uma fogueira de vaidades que consumia a grandeza do Palmeiras e o orgulho de sua torcida.

Completamente omissos diante do naufrágio da barca alviverde, o presidente Tirone e o vice de futebol, Roberto Frizzo, pouco apareceram para apagar os inúmeros incêndios que apareceram durante o ano – como os infames casos criados por Kleber e a troca de agressões entre o jogador João Vítor e torcedores em frente à loja oficial do clube, em pleno Palestra Itália. De qualquer forma, quando resolveram dar as caras, Pituca e Frizzo atrapalharam mais do que ajudaram. As bombas, via de regra, sobravam para Felipão. Símbolo dos tempos em que o Verdão dava as cartas no futebol brasileiro, o velho sargentão brigou o máximo possível para evitar o apequenamento do clube, criando inimizades com quem tratava o Palmeiras como um feudo particular. Mas o acúmulo de funções fez mal ao treinador, que assumidamente não conseguiu dar um padrão de jogo ao time e viu sua vencedora imagem se desgastar com parte dos torcedores.

Marcos, por sua vez, também não pôde colaborar como gostaria para levantar o gigante da rua Turiaçu. Lutando contra as contusões, as dores e o relógio biológico, o goleiro não passou dos 30 jogos em 2011, ficando de fora da maior parte do Campeonato Paulista e do retorno do Brasileirão – Deola assumiu a meta e bateu nas 40 partidas como titular da equipe. Ainda assim, para o bem e para o mal, o santo protagonizou alguns momentos emblemáticos na temporada.

Em 5 de maio, apenas quatro dias depois da eliminação no Campeonato Paulista, Marcos foi escalado por Felipão para a partida de ida contra o Coritiba, em 5 de maio, fora de casa, pelas quartas de final da Copa do Brasil. O arqueiro havia se machucado no início do estadual e estava havia quase três meses sem atuar, mas o treinador considerou que seu retorno motivaria o time em um momento crucial da temporada. O tiro, contudo, saiu pela culatra: o alviverde apanhou de 6 a 0 dos paranaenses e Marcos, que nada pôde fazer para evitar a elástica derrota, não conteve a decepção com os companheiros. "Já joguei em times do Palmeiras não tão bons... Mas um time tão sem vontade como o de hoje não tem como explicar. Tá certo que os caras estavam desanimados, mas podiam ter me falado na concentração, aí eu não tinha entrado num jogo desse, numa barca furada dessas", disparou ao final do jogo, ainda no gramado do Couto Pereira. "Agora vão falar, 'também, tiraram o Deola, que vinha bem, para colocar o Marcos...'. Eu acho que comigo e com o Deola juntos no gol, ainda assim a gente tinha tomado de três hoje".

Mas qualquer desconfiança sobre a forma de Marcos foi dissipada assim que o Brasileirão começou, na segunda quinzena de maio. Já no segundo jogo do torneio, contra o Cruzeiro, em Sete Lagoas, o veterano fechou o gol e fez pelo menos três milagres para segurar o empate em 1 a 1. As boas atuações foram se sucedendo, inclusive na derradeira partida do primeiro turno, contra o Corinthians, no calor infernal de Presidente Prudente, em 28 de agosto. Em homenagem ao 97º aniversário de fundação do Palmeiras, celebrado dois dias antes, o capitão Marcos entrou em campo com a camisa 97 e ajudou o time a dar o presente mais esperado pela torcida: vitória no Derby por 2 a 1, um de Luan e outro do estreante Fernandão – Emerson Sheik descontou para os alvinegros, líderes do torneio.

Ao final da primeira metade do campeonato, Marcos havia jogado 15 das 19 partidas do Palmeiras, liderando a melhor defesa do campeonato, com apenas 14 gols sofridos. Somente cinco pontos separavam o Palestra, sexto colocado, da ponta da tabela, e a vitória contra o arquirrival enchia a torcida de esperança para a fase final do Brasileirão.

Além disso, com a excelente performance do pentacampeão, começaram a surgir alguns boatos de que Marcos poderia adiar sua aposentadoria. Assim, por via das dúvidas, aquela que deveria ser a camisa comemorativa pela última temporada do goleiro, lançada no início de agosto pela Adidas – um elegante manto branco com detalhes dourados –, virou oficialmente a camisa comemorativa pelos 15 anos da estreia como titular em competições profissionais. "Até o final do ano tem muita coisa para acontecer", despistou Marcos, depois do clássico contra o Corinthians. "A decisão continua a mesma, mas se eu continuar jogando bem... Vamos esperar para ver o que acontece."

Ciao!

*Saudade antecipada: em agosto de 2011, Marcos enverga sua camisa de despedida*

No início da fase final do Campeonato Brasileiro, o objetivo era o título. Poucas rodadas depois, a meta virou uma vaga para a Libertadores. Mais alguns jogos e já se falava apenas em assegurar um lugar na Copa Sul-Americana. A seis ou sete partidas do final do campeonato, tudo que time e torcida queriam era se livrar do rebaixamento. Em pouco mais de dois meses, a ilusão acabou e a crise aconchegou-se de novo no Palestra Itália. O time empacou no returno e produziu uma das piores retas finais de sua história, com números semelhantes à campanha de 2002, quando caiu para a segundona. No início de novembro, a seis rodadas do término do campeonato, a diretoria trouxe César Sampaio para o cargo de gerente de futebol, na esperança de que a figura conciliadora do capitão da Libertadores de 1999 apaziguasse os ânimos. "Cheguei em 91, com 16 anos de fila e uma situação adversa, cenário não muito diferente do de hoje, de insegurança e hostilidade até dos torcedores. Nós abraçamos a causa no campo", relembrou o cartola em sua apresentação na Academia de Futebol.

Seu antigo colega, porém, pouco pôde fazer dentro das quatro linhas. Logo no início do returno, o joelho esquerdo de Marcos acusou a sequência de jogos – e o goleiro novamente cedeu o lugar a Deola. Mas o veterano manteve-se sempre próximo do grupo, conversando com os atletas e buscando tranquilizá-los para que pudessem tirar o time da má fase. Não que fosse tarefa fácil... "Sabemos que time que não ganha tem crise. O Palmeiras é um time grande que não ganha um título importante faz tempo. Isso fica mais em evidência e a pressão aumenta a cada ano. Cansa ter de ficar explicando certas coisas que não eram nem para chegar na imprensa", afirmou, em entrevista ao *Jornal da Tarde* de 18 de outubro.

Na ocasião, ainda indeciso quanto à aposentadoria, Marcos se definiu como "bipolar". "Cada dia eu penso uma coisa. Tem dia que eu vejo essa encrenca toda e falo: 'Graças a Deus o ano está acabando e não vou mais participar disso'. Depois você pensa que não vai mais entrar no campo, ter a torcida gritando o seu nome e um salário bom. Vai fazer falta. Mas é muita coisa que passa pela cabeça. Eu vejo o álbum de fotografia da família e percebo que nunca estou nele. Tem festa, formatura e nada... Nunca fiquei muito tempo com a minha mãe. Estou pesando para ver o que é melhor."

**Independentemente** de continuar ou não defendendo a meta palestrina, Marcos deu o primeiro passo em sua vida pós-futebol ainda em 2011, ao inaugurar a clínica São Marcos, centro de fisioterapia e recuperação esportiva para a reabilitação de atletas em atividade, ex-atletas em dificuldades financeiras e pacientes em geral. Sediado no hotel Holiday Inn do Parque Anhembi, na zona Norte da capital paulista, o empreendimento foi projetado e coordenado por Marcos em parceria com os irmãos José e Luiz Rosan, respectivamente fisioterapeutas do Palmeiras e do São Paulo, e Fernando Miranda, auxiliar técnico do Verdão, e teve o apoio da Topper, empresa patrocinadora do goleiro.

"Sou um produto da fisioterapia e vocês sabem que eu tive um histórico de lesões. Se não fosse pela fisioterapia, com certeza não teria chegado onde eu cheguei", declarou, na coletiva de imprensa de inauguração, em 3 de outubro. "Isso não aconteceu apenas comigo, mas com o Ronaldo e com outros jogadores também. Por isso a ideia de fazer essa clínica é justamente com o intuito de ajudar atletas ou ex-atletas que não têm condições financeiras e de alguma maneira necessitam de um trabalho preventivo para evitar ou curar determinadas lesões."

*Vida após a bola: o goleiro na clínica de fisioterapia São Marcos*

De contrato assinado com o Palmeiras até 2014 – compromisso firmado na gestão de Belluzzo –, o ainda goleiro Marcos coçava a cabeça quando o assunto era sua futura função no clube. "É bom porque vou continuar no meio, vendo meus amigos. Mas não levo jeito para ser cartola. Também não quero mexer com dinheiro, contratação. Preparador de goleiros também acho que não vai rolar porque o Palmeiras tem um dos melhores do mundo... Sobrou... Bom, também não vou pintar o campo. Tenho certeza que temos um cara que pinta melhor do que eu!", brincou, em entrevista ao jornal *O Globo*, em março de 2011. "Mas tem duas coisas que vou fazer já a partir do primeiro dia de aposentado: não vou mais acordar antes do meio-dia nem cumprir horários rígidos. Ah! E quero ficar muito gordo! Mas depois da despedida, hein? Não aguento mais comer frango com purê de batata. Agora, aposentado, imagina a mesa de jantar do Ronaldo? Também vou aproveitar mais a companhia dos amigos e da família", afirmou o goleiro, casado com a atriz Sônia de Almeida e pai de Lucca e Anna Júlia.

Duas décadas de serviços prestados ao clube fizeram de Marcos praticamente uma unanimidade. Embora Ademir da Guia continue sendo considerado o melhor jogador que já vestiu a camisa do Palmeiras, símbolo de um período áureo na história do alviverde, o goleiro de Oriente representa melhor do que ninguém a alma palestrina – autêntica, explosiva e contestadora, na alegria ou na tristeza, na saúde ou na doença. "Muitas vezes arrumei polêmicas em entrevistas, mas dormi bem depois de tudo que falei. Outras vezes eu não arrumei polêmica e fiz o discurso certinho, mas não consegui dormir. Fiquei com raiva por não ter apelado com alguém que errou", confessou Marcos, cuja paixão, como ocorre com a maioria dos alviverdes, já veio de berço.

"Minha mãe é tão palmeirense, tão palmeirense, que na derrota ela fica ferrada. Daí, sento a lenha nesses vagabundos e sei que ela, ao menos, vai falar: 'Aê filhão!'"

Ela e mais 15 milhões de palestrinos, eternos devotos de São Marcos de Palestra Itália.

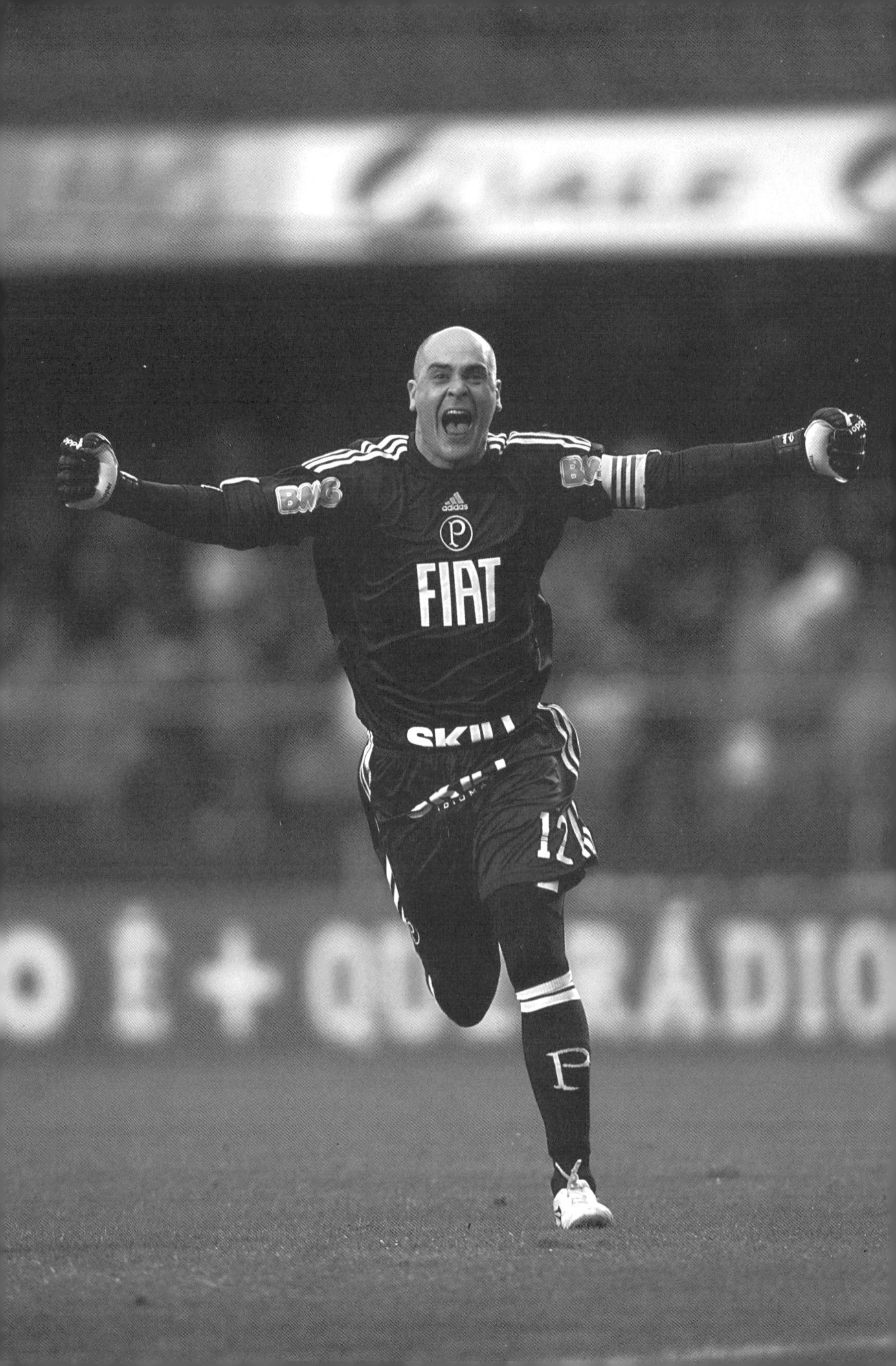
adidas
FIAT
12

# Nota do autor

Este livro foi idealizado em 2003, quando Marcos demonstrou uma paixão incomum no mundo do esporte profissional ao recusar a milionária proposta do Arsenal para jogar a segunda divisão do Brasileiro com o Palmeiras. Mas as folhas do calendário voaram mais rápido que os cabelos do rapaz de Oriente – e eis que já estávamos na temporada de 2011, teoricamente a última do goleiro como atleta profissional.

Nesse intervalo de oito anos, Marcos solidificou-se como um personagem ímpar no futebol nacional: sua sinceridade, sua competência e sua lealdade lhe renderam a devoção incondicional da massa palmeirense e, caso raro, a admiração das torcidas rivais. Em uma era de atletas cada vez mais concebidos e alimentados pelo marketing, o pentacampeão conseguiu manter a mesma autenticidade daquele jovem caipira que, em 1992, desembarcou em São Paulo para tentar a sorte no Palestra Itália.

Como pano de fundo dessa carreira peculiar, descortinava-se a própria trajetória recente do Palmeiras, uma agremiação que faz jus às suas origens italianas ao teatralizar de forma dramática todo seu cotidiano. Nas últimas duas décadas, a companhia de ópera alviverde funcionou a todo vapor, encenando os mais incríveis espetáculos: da pressão pela seca de títulos à soberania continental, do humilhante rebaixamento à esperançosa volta por cima, dos desmandos da cartolagem ao clamor pelas eleições diretas.

Era uma história que, definitivamente, merecia ser contada – com o rigor jornalístico e a independência que se aplicam a uma biografia ou a uma grande reportagem, sim, mas sem perder de vista o tom descontraído do folclore que cerca o futebol, seus protagonistas e seus seguidores. Decidi então matar no peito e encarar o desafio.

Infelizmente, Marcos não esteve disponível para colaborar na confecção deste livro – manteve-se um tanto ocupado tentando ajudar o alviverde a se manter de pé em uma traumática temporada. De qualquer forma, como não poderia deixar de ser, sou grato a ele, que forneceu toda a matéria-prima usada para construir esta obra: ações e declarações, dentro e fora de campo, documentadas pela imprensa ao longo de seus vinte anos de carreira.

Para resgatar e reproduzir dos arquivos dos jornais paulistanos todo esse fecundo material, tive a sorte de encontrar profissionais que não mediram esforços para me auxiliar.

Do *Diário de S. Paulo*, Ezequiel Santos Araújo, Paulo Sebastião Rodrigues, Amarildo Honório dos Santos, Marcelo Moreno e, especialmente, Jonas Dorival Nunes, historiador cuja dedicação ao jornal e a seu acervo não tem limites. Se hoje podemos acessar a memória fotográfica do saudoso *Diário Popular*, é a ele que devemos agradecer. Do *Estado de S. Paulo*, Edmundo Leite, Lizbeth Batista, Raquel da Costa, Rose Saconi e Lucas Nobile. A todos, meu muito obrigado.

Na fase de pesquisas, contei com a colaboração do jornalista Ricardo Briganó e sua prodigiosa agilidade para vasculhar a internet.

Antônio Novais, o Neno, Raul Pratali, Sérgio Luiz Araújo e Giuliano Tadeu Aranda, o Magrão, forneceram valiosas informações sobre o começo da carreira de Marcos – a eles, obrigado pelas entrevistas.

O texto teve o privilégio de contar com a leitura de Giancarlo Lepiani, Denis Moreira, Maik René Lima e Dario Palhares, que garantiram – na medida do possível, claro – o equilíbrio clubístico da narrativa.

Sem preferência esportiva, mas desfilando a categoria de sempre, Soraia Bini Cury participou de todas as etapas da produção desta obra; mais uma vez, sou profundamente grato a sua paciência e a sua generosidade comigo.

## Nota do autor

Não posso deixar de mencionar e agradecer os sempre seguros e agradáveis apoios de Luciana Esther de Arruda, Glenda Pereira, Louise Sottomaior, Lucia Soares, Maria Helena Rubinato Rodrigues de Sousa, Luciana de Melo Souza, Beatriz Savonitti e Michele Gennaro. Aos amigos Miguel Prata, Leo Feltran, Alberto Helena Jr., Alfredo Rubinato Rodrigues de Sousa, Carlo Carrenho, Paulão de Carvalho, Ronaldo Ribeiro Santos, Ismael Borges, Saulo Tadeu Games, Carlos Silveira Mendes Rosa, José Augusto Amorim, Guilherme do Val Sella e Luiz Frederico Normand, valeu.

Não fosse pela confiança e pela ousadia do editor José Luiz Tahan, este livro não estaria em suas mãos agora – e, não fosse pelo empenho de Alberto Mateus, Fernanda Marão e Natalia Aranda, da Crayon Editorial, não seria uma edição tão bonita.

Sou muito grato também a Marcelo Duarte Iezzi, palmeirense de quatro costados, que apostou neste projeto desde a primeira hora e não mediu esforços para vê-lo concretizado. Seu suporte foi imprescindível. *Grazie mille*!

A Tatiana Busto Garcia, um muito obrigado pelo apoio, pelo capricho nas leituras e pelas criativas sugestões no texto.

A Tatiana Rizzo, agradeço a belíssima capa – e todas as outras ideias que permanecerão não creditadas.

A Olympia Dallacqua Rizzo, herdeira da paixão palestrina do *nonno* Silvestre, o carinho de sempre, que estendo às famílias Campos, Rizzo e Dallacqua.

Este livro é dedicado a minha mãe, fortaleza de nome Helena Maria Dallacqua Rizzo Campos.

E à memória do meu pai, Celso de Campos, meu eterno camisa 1.

Celso de Campos Jr.
São Paulo, dezembro de 2011

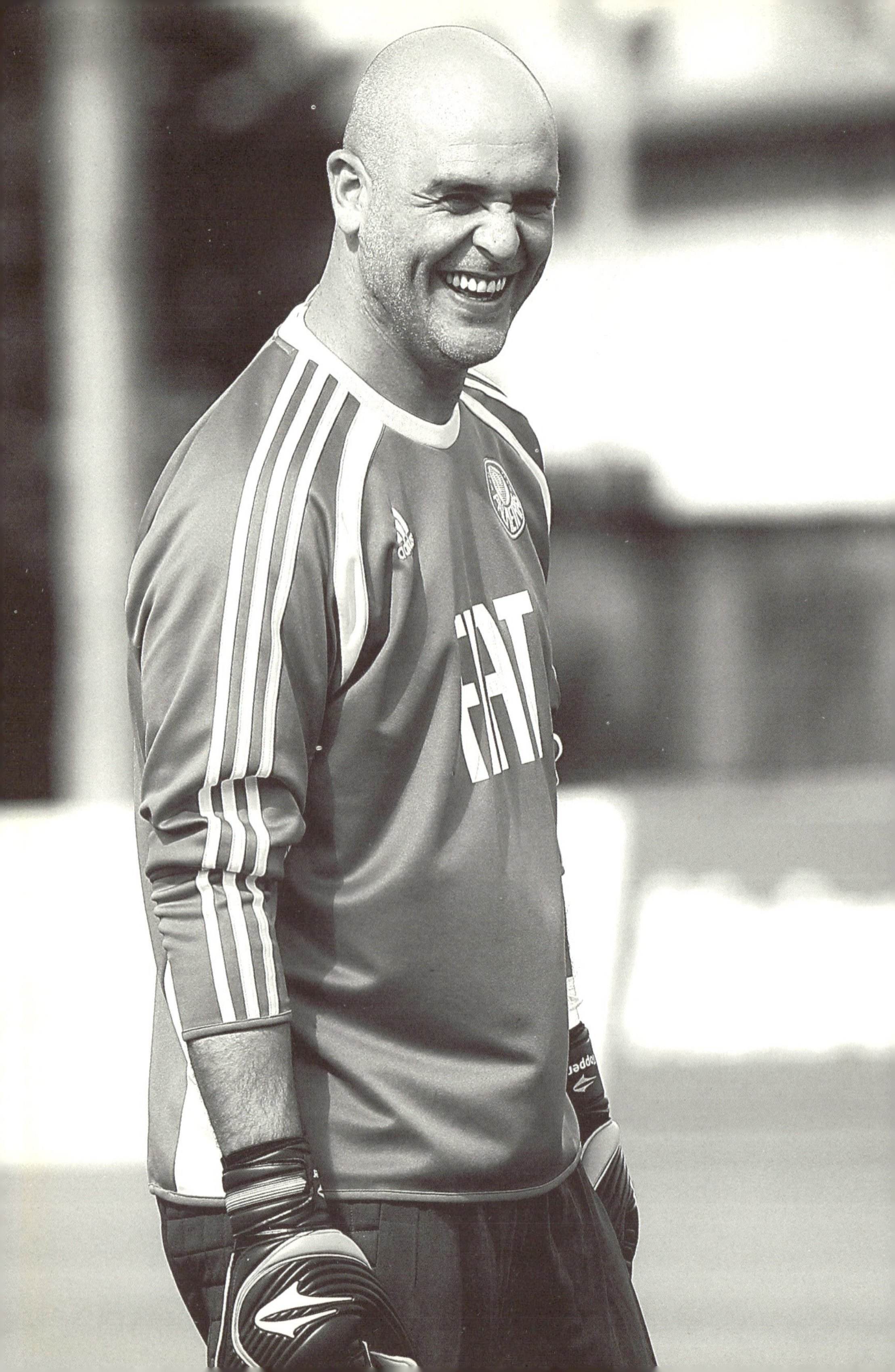

# Créditos das imagens

Arquivo Diário SP: 30, 45, 47, 48a, 48b, 72, 84, 93, 147, 180, 264; Arquivo pessoal Raul Pratali: 36; Divulgação/ CBF: 150, 223; Alex Silva/ Diário SP: 71 c, 99, 176; Bob Thomas/Getty Images: 157, 163; Célio Messias/ Diário SP: 247; César Viegas/ Diário SP: 63, 107b; Christina Rufatto/ Diário SP: 137; Claudinê Petroli/ Diário SP: 51, 55, 66; Clayton de Souza/ Diário SP: 187; David Cannon/Getty Images: 142; Eliária Andrade/ Diário SP: 201, 206, 236; Evelson de Freitas/ Diário SP: 26, 37; Greg Salibian/ Diário SP: 14; Jorge Araújo/ Folhapress: 267; José Monteiro/ Diário SP: 71a, 71b; José Patrício/ Diário SP: 108, 118; Marcello Palhais/ Diário SP: 296, 298; Marcelo Pereira/ Diário SP: 302; Marcos Alves/ Diário SP: 172, 203b, 221, 233; Marcos Ribolli/ Diário SP: 276, 283, 293; Nelson Coelho/ Diário SP: 3, 4, 87, 97a, 97b, 97c, 98, 107a, 115, 120, 123, 126, 129, 130, 132a, 132b, 132c, 133c, 135, 139, 141, 179, 195, 196, 203a, 212, 217, 227, 231, 241, 244, 250, 255a, 259a, 259b, 272, 279a, 279b, 279c, 284, 285, 287; Nilton Fukuda/ Diário SP: 189, 197; Odival Reis/ Diário SP: 175; Patrick Hertzog/AFP/Getty Images: 166, Paulo César Bravos/ Diário SP: 225; Paulo Pinto/ Diário SP: 52; Philippe Huguen/AFP/Getty Images: 164; Ricardo Bakker/ Diário SP: 104, 105, 169, 182, 191, 230, 253; Rubens Bocchia/ Diário SP: 23; Rubens Chiri/ Diário SP: 67; Rubens Gazeta/ Diário SP: 54; Sergio Barzaghi/ Diário SP: 273; Silvio Correa/ Diário SP: 19; Valdemar Gomes/ Diário SP: 32; Vinicius Pereira/ Diário SP: 255b; Yone Guedes/ Diário SP: 10, 60, 83a, 83b, 96. Foto da capa: Jorge Araújo/Folhapress.

Infelizmente não foi possível descobrir a autoria de todas as imagens presentes nesta obra. Caso você reconheça algum trabalho seu ou de outro fotógrafo nestas páginas, pedimos que entre em contato com a editora para que o trabalho seja devidamente creditado nas próximas edições.

Este livro contou com o apoio da Agência Diário SP, detentora do riquíssimo acervo fotográfico do *Diário Popular* e do *Diário de S. Paulo* – fonte obrigatória de consulta de imagens sobre o passado e o presente dos clubes de futebol de São Paulo.

Este livro foi impresso pela
Atrativa Gráfica e Editora para a Realejo Livros.